U0917750

作者简介

王延隆 浙江农林大学副教授，南京理工大学博士生，团中央全国学校共青团研究中心特聘副研究员，浙江省生态文化协会理论研究分会秘书长。近年来主持省部级课题3项，厅局级课题9项，发表论文16篇，其中核心期刊6篇。

廖阳晨 浙江农林大学王延隆科研团队成员，曾任浙江农林大学文化学院党建发展委员会副主任，目前在浙江恒逸集团从事党建研究及群团工作。

孙孟瑶 浙江农林大学王延隆科研团队成员，曾任中国(浙江)高校传媒联盟执行主席，参与共青团中央及教育部联合指导中国高校传媒联盟下未来新闻人培养计划。

本书受浙江农林大学生态文明研究中心资助。

本书为2017年中国教育学会“十三五”教育规划课题《基于学校、家庭、社区的德育共同体构建研究》（项目编号：1711200582B ）研究成果；2018年浙江农林大学高等教育研究基金项目《基于意见领袖的网络意识形态导向机制构建研究》（项目编号：SZYB2018024）研究成果。

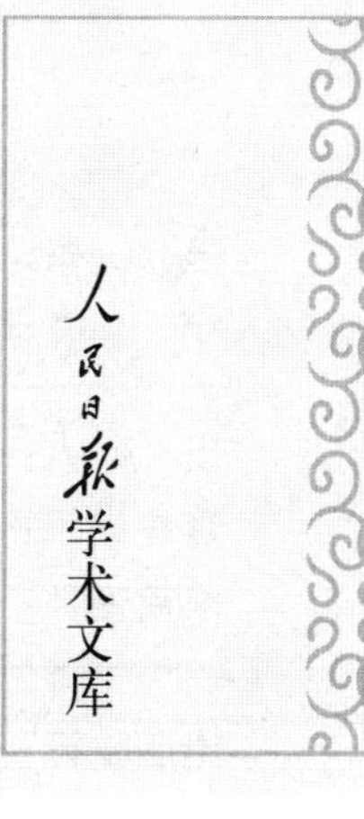

网络德育与青年社会化

王延隆 廖阳晨 孙孟瑶◎著

人民日报出版社

图书在版编目（CIP）数据

网络德育与青年社会化／王延隆，廖阳晨，孙孟瑶著．
—北京：人民日报出版社，2018.7
ISBN 978－7－5115－5519－9

Ⅰ.①网… Ⅱ.①王… ②廖… ③孙… Ⅲ.①互联网络
—应用—德育—研究②青年学—研究 Ⅳ.①G41
②C913.5

中国版本图书馆 CIP 数据核字（2018）第 121251 号

书　　名：**网络德育与青年社会化**
作　　者：王延隆　廖阳晨　孙孟瑶

出 版 人：董　伟
责任编辑：刘天一
封面设计：中联学林

出版发行：人民日报出版社
社　　址：北京金台西路2号
邮政编码：100733
发行热线：（010）65369509　65369846　65363528　65369512
邮购热线：（010）65369530　65363527
编辑热线：（010）65369522
网　　址：www.peopledailypress.com
经　　销：新华书店
印　　刷：三河市华东印刷有限公司

开　　本：710mm×1000mm　1/16
字　　数：229千字
印　　张：14.5
印　　次：2018年7月第1版　　2018年7月第1次印刷

书　　号：ISBN 978－7－5115－5519－9
定　　价：68.00元

前　言

“青春”是世界上最动人的词汇。青年是最富有朝气、最富有创造性的群体。一直以来，青年群体备受习近平总书记关爱，总书记更对青年工作亲自谋划、亲身指导、亲切关怀，一次又一次参加青年活动、回复青年来信、研究部署青年工作，对青年倾注大量心血。2017年，习近平总书记在党的十九大报告中指出：“青年一代有理想、有本领、有担当，国家就有前途，民族就有希望。中国梦是历史的、现实的，也是未来的；是我们这一代的，更是青年一代的。中华民族伟大复兴的中国梦终将在一代代青年的接力奋斗中变为现实。”总书记对青年的要求，对青年教师和青年学生来说既是殷切希望，同时也是新时代赋予我们的责任。

马克思主义历来把关注的目光投向青年、重视青年、关心青年、依靠青年。新的历史时期，青年是建设中国特色社会主义伟大征程中的主力军和生力军。对青年进行正确的世界观、人生观、价值观教育，使命光荣，责任重大。新的时代，面对社会的现代化带来了价值观念的冲突，“网络浸润”这样一种复杂的成长环境，青年应该如何抉择？或者说网络社会对青年的社会化将产生怎么样的影响？这些问题都是“青年学”研究要关注的焦点。应对网络这一青年成长中的“最大变量”，研究网络将怎么样改变和为什么改变青年社会化的发展进程，探索如何进行应对是每一个高校教师都应该思考的问题。

网络是意识形态工作的主战场，也处于我们德育工作的最前沿。德育工作是做人的工作的，人在哪里，德育工作的重点就应该在哪里。当前，我国网民规模已达到7亿多，居全球第一。网络已经成为青年群体获取信息的主要途径，网络舆论直接影响着青年群体思想观念和价值取向。在网络时代如何更容易听到青年说话，如何让青年更愿意听我们说话，如何更加有效地对青年进行引导，更值得深入研究。本书作者聚焦青年学研究已经有十余年,本书旨在对自己十年来学术研究做一个阶段性的总结,对高校德育工作实践提供参考。

青年社会化是青年在包括网络空间在内的社会环境中,通过外在教化、文化熏陶、交互实践等途径,逐渐成为社会成员、融入社会的过程。面对互联网这个"最大变量",青年社会化进程中许多新情况新问题往往因网而生、因网而增,青年群体的一些错误观点、言论和舆情也都以网络为温床生成发酵。网络空间拓展了青年信息接收方式,青年对于外来信息有选择性接收的过程,这将对青年社会化的方式和进程都会产生深远影响。青年网络话语,青年网络生活方式以及由此产生的青年网络文化等都是伴随着网络的产生而产生的,是青年社会化进程中的新生事物,值得深入研究。

本书写作过程中重视青年意志的觉醒,把青年放在与教育者同等的地位上看待,尊重他们个人价值和个人追求实现的要求。正因此,我们强调网络德育的"双主体"概念,对青年群体的充分尊重,是在网络空间上如何提升德育实效性的催化剂。青年在与社会的互动关系中,要关切青年的成长需求,了解他们的话语方式,尊重他们"自我实现"的诉求。本书着重研究教育的科学开展方式,我们借 AHP 构建了网络意见领袖能力的计算公式,认识到了"网络意见领袖"对青年的观念引导,进而提出如何发挥网络意见领袖的作用,加强对网络空间的舆情管控和引导措施。基于对这些问题的深入研究,找到更容易为青年所接受的方式,教育引导他们树立正确的人生目标、理想信念,是本书的价值所在。

当代青年生活在社会剧烈变迁、信息化加速推进的特殊历史阶段,他们的社会化具有显著的时代烙印和青年群体的个性特点。对这些年轻的群体的研究,必须站在实践的立场上深入进行,本书还对如何提高青年组织动员能力、构建青年健康的网络生活方式以及建立符合社会发展需要的网络文化环境提出我们的见解,更多地关注青年的实践案例。在研究中,我们用一些比较新又比较经典的案例谈了我们的观点,包括网络人群划分的"5W"理论、次生文化还有网络文化创建等内容。本书还从青年德育的交互性和多元主体性的角度,提出从学校、家庭、社区,包括网络空间等多个维度构建起"德育共同体",总的来说期望给读者带来一些新的视角。

每一代青年都有各自的行为特征,他们的行为特征与信息化、后现代、多元化等时代特征紧密联系。青年是活生生的个体，其社会化过程是一个活动的“软体”。引导这些极富个性的青年成长的德育绳索是系在青年可知可感的拟物态生活环境之中的，需要以发展的眼光来看待。将青年德育置入网络的框架内和青年社会化的进程中进行研究是本书的一大创新。从历史与现实、理论与实践等方面对青年网络德育和青年社会化进行研究和探讨，在一定层面上，我们能比较真实地呈现出当前青年在网络环境中的生活状态。

当然，我们也清楚地认识到，当前对网络德育和青年社会化结合进行研究在国内还是比较少见的，没有形成相对固定的理论范式和研究样本，在理论成果的评价和鉴定方面还存在薄弱的环节，致使我们的文稿还需要社会和时代的检验。也正因为这样，对于网络德育在青年社会化的过程中如何发挥作用，需要更多更有力的文字灌注进理论体系，这将有助于“青年学”这一领域研究黄金时代的来临。如今万事俱备，只待书稿正式出版。倘若我们的书稿能得到您的垂青，我们有足够耐心期待，在各种思想的碰撞中，收获更丰富的思想精粹。

王延隆

2018 年 7 月 2 日

目录
CONTENTS

01

上篇

第一章

青年网络德育概述

对于德育，尤其是青年德育的研究经历了一个漫长的阶段，在德育和网络发生交感之后，对于网络德育的学术研究也经历了浅层探索到深层研究的变革。信息时代不仅是当前时代的趋势标签，还是现实写照，当前的社会体态正在经历“由信息时代向智能时代迁徙”的过程。数字化作为这两个时代的共同基础，建立在其之上的运作不再是诸如计算机等终端的专利，更成为对广大青年进行德育教育的主战场，网络德育在新的历史时期是党和国家一项重要的工作，它在很多时候关乎整个社会的发展。

第一节　青年网络德育概述

关于网络德育的定义，不同的人有不同的见解，清华大学教授张再兴提出：网络德育有两种不同的理解，一种是适应网络环境的德育，一种是基于网络技术的德育。这两种见解乍看来似存在着很多的相关性，甚至在某些内涵方面趋同，但是之所以会被分别列出来，是因为其二者存在着天然的不兼容属性。前者是适应性的属性注释——德育是主体，主动地能动地去适应网络时代大发展的趋势；后者是依赖性的属性注释——德育开展是基于网络技术得以开展，一旦脱离网络，网络德育将成为无根浮萍。“网络德育是指运用计算机技术和网络技术的手段。我要现代德育的目标和内容开展德育管理的和一系列教育活动的过程。”[1]

一、青年网络德育的发展脉络

德育,也就是道德教育。当下各个国家的教育体制对于青年社会化的引导过程中都涉及德育,且从历史上看,道德教育也古已有之。关于德育的产生众说纷纭:一是始于阶级、国家的诞生,这种观念认为德育是巩固阶级和国家统治的重要方式,所以德育从阶级和国家诞生之初就存在了;二是始于近代社会,这种观念认为,德育是伴随着政治意识形态诞生而诞生的。

"德育"一词出现在新文化运动之后,部分学者认为这个"德育"既然是一种意识形态领域的工作,必然是诞生在意识形态出现之后,是在近现代意识形态领域冲突之后,为维护意识形态稳定而堪堪走出襁褓的一个新生儿。这种观点有其逻辑性思维在,但是对于意识形态的出现缺乏思辨。意识形态领域冲突确实是德育产生的主要原因,近代社会深刻而尖锐的思想斗争使得开展德育成为全世界大多数国家和地区的共识。

本书对于之前两类注释的科学与否不作鉴别,仅为构建本书的阐述思路提供逻辑性的理论沿袭。以社会历史角度来看,网络德育的主动性和能动性是不能够被消减的,利用网络手段开展德育是其主动地、能动地适应当前"社会体态由信息社会向智能社会迁徙"的需要。在此前社会阶段,网络化的德育已经在现实操作中得到了一定的探索,这也就意味着网络德育是一种"通过网络,利用网络的特点,对使用网络的人群进行道德方面的影响,使其具备符合社会发展需要的道德品质"。

德育随着网络的诞生,分化出"网络德育"这一分支。互联网的诞生对于世界来说具有划时代的意义,它和现实生活的联系越来越紧密:现实社会与虚拟社会互相依存,互联网成为各种思想舆论碰撞的前沿地带,自由度的提高和归属感的匮乏是现代青年群体面临的双重生存境遇。[2] 如何利用网络扩大青年德育的影响力、引导力和实效性,加强网络主流意识形态,显得尤其重要。网络是以实现便捷通信和资源共享为目的的虚拟世界,是人们新的生存空间,是人的身体器官延伸,是人本质需求的发展,也是人的本质力量的对象化和发展。[3] 网络平台为开展德育提供了更多的手段,可以利用网络开展德育工作,通过图像、视频、文字、声音等各种形式将内容展现给受众。所以说,网络德育随着时代的发展、网络的诞生、社会的需要应运而生。

青年网络德育如未得到比较好的发展,就会使一些与我国社会发展背道而驰的思想观念在网络空间内泛滥,敌对势力通过网络冲击网民,甚至利用一些西方思想西化网民,冲击传统德育的阵地。所以德育也必须跟上时代步伐,深入到互联网中去。青年是国家的未来和希望,网络德育的开展程度直接关系到青年社会化的进程,这是我国十分重视网络德育的原因。要做好网络德育的建设工作,必须要了解网络德育的起源,了解它的特点,了解它与社会之间的关联。

二、青年网络德育的机遇和挑战

在网络技术还不完善的时期,电视、广播、报纸、杂志等传统媒体是我们了解世界的主要方式,现如今网络技术日益成熟,互联网应用广泛普及,新媒体开始盛行。新媒体发端于互联网,基于手机通信设备等网络终端,构建更容易被搜索和获得的大众传播媒介体系。新媒体环境下,德育信息传播要比单纯依靠传统媒体传播更加快捷,更能满足现如今社会发展对于德育的迫切需要。在新媒体盛行的网络环境下,网络德育面临着诸多的机遇与挑战。

(一)互联网拓宽德育的载体和空间

新媒体盛行促使网络媒介生态发生变化,原有的媒介组合方式被颠覆并重构。网络不仅打破了传统媒介在传播过程中的时间和空间的局限,令德育信息传播获得了更大的自由度和灵活度,还为德育信息传播建立了传受一体的全新交互模式。德育信息主体可以通过微博、贴吧、论坛等各种媒介交流德育学习心得或对某个时下热点事件发表看法;而德育研究者可以从这些交流、互动、讨论中挖掘出德育教育发展的新趋势、新特性,分析受众的需求和喜好,从而采取相对应的措施重新规划德育工作的方向。这种传受一体性、交互性消减了传统德育信息传播的单向性、延后性、非互动性等不足,增强了现代德育信息的实效性。

互联网的优势使得人人都能成为信息的发布者和传递者,同时它又简便高效且个性化,能满足不同人群的个性化需求,征服了以年轻人为主的大多数公众,将知识简单化、幽默化、丰富化,在碎片时间里可以获取新科技知识,了解社会动态,在开放的网络环境下德育信息传播将登上一个新台阶。

（二）德育在网络环境的功能发挥受到制约

在对当前国内德育现状的研究中发现，德育发展过程最主要的矛盾就是青年在社会化中日益增长的德育知识需求与德育发展不充分、不平衡之间的矛盾。网络大发展突破了青年群体和现实社会之间的物理界限，以一种相对迂回的方式拓宽了青年社会化的途径。但是不难发现，在这个情境下，德育的教学在适应过程中存在着不充分、不平衡的状态，制约典型表现在传播平台运作乏力、德育网站管理机制的不完善、有关德育的创作吸引力不足等方面。

中国互联网信息中心（CNNC）最新统计数据显示，目前我国共有 310 万个网站，其中近八成网站处于闲置状态，而德育信息网站只有 1%。德育信息传播过程中网络平台利用率不足导致社会影响力比较小。德育相关网站的管理机制也存在着不完善的情况，特别是在与欧美国家以及其他商业类网站的比较中，存在很多建设不足的方面，横向竞争力比较弱。德育网站的管理制度以及体系有待完善，对网民服务上也存在着不足。此外，德育工作人员中，优秀德育工作人员缺乏，大多从事人员缺乏相关专业知识，德育工作人员的聘任制度有待完善和提高。

尽管各级部门历来十分重视青年德育工作，然而从德育书籍、电视节目、网站等方面来看，德育书籍的购买量不高，德育频道的收视率低，德育网站的点击率偏少，很大程度上是由于其内容缺乏原创性，一板一眼固守原有模式，缺乏对大众眼球的冲击力，德育内容没有完全满足公众的需求变化，不够生动活泼，不够关心人的切身利益，不够关心人与自然的协调发展。此外导致德育信息吸引力不足的原因还有当前德育信息传播没有考虑到共性和个性的区别，对不同群体的大众普及德育知识没有分层次、有重点地区别对待，故接受效果不好。

青年德育在网络环境下在面临众多机遇的同时，也面临了众多的挑战。当下网络无疑成了青年社会化进程中重要的媒介和重要环境。如何利用好网络新媒体，发挥其育人优势，同时克服青年对网络过度依赖以及网络带来的其他不利因素，如网恋、网络成瘾等，教育引导青年养成良好的网络生活方式，成为新时期高校和教育工作者的重要课题。

三、青年社会化背景下的网络德育

教育就是对集体的教育和对个人教育的统一[4]，是个人发展的重要基石，教育是社会前进的重要动力，而德育是教育的重要组成部分，思想若不与时代相适应，与政治相统一，将不利于社会的稳定。"思想潮流说"认为，社会思潮是在一定社会历史条件下产生的具有相当社会影响的思想潮流，对于社会发展具有渐进性和隐蔽性的影响。[5]因此，德育工作必须积极开展，引领社会主要思潮，朝着共同的目标前行。青年社会化的过程离不开德育，德育的发展时刻影响着青年社会化。传统的教育以实际课堂为平台，以纸质书本为知识的载体，教师在三尺讲台上亲自授课、言传身教，针对不同的学生进行反复讲解同样的知识点，固化青年群体的思想观念。而今，随着信息技术的发展，在传统课堂的基础上，网络平台出现了新的德育课堂，以网上授课的方式向传播主体上传相应的教学视频，需要学习的受教客体便可以通过网上浏览学习。随着时代的飞速发展，新媒体以其强大的传播功能改变甚至颠覆着社会的生产、生活方式。

（一）新媒体背景下的网络德育

广义上的"新媒体"，是利用数字技术、网络技术和移动通信技术，通过互联网、宽带局域网、无线通信网和卫星等渠道，以电视、电脑和手机等为主要输出终端，向用户提供视频、音频、语音数据服务、连线游戏、远程教育等集成信息和娱乐服务的所有新的传播手段或传播形式的总称。而狭义上的"新媒体"则专指"新兴媒体"。新媒体建立于信息处理技术和互联网基础之上，发挥大于传播媒介功能简单相加的理想效果。在新时代，新媒体依托互联网技术、移动通信技术、数字媒体技术在全球范围内向大众传播信息，具有即时性、交互性、多元性、数字化等新特征。

第八次中国公民科学素质调查结果显示，网络是公众获取德育信息的重要渠道之一。网络在公民获取科技信息渠道中的利用比例为26.6%，城镇居民利用的比例接近40%；前一数字比2005年的6.4%提高了20.2个百分点，比2007年的10.7%提高了近16个百分点。但从总体数量上看，2017年12月，中国网络数为533万个，年增长率为10.6%，而德育网站的数量在总的网站数中所占的比较低。网络媒体不再是提供信息检索的一种媒介，它更多地被当作了一种工具，而是否正确使用这种工具则完全取决于受众的个人素质和道德修养。由于新媒体传收一体的低门槛，未经证实的谣言很有可能在最短时间内最大限度地扩散。

新媒体存在非专业态。由于互联网的开放性，几乎所有新媒体平台都可以在第一时间获取最新的时事信息,各平台也会以最快速度进行推送,这就导致同一内容的信息见诸多平台。新媒体无法从专业角度进行德育,这就导致了德育在新媒体环境下内容的同质化。现在网络德育网站在自身上面还存在着许多不足,而在宣传手段上也没有独特的手段。这就导致各大网络德育网站在内容、构架、定位上出奇地一致,真正有特色的德育的新媒体平台少之又少。

融媒趋势的出现说明网络媒介组合新方式打破了媒介之间的堡垒,新媒体也化解了地域与行政、传播者与接受者之间的隔阂,使得用户能够共享各种内容和渠道。新媒体的发展趋势是传统媒体与新媒体之间、媒体与媒体之间、用户与用户之间的完全融合与互动。随着数字技术、全球宽带网络技术以及屏幕显示技术的逐步成熟,我们已经进入了一个媒体无处不在的时代,通过这张由不同媒体交错而成的网,将会使新的信息管理技术被开发、新的信息传输模式被构建,新媒体也势必会激发新的信息跨越潜力。信号格式的统一,配合传输通道的串联,媒体产业的数字化变革与汇流已是必然。原本互不相干的各种传播媒体也出现了相互融合、汇流的趋势。而新媒体的发展趋势不仅仅是在各自传播的内容差异性上寻找突破,还是把内容生产放置在多媒体渠道中,进行内容和渠道的整合。新媒体发展的最终结果就是传统媒体平台与新媒体平台的完全融合、互动,在原产业链的环节中出现拥有更为可观价值的延伸部分。

新媒体传播使网络德育呈现出鲜明的即时性。新媒体可在最短的时间内获取海量的资讯和信息,而这个传播范围几乎是不受限制的。网络传播不受传统媒介需要制作周期与截稿时间的限制,稿件可以随到随发,24 小时不间断发稿,受众可以在第一时间知道所发生的一切,从而保证了信息传播的即时性。新媒体几乎实现了信息的零时差、零距离传播,全球范围内任何地点任何时间发生的大小事件都能通过跨国媒介进行实时传播,充分保障了信息发布的速度。这就要求针对青年开展网络德育必须在信息传播的第一时间做出反应,才能使得德育效果达到最理想的状态。

新媒体传播在网络德育进程中更强调信息双方的互动性。新兴媒体是所有人对所有人的传播。它作为一种媒体组合平台,可以让受众广泛且深入地参与并发表自己的观点和意见。相对于信息难以回流的传统媒体,新媒体实现了受众与传播者的双向传播,并确立了一种相对平等的地位。新媒体的交互性使得受众都拥有信息控制权,参与者可以根据个人喜恶有选择地交流信息。网络的普及为人们提供了便捷的传播渠道,每个人可以是信息的接受者,也可以是发送者,还可以是传递者,这真正实现了信息的双向传播,网络德育的施教和受教双方都是信息的源头,也是信息的接受一方。

新媒体传播使青年德育内容呈现出鲜明的多元性。网络媒体的内容多元,涵盖生活所需的各方面信息,从政治、经济、民生等新闻到娱乐、饮食、变卖房屋、股票等,应有尽有。讯息流通的幅度及其涵盖面,已接近"完全信息"(perfect information)。数字化与媒介融合促成了内容的聚合与众包(crowd sourcing)。互联网之前,信息和娱乐数量有限,公众的消费量也相对有限。从传统媒介过渡到新媒介时,后者也发生了类似的爆炸性增长,这是因为媒介成品容易生产,文本、音频、视频都容易复制和传输。克里斯·安德森(Chris Anderson,Wired,Oct,2004)确认了这一现象,并将其命名为"长尾现象"(The Long Tail)。

新媒体传播使青年德育数字化趋势不可回避。信息容易获取是因为数字化、模块化和自动化,同时进行多样化的代码转换进行组合与整合,使得信息源众多、获取渠道通畅。而媒介的融合则是数字化、自动化和代码转换的结果,新媒介是数字媒介,纵横相连,它们介入的信息很容易处理、储存、转换、检索、超级链接。新媒体依托新的媒体硬件、新的媒体软件或新的信息服务方式,通过互联网、宽带局域网、无线通信网和卫星等渠道,以电脑、手机为主要输出终端,向用户提供音频、视频、语音数据服务、远程教育等集成信息和娱乐服务。新媒体的形式多样化,有视频、文字、图像、声音等多表现形式,其内容传播速度之快让人瞠目结舌,一条微博一夜之间转发百万也屡见不鲜。由于理论研究与实际发展的不协调,理论知识并未与实际实践相同步,利用新媒体在进行网络德育的过程中还存在着各种各样的问题。网络德育的形式必须适应数字化的趋势,才能适应青年群体的学习习惯,才能满足在不同条件下的学习需求。

伴随着交互式可移动社交通信工具的大量普及,QQ、微信、微博等手机应用受到青年网络受众的青睐。通过软件,人们可以进行网上课程教育,人们可以不用走进教室,在家里就可以学习到相关知识内容,错过了上课时间,也可以重新点入重播,人们可以随时随地进入网络课堂。现在课程渠道也很多,像慕课、智慧树、红色公众账号等,这些课程软件带给我们更加便捷的获取知识的渠道,平时学生课堂上有不清楚的问题，回家可以打开电脑手机，进入这些 APP，就可以重新学习、课后复习和进行下一节课程的事先预习，这些都是网络技术的发展、新媒体时代的兴起带给人类生活的便捷。同时，新媒体的缺陷也带给网络德育不少挑战，多元文化激荡这一现象也自新媒体时代开启逐渐显现出来。

（二）多元网络文化交融中的网络德育

信息化教育在高教层次的全面推广，使得网络化和信息化的社会特征在高校领域显得尤为突出，促使青年的社会化进程大幅度提前。截至 2017 年 6 月，国内近 3 000 所高校共计在校大学生 2 695.8 万人都或多或少参与到网络生活当中。这就直接导致了青年群体在平时生活中会接触到形式各样、数量庞杂、来源广泛的信息源，这一过程中青年通过网络开阔视野，有力地促使其自我学习能力的提高。与此同时，网络文化脱胎于现实世界中的文化，很自然地承袭了世界文化的多元色彩，多样性特征突出。网络多元文化或明朗或隐性地蕴含在各类网络信息之中，其良莠不齐的文化对于处于观念逐渐成形阶段的青年群体而言，存在着渐进的、无形的影响，进而对网络德育的开展射出一支锐利的挑战箭。

青年群体在网络主要通过各式的网络符号和社会进行接触，其中折射出的多元文化形态，对正在经历社会化的青年群体有潜移默化、旷日持久的影响。多元文化对网络德育的挑战不只是外来文化的入侵，还有腐朽文化的滋长。美国前国务卿奥尔布赖特直言不讳地说："中国不会拒绝互联网技术，因为她要现代化，这是美国的可乘之机，美国要利用互联网把价值观送到中国去"[6]一方面多元文化推动着德育从封闭走向开放，面对来自不同民族的文化、思想观念、道德标准、价值取向、行为方式，多元文化更容易在思想政治观念方面发生分歧，带来思想道德标准的混乱，冲击主流文化的价值观和道德标准。我国实行的对外开放政策，在国家高速发展的同时也导致在意识形态领域渗透和反渗透斗争异常激烈，意识形态领域的多样性和差异性，本质上表现为对立和冲突。另一方面多元文化促进了德育由传统进军现代，网络在一定意义上是现代社会的一种投影，社会转型时期很多不良的风气在网络上均有投射，比较典型的个人主义、逐利主义、享乐主义在网络上传播，必然会腐蚀中国现行的主流价值观，还有一些涉黄、涉毒、违法的内容在网络的边隙中蔓延，这种注重感官刺激的庸俗情趣对青年的影响日益加大。这些都已成为影响青年思想状态亟待解决的问题。

多元文化对网络德育的挑战针对的不只是青年群体,还有教育工作者。在青年层面,高校作为对外文化交流的窗口,各种不同的文化思想在这里交锋,而青年对于形形色色的多元文化缺乏必要的判别能力,这给了一些亚种文化甚至于西方敌对势力一些空档,让他们乘虚而入进行文化渗透和文化侵略,加之本土衍生的一些不良思潮,这都需要青年群体要有正确的价值导向和较高的分辨能力;在教育工作者层面,教育工作者在长年累月的思想政治熏陶中已经形成了相对成熟和稳固的思想状态,但是针对学生的新情况新问题,也难免会有一些迷茫和不知所措。高校德育工作者如何既做到大力弘扬了主旋律,帮助同学建立科学的、符合社会规范的思想价值体系,又做到形式新颖,能够吸引学生的注意力,使得其吸收效果更佳,是当前教育工作者和教育系统不断研究实践的重要方向。

(三)高等教育大发展背景下的网络德育

高等教育发展水平是一个国家发展水平和发展潜力的重要标志,2013 年全国各高校在校学生规模达到了 3460 万人,2016 年全国高校毕业生在 770 万以上,2017 年全国高校毕业生达到 795 万。大学生规模的扩大,势必要求人才培养质量与之相适应。德育工作在高等教育大发展的背景下显得尤为重要。

高校德育借助新媒体优势更开放、更灵活、更有针对性、更经济、容量更大。利用新媒体的特点,德育工作更加切合以人为本的原则,在高教发展中围绕学生,靠近他们的生活,倾听他们发出的声音,真正地去服务学生,关照学生,同时引导学生,提高学生的思想水平、政治觉悟、道德品质、文化素养,引导学生正确认识中国和世界的发展大势。在方法手段上不断创新,使德育更具备亲和力和针对性。坚持让学生个性化发展,培养他们自身的能力和素质。

新媒体传播速度之快,加之其主体的选择自由性、思想不过硬,导致了信息传播过程中存在很多很难把控与引导的因素。正如纽曼·卡斯特所说的那样:“所有种类的信息,全都包藏于媒介之中。因为媒介变得十分全面多样、富于延展性,使得媒介在同一多媒体文本里吸收了所有人类过去、现在和未来的所有经验。”[7] 新媒体背景下,高校思想政治需要注意一些问题。首先,思想政治的观念需要创新,要密切联系人民群众,以人为本,加强与群众的沟通交流,加强互动,善于疏导。同时,德育的方法也需要与时俱进,书籍报纸等传统媒体不能放弃,相比于新媒体,传统媒体传播时效相对慢于新媒体,但是传统媒体下,人们在新闻真实度的看法上更具优势。报刊图书是同一类内容的整合体,因此相对于新媒体更具有完整性。传统媒体的优势还有许多,我们需要将传统媒体与新媒体相结合。

对于网络上不良信息的充斥,加强立法非常必要。加强对信息发布来源的监督,检测信息的良莠程度,对有损人们思想境界,不利于社会发展的,要及时删除,对有利于正确思想价值观念传播弘扬的,要大力宣传,这就需要加强德育主体的个人素质,让其具备自律、判断、选择的能力,同时加强受教育客体的辨别能力和抵抗能力。这样,网络教育才能以健康、有序的方向,为人们提供便捷的、及时的知识教育途径。

在网络催变的青年社会化的过程中,应发挥新媒体传播优势,适应多元网络文化,以高教为主要模式进行更具时代特质和生命力的德育。青年群体人数众多,接受德育的水平参差不齐。特别是在一些办学资源紧张的学校,对德育教育重视程度不够,导致一部分青年对生活、对未来的方向有很大的盲区,以至于被不正确的价值观念乘虚而入,被西方敌对势力所"西化""分化"。在青年社会化推进过程中,高校的德育更加需要重视,其社会责任愈加重大。我们的德育工作者们更要从自身做起,提高自己的工作能力,不断提升自己的眼界。拓展选拔视野、抓好教育培训、强化实践锻炼、健全激励机制,高校中的德育工作队伍才能后继有人、源源不断。

(四)青年自组织蓬勃发展中网络德育

网络组织动员是青年社会化的德育机制。青年自组织是由青年群体聚集而产生,以个人利益诉求和社会功能发挥作为载体,随着互联网络的兴起而发展的。充分利用好网络青年组织,促进网络青年组织的健康发展,进一步加强和青年网络德育工作,推进青年社会化进程。

青年自组织提升了青年社会化的覆盖力与渗透力。网络青年组织的内容更新周期短,传播速度快、资源索取更便捷、素材鲜明。这一点贴近青年的生活,更满足他们的口味,这种信息传播方式更容易得到青年群体的认同。通过网络青年组织进行青年社会化时,更加富有感染力、渗透力还有覆盖力。同时网络青年组织与青年之间互动更加紧密,联系更加方便,能够及时掌握青年心理动态。想要加强青年社会化,就要把网络德育工作开展到网络青年组织中去。

青年自组织拓展了青年的思想空间和实践平台。网络青年组织使青年的学习与实践更加具备便捷性和实效性。在网络青年组织中,更加注重的是青年组织成员之间的协作,而不是单纯的教导。合作的方式能够良好地促进青年社会化,同时也在知识的交流与获取上更加有效。网络青年组织展开文化活动,为青年提供了一个良好的社会化平台。他们联系社会、服务社会、捕捉社会热点,为青年扩大社会关系网,提升青年视野。

青年自组织及其成员的教育引导工作十分重要。青年是敏感的人群,同时青年缺乏社会经验,思维尚未成熟,对于事物的判断有一定的片面性。网络具有信息传播速度快的特点,尤其是青年之间彼此信息传播更加迅捷,当一些不好的舆论观念、错误的信息观点被青年所误判而接纳时,青年容易被不良的社会舆论所主导,彼此之间以讹传讹,从而引起不理性的群体事件,甚至有可能对抗社会。所以我们要重视当前大量存在的青年自组织,加大对他们的培育和作用发挥,推动他们的社会化进程,通过"文化引领、组织互动、教育创新、管理拓展"来引导网络青年组织有序的发展。为了推动青年社会化的进程,网络青年组织应该多加强组织之间的互动,建立合作共赢的关系。

要注意以青年热衷的形式和语言对青年自组织进行教育引导,青年需要什么我们就提供什么,要改变传统的青年思想教育模式。传统的教育模式是以灌输式为主的,通常以理论教育为主。青年自组织的存在,本身就是体现青年的自主意识和个性化的成长发展需求,一些优良的青年自组织对青年吸引以及教育值得共青团、青联、学联等群团组织学习借鉴。要充分挖掘青年自组织存在和发展的机理,研究其发展的规律性以及其对成员发展的教育价值,主动参与到青年自组织中去,与青年自组织、青年网络自组织打成一片。

要加强对青年组织的联系和交流。2017 年由共青团中央社会联络部主办的 2017 年全国青年社会组织"伙伴计划"优秀项目展示交流活动在京举行。来自全国各地的 99 个项目进行了展示交流,并经过评审答辩产生了相应奖项。团中央书记处书记徐晓出席活动并为获奖项目颁奖。本次展示交流活动以"益青春 · 益精彩"为主题,旨在搭建一个交流展示充分、资源对接及时的社会创新平台,发掘一批具有创新性、专业性、可持续性的公益项目,联系一批社会责任感强的青年社会组织骨干,营造积极支持青年社会组织有序参与社会建设的良好氛围。活动启动阶段,主办方在网上向青年社会组织发出"邀请函",邀请青年人通过创新、可行的方式解决社会问题。全国各地的团组织广泛开展了省级、市级的展示交流、专题培训、评审推介等活动,部分省份还通过互联网直播评审交流情况,引来众多公益"小伙伴"在网上围观,累计观看人次超过500万。

第二节　青年网络德育原则与方法

在开展青年网络德育工作的时候,必须牢牢把握住网络德育的原则,否则网络德育工作在大方向就会出现偏离社会主旋律的危机。所以我们必须要深入地认识、研究网络德育的原则,了解其原则如何确立、了解其原则实际内容。德育的工作机制,应是根据德育的原则,摸清德育的规律,从实践里、从生活中归纳总结后制定的。

一、青年网络德育的原则

为使网络德育工作达到预期效果,在开展过程中必须科学实施并尊重受教育者的主体地位。首先要对受众有一定的了解从而有针对性、目的性地进行网络德育,从教育对象的需求上讲,需求既有共性又有个性,在满足共性的前提下,针对个性需求提出建议,合理地确立网络德育的原则。网络德育的实践经验是网络德育原则的直接依据,网络德育原则是德育实践经验的概括和总结,并随着实践的发展而不断丰富与升华。马克思一再强调:"人始终是主体。"网络德育活动也必须重视以实践活动为基础的受教者的主体性。受教者在教育活动中能够通过他们自身的想法影响网络德育,主动地去吸取知识并能转换为自己的思维内质,这就是受教者的主体性。展开网络德育工作的同时,我们必须遵守这一原则,从始至终尊重受教者的主体性以及其主体地位。

德育的终极目标是使接受培养的人群具备符合社会发展需要的思想道德品质,网络德育也是一样的。德育的任务就是能够通过培养优秀的人才,反哺于社会,从而促使社会发展。德育活动受到社会各方面影响,社会的发展决定了德育活动的内容和其程度。网络德育必须牢牢把握住社会的发展进程,不断调整提高,不断丰富完善,才能最终实现这一目标。根据以上要求,网络德育有必须遵守的原则。

(一)鲜明的政治原则。在网络德育过程中,网上教育信息的发布者必须站在党和人民的立场上,站在培养全面发展的社会主义合格建设者和可靠接班人的高度,通过制定网络规章制度,使网络环境产生积极的作用影响网民,从他律慢慢转换为自律。我们的网络德育工作者们要积极配合,树立受教育者鲜明的政治原则,2018 年,习近平总书记在北京大学师生座谈会上的讲话中指出:“古今中外,每个国家都是按照自己的政治要求来培养人的,世界一流大学都是在服务自己国家发展中成长起来的。我国社会主义教育就是要培养社会主义建设者和接班人。”可见高校德育必须首先要坚持政治原则,要站在党和人民的立场思考问题,推进工作。网络德育工作要把好内容发布关,通过制定网络规章制度,使网络的正能量对青年社会化产生重要影响,帮助他们潜移默化地接受教育,形成正确的世界观、人生观、价值观。

(二)以人为本原则。网络德育工作者需要发挥积极主动的作用,在网络上引导受教育者多浏览积极信息,培养他们建立积极的思维行为方式。每一个受教育者的个人经历、心理性格都是不同的,要根据他们的个性不同来制定网络德育方法,从而增强受教者对网络德育的兴趣。网络的传播渠道有很多,网络德育在网络中要不断地拓展传播渠道,在方法上不断创新,促使受教者建立社会主义核心价值观,在使用网络上有选择性地吸取网络信息中的知识。同样在网络德育的教育队伍中,我们也要从每个人出发,重视每一个教育者的工作能力、道德素养、创新思维,在每一个教育岗位上都要考察其是否能够良好地开展网络德育工作。

(三)现实性与虚拟性相结合的原则。尽管互联网具有虚实交互性的特点,但网络虚拟性表现的基础仍然是现实社会生活。在网络文化条件下,开展网络德育,无论是在主客体关系问题上,还是在内容、形式和方法上,都必须以现实社会生活为基础,把现实社会德育的内容、形式和方法通过网络信息的形式表现出来,将网络社会的虚拟性与现实性有机结合起来,用现实社会的德育去引导在网络这一虚拟环境中的青年,使其将自己置于现实的社会环境里。网络德育中,青年在自主学习时不能很好地分辨信息的好坏,所以我们可以在实际的德育课堂中灌输基本的分辨方法,指引青年学习方向。而校园并不只是实际生活的全部,还要加强家庭教育,让德育的引导充斥在现实生活中,这样青年才可以更好地在网络中得到正确的指导。

(四)坚持教育与管理相结合的原则。在网络环境高度自由的情况下只有教育是不行的,并不是每一个人都会在网络中坚持道德准则,所以我们必须在实施网络德育的同时对网络环境进行管理,制定相关的法律法规。这些外在的行为约束能够改善网络环境,对网络德育有着极大帮助,从而使受教育者产生自我的网络行为约束。在实施教育的过程中要优化教育资源的配置,避免造成资源浪费,避免思想过度自由化而影响教育工作的进行,要让先进的网络技术和德育工作紧密协调地运作。要让受教育者自由地在网络上学习,而网络上要做到正确积极的引导,规范每个人的网络行为,制定合理的奖惩制度,才能让网络德育充分发挥自己的功能。

网络德育的原则在教育实践中主要具有指导、规范的意义。它指出了网络德育工作的大方向,这样我们在实践中就不会脱离最终想要达成的目的,让我们在高度自由的网络环境下,在不断创新教育方法、拓展教育途径的过程中有所参照,同时有效协调思想教育工作,使教育工作者们少走弯路。它还帮助我们在繁多的信息里更好地甄别,准确地进行思想教育工作,更方便我们建设社会主义思想道德观念。

二、青年网络德育的方法

网络德育方法就是教育主体利用网络,认识和影响青年思想和行为过程中采用的方式、手段、工具、程序等的总和,是教育主体实现青年网络德育目的的中介要素。刘新庚在其所著的《现代德育方法论》一书中将德育网络方法定义为:“建立在网络平台基础上,为了开展网络德育、完成网络德育的目的和任务而采用的各种途径、手段和方式的总和。[2]”德育方法是教育主体在认识和影响教育对象思想和行为过程中采用的方式、手段、工具、程序等的总和,是教育工作者实现特定的教育目的必需的中介要素。

网络德育的方法简单阐述就是在网络空间中运用相关技术开展网络德育相关的工作活动所使用的手段、措施、途径的合集。既然是在网络空间中的运用,我们不难发现,相对于网络技术而言,教育工作是滞后于网络本身发展进程的。目前的网络德育虽然广泛开展,但是总结程度不高,尚未形成相对完整的理论体系,致使教育的开展处于“游兵散勇挠堤墙”的现状,缺少向心力致使力量分散,从而导致网络德育的效率相对不高。本小节所探讨的网络德育方法演变指的是在网络和德育交叉并发生作用后,相关工作方法的演变过程,这是一个时间短暂却风云变幻的过程。网络德育从起初简单地运用互联网技术传递信息到当前有较高粘连度的共生大致经历了三个阶段:初级、中期、当前。

初级阶段。网络德育初步形成,其方法无非是通过互联网一些基本的方式传递信息,例如,电子邮件、论坛等方式。这时候的教育方法还延续着传统德育的方法特点,即灌输式地解决问题。这时期的网络德育还不足以深入人心,受教育者在互联网中自主选择吸收信息时,灌溉式的网络德育信息还不具有优势的地位,缺乏渗透性和影响力。所以这时期的网络德育的方法需要跟着时代的进步而进步,提高自己在网络环境下的竞争力。

中期阶段。随着一段时间的发展,这一时期的网络德育方法得到了长足的进步。考虑每个受教育者都具有不同个性的情况网络德育方法以引导式教学占主导地位,建立了网站,通过对于时下的新闻热点的关注来引导受教育者的思想行为。互联网的信息是繁多的,存在好的也存在不好的,所以我们必须要引导受教育者的思想意识,让他们产生冷静的自我判断和分辨是非的态度。

当前阶段。这时期的网络德育已经愈发成熟,网络思想政治的方法也在各方面的重视、研究之下得到了积极对待、主动建设且飞速成长。在经过了从网络德育初露萌芽开始到现在这一段时间,各种新媒体也如雨后春笋般萌生,网络德育开始和这些网络手段有机结合,增强了网络中教育者和被教育者之间的互动。

国内的网络德育经历了二十来年的发展,在党和国家的重视和扶持之下,取得了比较好的成绩。但是我们也需要清醒地认识到,当前阶段的网络和思政结合程度与同时期新媒体相关行业相比较,存在着程度上和速度上的差距。互联网的高速发展为网络德育带来了巨大的压力,各界的重视让它不断地进步,探索和研究网络德育是意义重大的,因为它背负着重大的使命,网络德育的途径、方法必须要紧跟着时代的步伐。

为探索网络德育工作的方法和途径,我们必须明确一个点——网络德育发展的大方向。事涉国民意识形态领域问题,党和国家一直保持高度的支持力度,网络思政教育工作的亮相率相当高,但是不难发现,目前的教育方法还是存在着一些不足。目前的网络德育工作和网络的粘连度有限,受教育者总体接受程度和评价比较低。确定网络德育的工作倾向,特别是把握好针对青年这一群体开展科学的网络德育方法更有待深入研究,以提高网络德育的有效性和实效性。

构建有单独功用的新技术平台。建设和开发支撑青年网络德育方法运行的信息技术平台,包括校园网的建设、德育软件和数据库的开发。这些平台必须具备鲜明的德育的特色,有正确的指导思想,让受教育者在潜移默化之中接受熏陶,从而树立正确的世界观、人生观、价值观。网站的生动形象和富有可读性成了必不可少的要素。保证信息的时效性和多样性,增加一些贴近群众生活的政治事例,让浏览者接受全方位的时事新闻。这些网络德育平台要积极引导青年形成积极向上的思想意识,实现教育者与受教育者的良性互动。以服务学生为前提,将德育内容有机地渗透到信息技术平台,提高其吸引力与影响力。

提升教育主体有效运用青年网络德育方法的素质和能力。在网络时代,如果教育主体想对青年的成才负责,首先必须具备良好的网络信息素养。这就要求德育主体具有敏锐的信息意识,能迅速敏锐地捕捉信息,加以分析、整理、吸收信息。其次,教育主体还需具备较强的网络技术能力,包括网络交流能力、网络参与能力以及浏览、查询技术,从而能与受教育者在网上更好地交流思想,探讨问题,有针对性地进行教育。

提升教育主体的思想政治素质。教育主体应着力提高自身的思想道德修养,用科学理论武装头脑,用正确的思想引领工作,不断提高自身思想觉悟和认识能力。提高教育主体的政治素养,培养健全的人格和高尚的情操。增强政治敏锐度和鉴别力。教育主体的文化知识素养也需要提高。这里的文化知识素养主要指思想政治理论知识和学科专业知识。只有同时具备这两点,才能掌握利用网络进行德育的主动权,才能完成全媒体时代下,网络赋予德育主体的新任务。网络德育主体还应富有创新研究精神,在把握网络的基本特征和功能之上,推陈出新,研发有思想、有教育意义的信息来占领这块阵地,使网络德育枝繁叶茂。同时网络德育主体还要了解网络德育的功能,遵循其规律,加强建设与管理以营造健康向上的网络氛围,并且提高预防预测能力。

德育工作开展的方式方法转变。网络德育必须要由传统的经验型方法向适应网络受众需要的科学型方法转变。由于网络时代人们的思想观念、行为模式、价值追求等都与以前大为不同，网络环境与现实社会环境也有根本区别，因此网络德育方法绝对不能照搬过去的套路，依靠传统的经验。教育者应该研究网络受众的行为特点和心理需求，切合其思想实际，遵循网络德育工作的规律，在交往与互动中实现教育目的，创造性地对受教育者实施人生观、价值观的建设。对此，我们可以借鉴的国外网络德育方法，如熏陶感染法和说理对话法。熏陶感染法是指教育者充分利用社会环境因素和自身的"身教"所创设的教育环境，对受教育者进行感染和熏陶。教育者通过以情感人，潜移默化地培养其思想政治品德并使之得以升华和提高。说理对话法就是说理方法，即灌输教育法。教育者要有目的、有计划地向受教育者传播马克思主义、毛泽东思想和邓小平理论，帮助受教育者逐步树立科学的世界观、人生观、价值观，提高其思想觉悟和政治素质。

提高网络德育方法的技术含量。网络德育有很多的特征，其中技术性特征是表现最为明显的，同时也是区分其他政治教育方法特征的主要表现。它实质上就是网络技术及其相关技术在德育方面的应用，如通过网络技术实现文字、图像、声音以及视频的在线共享，把信息以动态的方式实现传输，弥补传统德育信息传输效率低的不足。技术含量在一定程度上决定着网络德育的效果，因此，优化网络德育方法，还必须始终着眼于网络技术的进步，努力提高网络德育方法的技术含量。其间，我们可以运用信息化、现代化方法以及网络实践法。教育者以教育的信息化带动教育的现代化，实现德育的跨越式发展。实践法是在教育者的指导下，通过有目的、有计划、有组织的实践活动，训练和培养受教育者的优良品德和行为习惯的方法。随着科技发展，信息的传播媒介和传播方式发生了深刻变化，网络平台建设与管理要与时俱进，教育者要不断探索工作的新思路、新方法，始终坚持正确的导向，牢牢把握舆论的主导权；还要坚持"主动积极、正面引导、加强管理、趋利避害、为我所用"的方针，采取人们喜闻乐见的方式打造专题栏目，让人们通过网络主动积极地接受主流文化的熏陶。

加强网络疏导。这一方法通过像 QQ、BBS、博客、微信等网络虚拟空间，由网络德育的教育者来对受教育者进行一种思想上、心理上的疏导。这种方法利用了网络的交互性，有效倾听了受教育者的反馈心声，并给予了他们需要的帮助，使网络德育更加重视每一个人的发展。网络疏导方式必须坚持以人为本、疏通与引导相结合、个性疏导与群体疏导相结合，依据不同的标准可以划分为不同的类型。

依据不同网络载体特点,网络疏导方式可以分为即时性疏导方式、延时性咨询式疏导方式、渗透式疏导方式和参与式疏导方式等。

监管网络信息引擎。这一方法就是要利用搜索引擎,将网络德育信息放入搜索引擎当中。这时网络受众需要发挥他们的主动性,通过网络搜索引擎来搜索自己想要的网络德育信息,自我学习、消化。这一方法也需要相关部门牢牢把控,对网络上的信息进行监管,以防有不知来源的不良信息,或者带有消极的、与网络德育背道而驰的信息出现在网络受众的电脑屏幕中。

探索网络咨询辅导方式。网络为人们的生活提供了极大的便利,网络德育要充分利用网络便利的特点,通过现代网络手段开放咨询辅导渠道,比如说在浏览器的界面里设置、在微信开设公众号、在微博上注册账号等。网络受众只需要进入到这些页面用鼠标一点,或对着手机屏幕一戳,就可以通过网络咨询辅导提出他们生活中的困惑,由专业的网络德育工作者对他们进行一对一的辅导,这样大大提升了受教育者对于世界和自我的认知,提高了网络德育工作的成绩。

开展网络自我教育方式。网络德育主体以传播学原理和思想宣传的理论为基础,通过抓住网络本质,针对网络影响,利用网络有目的、有计划、有组织地对青年施加思想观念、政治观点、道德规范和信息素养教育方面的影响,使他们形成符合社会发展所需要的思想政治品德的线上双向互动虚拟实践活动。网络德育的主体通过这些网络传播手段传播网络德育信息,它们所呈现的内容是丰富多彩的,图片、文字、音乐、视频等,网络主体要充分发挥主体性,通过网络实现自我教育。同时网络德育工作者要牢牢把握舆论控制权,对网络舆论进行及时、有效地关注、引导和应对,有效降低网络舆论对社会的不利影响。

建设网络信息员、网络技术研发人员、网络辅导员的队伍,切实保障受教育者获取正确政治信息,提高其政治素养。优化网络德育的环境,运用网络技术对网络信息进行过滤筛选,对访问用户进行身份认证,杜绝非法用户的恶意访问。加强对网络的监管,防止不良信息的流通。完善法律体系,从而形成有力保障青年网络德育有效运行的基本制度。网络作为当今社会迅猛发展的媒体,是高校德育工作的重要领域。如何以敏锐的政治意识探索研究它,使之在高校思想教育中发挥重大作用,以提高青年德育的有效性和实效性,是我们在不断探索和追求的。

在网络德育过程中,教育者要转换思想观念,树立平等意识,密切关注受教育者的心理动态以及情绪波动,与受教育者在人格、思想以及感情上相互理解。否则,将难以实现教育目的,达到教育效果。为了转换观念,我们可以借鉴网上心理咨询法。教育者或心理咨询者可以运用心理学的专门知识和技术,测量受教育者的心理素质,并用语言、文字等媒介对咨询对象的心理、行为施加影响,使其认知、情感和态度发生变化,解决其在学习、工作、生活、疾病等方面出现的心理失衡、心理障碍和心理疾病等问题,以提高其心理素质、增进其心理健康。

要实现网络德育方法的重大变革,可适当地借鉴国外的网络德育的良好办法。将国外的交往、交流的理论与实践应用到实际的网络德育的过程之中,这有利于创新方式方法,提高教育实效。通过建立和完善网络德育的方法,整合网络德育方法的优势网络技术的多样性。网络德育要坚持网络监控与管理,教育与服务应并重,严宽并济,疏堵结合。体系要健全、渠道要畅通、队伍要可靠、反应要快速、解决要到位,如此形成长效机制后,网络必将成为开展德育的有效工具和强大的阵地。

三、青年网络德育的实证分析

在数字风潮日炽的今天,新媒体备受青年青睐,受到越来越多青年的追捧。新媒体影响着青年的生活和思想,特别是在全民微博的社会环境下,如何用好新媒体来引导青年德育是政府和高校要研究的重要课题。微博作为一种新型自媒体,其碎片化的语言表达、个性化的信息资源、裂变式的信息传播和社会化的媒体平台等深受广大青年喜爱,成为影响青年价值观的重要媒介。在青年微博现状调查的基础上,深入分析微博对青年价值观带来的正反两方面影响,我们提出构建科学的教育引导机制、舆论引导机制和政府监管机制等措施。

(一)微博对青年价值体系塑造的影响

1. 微博对青年价值观的积极影响

推动青年参与社会事件并选择价值内容。作为新时代的青年,他们善于捕捉和接受新生事物,一切媒体,包括报纸、广播、电视,特别是微博,已经成为他们获取信息的重要工具。微博即时化的信息生产保证了新闻热点和社会焦点的实时更新,青年们通过评论、转发,有选择性地发表意见以及与他人深入探讨,有利于增强价值内容的选择,提高对问题认识的深度和广度,使得价值目标更加清晰准确。

推动青年形成自我认同并找准理想坐标。当代青年处于自我认同感形成的关键时期,如果个体不能建立并保持自我认同感,将引发不同程度的自我认同危机,以至于无法确定自己的价值。微博为青年提供了一个展示自己的平台,140字的特点缩小了草根与专业人士的距离,激发了青年的原创热情,与社会精英们在同一个舞台上交流。不少青年的信息和观点被网友不断转载,这其中不乏社会各界的名人。青年的声音得到重视,这将有助于其获得心理上和情感上的满足,从而形成自我认同并形成一定的理想和追求。通过微博这个平台,青年将会逐渐不满足于课堂上所学到的专业知识,而去努力拓宽知识面,开阔视野,锻炼各种驾驭生活的能力,在社会实践中找到自己的理想坐标。

推动青年提高思辨能力并表达价值诉求。微博作为各种观点交汇之地,针对某一事件的大讨论能引发青年的思考,帮助他们认识并追求"真善美"。在对具体事件的思考与分析中,青年提高自己的逻辑分析能力、辨别能力。正如埃瑟·戴森所言:"网络在赋予个人强大权力的同时,也要求个人为他们自己的行动以及他们所创造的世界,担负起更大的责任。"[8]通过微博上各种行业内幕的揭露,青年能更清楚地体会到伦理缺失、道德缺位带来的严重后果,进而也会对自己的行为多一些责任感,并树立积极进取的人生态度。

2. 微博对青年价值观的消极影响

多元化的价值观念容易导致青年核心价值迷失。微博的蓬勃发展直接削弱了传统媒体及其他网络媒体的影响力,裂变式的微博传播为各种价值观的表达提供了载体。在虚拟的微博空间中,有缺陷的人格被文字、图片掩盖,还存在一部分并不符合主流价值观的言论。微博作为一种公共的网络虚拟社交平台,实质上就是一群陌生人互动交流的网络空间,具有很强的匿名性,也正是这样,才大大降低了网民的言行警觉程度。[9]另外,微博中传播的各种小道消息能以最快的速度传播出去,从而满足大众的猎奇心理。独立思考能力还未完全形成的青年们在面对这些信息时容易出现迷茫,影响他们对社会主义核心价值观的认知。

碎片化的语言表达容易造成青年沉迷虚拟空间。由于可以在短时间内从微博上获取海量信息,青年往往难以将垃圾信息从脑中"过滤",大量的信息难辨良莠真伪,碎片化的虚假信息大行其道。此外,微博使用方便、信息量大、更新迅速,自制力不够强的青年就容易对微博产生依赖,成为所谓的“微博控”,微博反客为主地占据了青年们的大部分时间。

个性化的信息选择容易限制青年看待问题的视角。信息的可筛选一定程度上会造成青年关注话题的局限以及观点的片面。微博上可以通过自主选择“关注”对象,而一般来说都是选择与自己有共同话题、价值观的人进行关注,这样就会造成对问题理解的片面性。青年心理上会把自己归类,微博的圈子又是同一类人的交流,会愈发加深相同的观点,排斥其他群体,看待问题有时候就会有失偏颇。青年不能多角度、全方位地看问题,而只是简单把问题锁定在一个狭小的范围内,容易导致思想落后,缺少创新思维,影响青年思想的成熟。

(二)新媒体对青年德育的影响——以微博为个案

价值观作为德育的重要内容模块,是一个人对周围客观事物的评价及看法,它不仅表现为价值取向和价值追求,还在一定程度上表现为价值尺度和价值准则。微博作为新媒体,其对青年价值观的影响尤为突出,它在极大满足交流者个性化交流需求的同时潜移默化地对青年价值观的形成发挥载体作用。

1. 浙江省青年微博现象调查

微博是青年自我宣泄和表达的重要场所,他们通过这一载体展现个性和能力,较为真实地反映了青年的价值诉求。为了解微博对浙江省青年价值观及其行为方式的影响力,课题组进行了规模性的问卷调查。

(1)问卷设计和操作

课题组设计了一组问卷,针对浙江省青年公务员、浙江教科体卫事业单位青年、浙江企业青年员工、浙商青年群体、浙江外来务工青年、浙江青年学生、浙江农村青年采用抽样调查的方式进行调研,通过网络给微博用户投递私信、给微博受众发布链接和网络问卷发放的形式来调查浙江省青年使用微博的情况,问卷发放1000份。

(2)问卷分析

基本情况分析(见表1-1)

表 1－1　受访者基本情况

基本情况	基本情况选项	人数	百分比
总人数 982	未开通微博	20	2.04%
	已开通微博	962	97.96%
开通微博时间	小于六个月	228	23.70%
	六个月到一年	338	38.15%
	一年以上	396	44.70%
男女微博使用频率	男性	454	47.19%
	女性	508	52.81%
发布信息总量	<100	162	16.80%
	100—1000	544	56.60%
	1000—2000	179	18.59%
	>2000	77	8.01%

青年普遍热衷于使用微博,男女使用微博的频率基本相当,微博的普及率较高,其中,浙江青年学生占微博青年使用者的大部分,最少的是农村青年。调查显示,浙江省青年热衷微博,微博对青年价值观及其行为方式影响深远。毫无疑问,微博为公众提供更加广阔的交流空间。青年使用微博,最主要的目的就是通过微博建立自己的交际圈,再通过这个圈子来获得和发布信息,然后再通过博友的转发进行多个循环,从而获得更多资源和信息。

使用偏好、频率分析(见表 1－2)。

表 1－2　青年微博交流对象统计表

主要社交人群	人数	百分比
朋友、同事(同学)	504	52.40%
名人明星	253	26.30%
相同标签网友	116	12.10%
家庭成员	84	8.7%
其他	5	0.5%

从表中可以看出,青年在使用微博的时候,还是会倾向于封闭的小群体,听众

比较少,收听的人数也比较少。青年们比较偏向关注自己的微博,他们更愿意让微博成为他们自己的虚拟空间。有一部分微博用户每天频繁地登录和更新微博状态,甚至存在"微博控"现象。

使用动机分析(见表1-3)。

表1-3 青年登录微博后常做事统计表

登录微博后常做的事情	人数	百分比
发表个人琐事、真实心情、经历	494	51.4%
发表对公共事件的观点态度	355	36.9%
与他人交流、发私信	277	28.8%
关注、浏览、转发、评论他人动态	829	86.2%
搜索话题或相关信息	340	35.4%
查看自己信息	354	36.8%
其他	36	3.8%

从表中可以看出,大多数青年在微博使用过程中缺乏主动创造力,仅仅把它当作一个信息获取的渠道,易导致人云亦云。为了更深入了解青年使用微博的目的,课题组设计问题让青年自由选择使用微博的理由。

关注内容分析(见表1-4)。

表1-4 青年使用微博的主要动机统计表

微博吸引力选项	人数	百分比
有更多的机会看到名人的生活动态	766	79.67%
发微博只需三言两语,既省时又省力	460	47.8%
可以通过手机、互联网等发布信息,方便快捷	357	37.1%
可以公开表达自己的看法、观点	199	20.7%
可以随时记录并保存我的生活状态	189	19.6%
展现自己,获得别人的认同	541	56.23%
可以随时宣泄情绪,缓解焦虑和孤独	808	83.98%
跟风体验潮流	210	21.80%
其他	34	3.5%

结果表明,将近85%的青年选择微博是因为它的简洁性和便利性;56.23%的人选择“可以展现自己,获得别人的认同”;83.98%的人选择“可以随时宣泄情绪,缓解焦虑和孤独”,这说明多数青年使用微博的主要动机是自我宣泄,获得更多的他人关注度;79.67%的人选择“有更多的机会看到陌生人,甚至名人的生活动态”,这个比例也相对偏高,体现青年扩展视野、八卦猎奇的心理。其余几项则分别占较小的比例。

为了更加准确体现如今青年的价值观,课题组设计问题,调查得知,青年在微博上主要关注“时政类”“财经类”“社会民生”“娱乐八卦”和“奇闻趣事”。主要进行的操作为“记录自己的生活状态和心情”“发布自己的观点和评论”“转发他人的观点和评论”等。

(三)以微博为载体加强青年德育的对策

1. 构建科学的教育引导机制

加强网上“人生观、世界观、价值观”教育,维护高校主流文化。思想政治理论课教师是青年思想塑造、价值观引导的主力军,利用网络进行思想政治教育也应该成为这部分教师与时俱进的选择。在网络环境中,人们会自然而然地形成带有鲜明网络特点的社会意识。高校思想教育工作者要重视网络思想政治教育,依托网络,以中国特色社会主义核心价值观为引领,引导学生树立科学的人生价值观,选择正确的人生价值。要加强审美培养,引导学生在微博使用过程中避开低俗的“耽美”文化、“迷”文化以及对娱乐八卦的沉迷,降低微博的娱乐性。

强化网络身份认证。在网站、微博、论坛、QQ群等新媒体环境中,各种思想文化交流、交融、交锋异常频繁,因此要坚持统筹兼顾、先易后难、分步实施的原则,在进一步实现和完善网络实名制的基础上,逐步推行微博实名制。特别是对达到一定量级粉丝数量的微博群主强制实行实名认证,并对这些重点监测人群进行身份识别和认证,以有效地防止网络诈骗、网络知识产权侵权,推进网络公信力建设。

掌握网上思想舆论主动权。教育者要转变观念,在思想意识上进行变革,以一种平等、积极、宽容的心态对待新时代的青年微博现象,鼓励青年建立和使用微博,搭建良好的微博交流平台。高校也可开通各自的官方微博,通过“官办生营”的管理方式对青年合理引导。要开通微博,采用师生互动的方法,利用微博对青年进行网络道德教育。要善于将网络信息与教育引导有机结合起来,自觉捕捉、分析、判断和吸收信息,积极应对微博可能带来的各种挑战,把工作融入青年学习和生活的各个方面。

加强心理辅导。微博有助于帮助青年增强自信、宣泄情绪、彰显个性等。然而,有些青年却沉迷于微博,进而影响到他们正常的社交、生活,甚至出现行为失范现象。也有不少的学生存在过度依赖微博的现象。在实践的过程中,高校思想教育工作者要在心理上给青年以帮助、启发、引导和教育,真正扫除他们心理上的障碍。要注重人文关怀,指导学生处理好现实生活与网络虚拟生活的关系,引导学生热爱生活、珍惜生命,培养其面对挫折时候的忍耐力,以积极的态度投入到生活和学习中去。

2. 加强平台建设,形成新媒体与文化教育互动格局

主动占领新兴媒体阵地。要在政策、经济上积极扶植一批取信于民、为民所系、为民所用的新媒体,让主流权威、真实可靠的声音占领公众意见市场。团中央推行的共青团 12355 青少年服务台微博发布厅的做法值得借鉴,他们将“网上”活动与“网下”服务相结合,为青少年提供心理和法律服务,总粉丝数接近 100 万,潜移默化地引领青年。要以打造精品为突破,努力探寻宣传规律和新闻规律、信息传播规律的有效契合点,努力提升浙江微博的综合实力和主力军地位。

要打造“网格 + 网络”“网上 + 网下”的“双网互动”格局。要切实加强新媒体的建设和运用,通过打造“网格 + 网络”平台,把各类组织载体和流动团员青年融入“网格”,实现对青年“网格”与“网络”双重覆盖,构建“双网互动”的青年组织动员体系。这就需要有关宣传文化单位努力为我们提供更高品质的网络文化产品和服务,注重体现中国特色社会主义文化、社会主义和谐精神,创作更多群众喜闻乐见的文化作品。要借助共青团的社会公信力,向青年推介一批符合青年特点、体现社会主义核心价值体系内涵的影视、动漫、图书、游戏等青年热衷的文化产品。

创新新媒体的管理方法。要认清并顺应互联网开放、平等、民主、共享的特点,从偏重管制、控制、防范向更加重视人性化、服务型、疏导型管理思路转变。要加大网上主题报道力度,提高编辑策划能力,综合运用多媒体表现手段,多侧面、多角度推出融文字、图片、视频于一体的专题报道,形成网上正面舆论强势,增强

吸引力、感染力和影响力。

打造一批取信于青年的微博阵地。比如人民网的强国博客,包含了警察微博群、官员微博群、记者微博群等,这些主流新闻博客在网络世界里用积极正面的信息引导广大网民,为我们提供了一个很好的范例。事实证明,以主流的声音特别是在主流新闻博客上适时发表指导性的言论或点评是引导网络舆论的重要途径。

邀请权威人士进行对话访谈。微博因其开放性、便利性,为群众了解社情民意提供了直观途径,同时也增加了舆论引导的复杂性。通过邀请公众人物、专家学者以及政府官员等就某些焦点问题、重大事件做客访谈,与广大网民进行对话,对当前的舆论进行合理引导,让网民在纷纷扰扰的网络舆论中能清醒地看待问题,合理判断,认清真相。可以对权威人士、专家学者的微博进行实名认证,比如腾讯开展的"思享者专栏"微博认证就是以权威人士引导舆论的好办法。

3. 加强教育引导,培育青年主流价值观

加强网上"人生观、价值观、世界观"教育。思想政治理论课教师是青年思想塑造、价值观引导的主力军,善于利用网络进行思想政治教育应该成为思政教师的必然选择。在新媒体环境中,公众会逐步形成带有鲜明新媒体和网络特点的价值观念。要重视网络思想政治教育,使他们树立科学的人生价值观,选择正确的人生价值。要加强审美培养,引导他们在微博使用过程中避开低俗的"耽美"文化、"迷"文化以及对娱乐八卦的沉迷,降低微博的娱乐性。要加强心理辅导,在心理上给予帮助、启发、引导和教育,真正扫除青年"网络成瘾""微博控"的障碍。

加强新媒介素养教育。新媒体已然成为青年的第二个教育课程,并且已经成为当代青年建立世界观、人生观和价值观的重要来源,对青年的价值观形成作用明显。青年的媒介素养教育不仅仅只是学校的责任,它应该是以从事新闻传播学理论研究与教育工作者为核心,包括各类教育工作者、社会学者、传播技术工作者、政府主管部门、家长以及大众传媒机构广泛参与的共同体。通过这些"教育共同体"的密切合作,及时掌握新媒体发展动向和青年媒介接触状况,及时给予正确引导。

强化社会实践环节。社会实践活动是加强青年思想政治教育的有效载体,要通过实践锻炼、志愿服务、对外交流等形式,帮助引导青年了解国情,认识社会,在实践中成长成才。在活动设计上,要不断"推陈出新",增加时事热点、娱乐性活动信息、图片视频分享等在校青年感兴趣的内容，构建一个青春时尚、充满智慧与挑战的思想引导舞台。在新媒体条件下，各级团组织要注重活动创新，围绕组织青年、引导青年、服务青年、维护青少年合法权益的基本职能，经常性地举办主题鲜明、在青年中有一定影响的新媒体活动。

4. 强化舆情疏导，提高新媒体的调控能力

强化网上舆情收集研判。要组建专业的网上舆情应对团队，成员包括宣传部门互联网管理机构负责人、传播领域专家学者以及专业化网络工作者等，多渠道收集网上舆情信息，建立和完善网络舆情预警体系，进行舆情调查、信息归纳、数据分析。要发挥舆情信息中心的作用，提高网络舆情的检测和处理技术，实现利用信息技术对网络群体事件进行精确的分析与预警。要建立分级分类的监测体系和重大网络事件应急响应机制。

加强网上舆论引导工作。要依托主流网络文化阵地发出强势声音，加强热点敏感问题的舆论引导，第一时间通过网络发出党委、政府的权威声音，压缩小道消息和谣言的传播空间，确保正确的网上舆论导向。通过邀请权威人士进行对话访谈，还原事实真相。要把握网络舆论引导的内在规律，真正把重大决策宣传到位，对青年关心关注的热点问题引导到位，切实提高网络舆论引导能力和矛盾化解能力。要通过邀请公众人物、专家学者以及政府官员等就某些焦点问题、重大事件作客访谈，与广大网民进行对话，对当前的舆论进行合理引导。

注重青年“意见领袖”培养。“意见领袖”是网络、微博上的青年自组织的比较有影响力的团体，他们发布的微博信息对于普通网民具有较高的关注度、转发数、评论数和信任度等，其影响和引导舆论的能力很强。作为运营商和有关部门要培养具有大局观、责任感和思想高度的意见领袖，使其能够在热门话题和事件出现时主动承担起澄清事实、揭露真相的责任，引导网民理性、科学地看待问题。要提高青年“意见领袖”的引导能力，特别是对被引导者的互动，意见领袖之间还要通过互动形成合力，从而对舆论产生更大影响。发挥微博上的“意见领袖”的积极作用，正确引导舆论。“意见领袖”是网络、微博上的青年自组织的比较有影响力的团体，他们发布的微博信息对于普通网民具有较高的关注度、转发数、评论数和信任度等，其影响和引导舆论的能力很强。作为运营商和有关部门要培养具有大局观、责任感和思想高度的意见领袖，使其能够在热

门话题和事件出现时主动承担起澄清事实、揭露真相的责任，引导网民理性、科学地看待问题。

5. 构建科学的政府监管机制

要建立分级分类的监测体系和重大微博事件应急响应机制。微博的特点就是即时传播，微博运营商一般不干涉使用者的内容，没有经过审核可以上传到网络上，如果一些负面的信息充斥着微博空间，无疑会对青年的价值取向产生重大影响。因此加强对微博信息的监管非常重要。而对微博内容进行管理离不开监测技术的发展。要运用“海量数据快速处理技术”和相互举报的方式，及时、准确、全面把握微博舆论的敏感内容和传播趋势。同时，积极研究制定重大微博事件应急预案，构建微博重大事件的应急响应机制。

推进微博实名制，强化网络身份认证。真实身份注册主要是针对后台实名注册，前台发言则可以继续使用匿名，而对使用微博浏览信息的用户，则没有限制性规定。对达到一定量级粉丝数量的微博群主应强制实行知识产权实名认证，并对这些重点监测人群进行身份识别和认证，以有效地防止网络诈骗、网络侵权，推进网络公信力建设。目前腾讯、新浪、搜狐等多家微博运营商也积极支持微博的真实身份认证，有效促进互联网健康有序发展。

推进微博立法，加强微博法律监管。微博是新生事物，进一步解放了网民的话语权，实现了更多的言论自由。然而，目前我国没有专门的针对微博的管理机构，也没有相应的法律规范，一系列微博侵权案件层出不穷，出台微博监管法律法规显得十分必要。

第三节　青年网络德育的主体建设

用宏观的尺度介绍网络德育的特征、学科特点以及孕育其发展的社会背景是合理的，但实际上真正要谋求思政教育在网络领域有新建树，必须以宏量微观元素中的成功实践经验作为契机，由下而上地开展网络思政规律总结，在这一环节中，首先需要关注的便是网络德育的主体。在传统德育中，主体就是指教育活动中的教育者，那么网络德育作为一种崭新的德育活动，主体也与传统德育有着很大的区别,本节就网络德育主体界定与特征、其与传统德育主体的区别以及其主体建设等内容进行探讨。

一、青年网络德育的主体

关于如何定义网络德育主体这一问题的回答可以说是众说纷纭。学术界对德育的主体有一些论述,均有其下定义所需要的支撑点。相对来说,具有一定科学性,容易为大家所理解的观点有单一主体说、双主体说、多主体说和相对主体说四种观点。四种观点存在着相似之处,即主体主要为网络德育的施教从学双方之一或双方;但是在主体动态趋势方面又存在着很明显的区别。

(一)学界关于德育主体的观点

1. 主客体融合说。此类观点认为在网络德育中不再区分主体和客体。此类说法重视了受教人群的主体性,但是没有注意区分教育者与受教者主体性之间的区别,也没有对网络德育的客体做出明确的看法。主客体融合说充分尊重了思政教育双方的主观能动性,肯定了两者在整个教育过程中不可或缺的地位。

2. 主体转移说。该类观点认为网络德育的主体就是开展网络德育工作的主体,也就是教育者,他们调整了原来在现实德育中的结构,被放入到网络中,在网络中重新划分了工作结构,进行原有的主体性工作。这种观点只是将网络理解成实施教育的桥梁,网络更多地被赋予了中介的属性,狭隘地理解了网络德育的深刻内涵。

3. 相对主体说。该类观点认为网络德育存在主客体关系,但是需要放在具体的事例环境下来区分两者,在最初的时候不能够对两者下定论。当前网络德育中,网络德育主体弱化,客体主体化,网络德育的主客体地位呈现平等的状态。虽然这种观点对于网络德育主客体之间的生态有一定的把握,但这种观点的整体性认知却嫌不足。

4. 间接性主体说。该类观点也同上一观点一样,承认在网络德育中主客体关系的存在。认为无论受教者还是教育者都是网络德育的主体,而共享的网络资源则被视为网络德育的客体。这一观点重视了网络本身,同时也明确了网络德育中受教者与教育者的互动性。本书对此观点保持相对支持的态度。

网络渐渐普及,社会步入网络信息化时代,网络几乎穿插在人们生活的各个角落,无孔不入。信息技术的高速发展为德育带来了便利,为德育开拓了更多渠道,提供了更多平台,同时也为德育带来了阻碍。网络信息复杂信息量庞大,增加了受教育者在主动汲取中判断选择的困难,所以教育者必须主动地加以引导疏通。而且网络中,受教育者更为主动,他们的汲取方向以及他们的喜好影响着教育者如何制定计划、做什么样的工作可以更加高效率地完成网络德育工作。因此,本书认为网络德育的主体应该为"教育者"和"被教育者",也就是我们的"双主体"观点。

(二)网络德育"双主体"概念及相关阐述

网络德育的主体就是网络德育当中教育者和受教育者。他们具有实施或者接受网络德育的能力,通过虚拟网络作为桥梁构建起整个网络德育的空间。施教和受教的双方在面临新媒体技术冲击的情况下,对于更具有生命力的新式教育手段有更明显的倾向,在整个教育环节中占据有更加大的主动权,这也是网络助推民主的侧面反映。在这种情况下,网络德育自身的特性对于研究主体甚至是整个文章都有很重要的价值。

人对外在的客观实在(包括客观的存在和客观属性)进行能动的、有目的的、有针对性的改造活动。精神也是一种客观的对象,所以都可以进行能动的、有目的的、有针对性的改造活动。而在网络德育的主体身上,我们不难看出,网络德育的工作就是教育者对教育对象的精神世界、道德观念、价值标准采取有目的的、系统的、科学的改造引导,让受教育者的意识形态领域被积极正确的价值观念所领导。网络德育主体通过网络架构的桥梁,可以跨越时间空间的限制进行交流,从交流中互相影响,在数据生成具有虚拟性的东西上互相作用,完成了这一"改造"活动。

人的能动性可以理解为自觉使心里活动与实际行为相结合,对除他自身以外的人或物产生一定影响。在网络德育的过程中,无论是网络还是现实,两相结合,把现实的生活经验用在网络德育上,通过网络把我们思考、总结的经验传授、使用出去,然后作用在教育对象的身上。能动性还包括了自觉性,即通过自己的意识来调整行为举止。教育对象在经过网络德育之后,必然会对社会所认可的价值观产生认同,这样他会自己在心中"立法",如果发现自身行为有悖于这种社会所认可的价值观,那么他就会有意识地进行自我调整,改正自身行为,这也是网络德育主体的特征之一。

提高教育者的综合素质是所有时代各类教育工作中不能缺少的,不同学科对其教育者的素质要求又有差异和侧重。对于网络思想教育工作者来说,最基本的要不仅深刻理解国家政治要求和社会道德规范,还要能传授这些知识。作为网络德育者更应具有敏锐的洞察力,精准的判断能力,清晰处理问题的能力,良好的协调能力和勇于创新的能力。在网络化的纵深发展中,教育工作者要尝试着转变思维方式,摆在他们面前的一项重要考验就是如何适用不断更新的网络技术将学术理论以通俗易懂的方式让受教育者所接受。

如今网络对于生活影响越来越大,可以说我们的生活已经离不开网络,德育工作更要紧跟时代的步伐开展到网络中去。网络德育的主体与客体之间联系紧密并且互相作用,我们深入地去研究主客体关系,找出他们的作用规律,可以有效地提升网络德育效果。网络为师生主体之间的交流互动提供了平等交流的平台,网络德育应该以主体性建设为本位,体现主体间性,而这种体现主体间性的网络德育是强化德育主体性建设的必由之路。

5. 网络德育主体建设有利于提升人才培养质量。德育主体的不同会形成不同的教育模式,与之相适应的是不同的教育过程、实践以及效果。对德育过程中师生双主体关系的认识和把握,尤其是网络环境下从主体间性的视角建构网络德育过程,既是一个重要的德育理论问题,也是一个重要的实践问题。因而重视对德育双主体的作用发挥,适应网络时代对教育环境、教育内容、教育形式的不断改变,提高自身网络媒介素养,建立有效网络德育模式,对于提高网络德育实效具有重要的意义。

网络德育主体性建设有利于改善网络环境。互联网最大的特点就是开放性,互联网的无门槛性使得每个人都可以进入互联网中发表自己的意见。然而由于当前网络制度的不够完善使得当前网络环境比较混乱。一些虚假恶劣的网络舆论严重影响着我们的生活,这时候假设我们进行网络思想政治主体化建设我们就可以很好地通过教化来提高人们的网络素质达到净化网络环境的作用。

网络德育的客体就是网络政治教育活动所影响的对象。但其客体具有思维能力和主观能动性,其对象则同样拥有思维和丰富的主观世界,将网络德育通过学历、年龄等因素划分成不同的群体。不同人群对网络上信息的识别能力,判断能力不同,对信息的处理、抵抗能力也不同,因而其网络德育下,主体的信息受客体自身条件、环境的制约。因其客体具有多面性、虚拟性、脆弱性等条件下,主体的活动容易受到客体与环境影响。网络的兴起掀起了人类生活的惊涛骇浪,同时伴随着网络,很多新东西逐渐出现,网络德育应运而生。对于网络德育的讨论总是不断的,对于网络德育的客体认识也在不断的讨论中初见成效。

二、青年网络德育主体现状

2017 年 1 月 22 日,中国互联网络信息中心(CNNIC)发布第 39 次《中国互联网络发展状况统计报告》,报告显示截至 2016 年 12 月,我国网民达到 7.31 亿,全年共计新增网民 4299 万人。互联网普及率为 53.2%,中国网民规模已经相当于欧洲人口总量。其中有半数以上的网民已经开始线下消费手机支付,无钱包时代已经悄然开启。半数以上的网民是 24 岁以下的青少年,在网络世界里,青少年已经成了原住民。针对网络德育的客体进行研究就是为了推动网络德育在互联网的洪流之下能够深入人心。从哲学的视角来看待网络德育的主客体。网络德育的主体是指网络德育中有目的、有计划、下意识地从事意识活动、实践活动的自然人;网络德育的客体则是指在网络德育中主体所从事的活动所指向的,并反过来制约主体的外界对象。

我们就浙江省杭州市青少年的群体网络行为特征以及网络对于青少年工作方式产生的影响进行了调查。此次我们一共发放 3000 份问卷,收回有效问卷 2372 份,网络问卷 450 份,共计 2822 份有效调查问卷。根据调查结果,我们发现了网络德育客体存在以下一些特征。

网络应用普及化。根据我们的调查结果显示,2822 份有效调查问卷中,100% 的青少年有上网行为,每个人都会有微信、QQ 这样的网络软件。而且由于电脑和无线网的普及,以及网络教育在各大高校都已经纳入到常规教学等因素,大学生对网络的掌握程度比较好,80% 以上的人都认为自己已经基本掌握网络应用。面对网络在受教育者中如此强大的普及程度,教育者势必要利用这一特征,发挥好网络在网络德育中的优势。

首次触网低龄化。青少年接触网络的年龄也逐步走向低龄化，在对浙江省临安市青少年上网情况的2822份问卷调查中，反映出在小学和初中就接触网络的大学生占了60%以上，并逐年上升，这一现象应充分引起各界的关注，针对这一现象，研究对象的重点需要进行调整，工作领域也需要扩大。

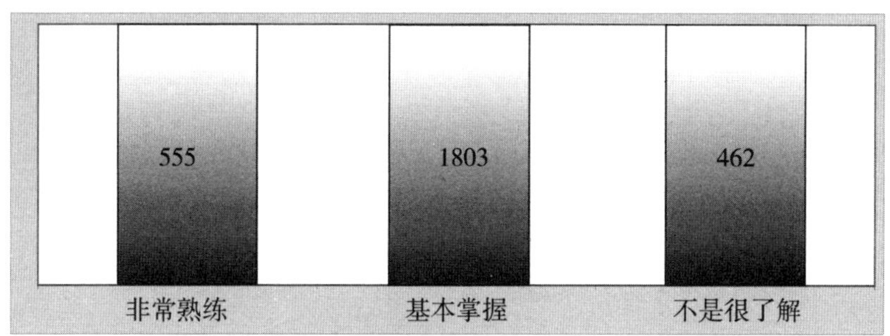

网络掌握程度表

网络依赖严重化。每天使用手机电脑登录网络超过2小时以上的大学生超过80%，85%的大学生比较喜欢网络，25%的人认为自己严重依赖网络，生活离不开网络。网络依赖与往年相比呈现扩大化的趋势。

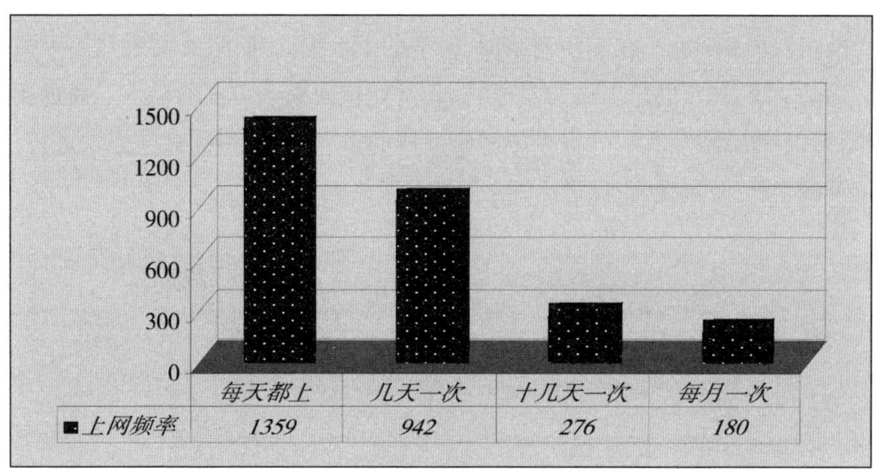

上网频率调查表

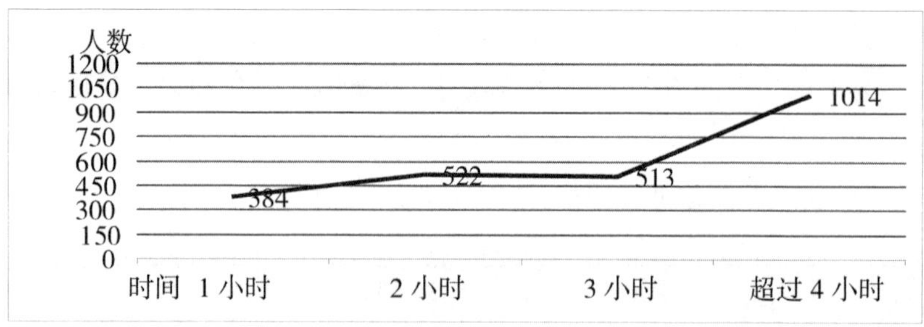

每天的上网时间

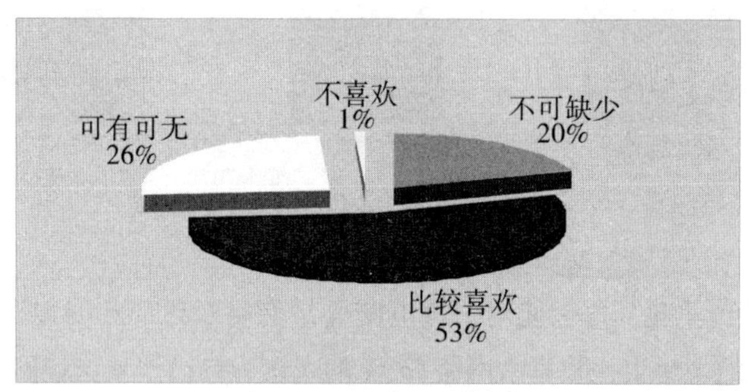

青少年对网络的依赖程度

网络需求多元化。在使用网络时,64%的学生偏向通讯、查阅资料等采集信息方面的需求,36%的学生偏向看电视、玩游戏偏向娱乐方面的需求。通过调查结果,可以得出结论:在引导青少年健康上网的过程中,必须针对其需求进行,发挥好开阔视野、开展交流、促进个性培养等积极影响。

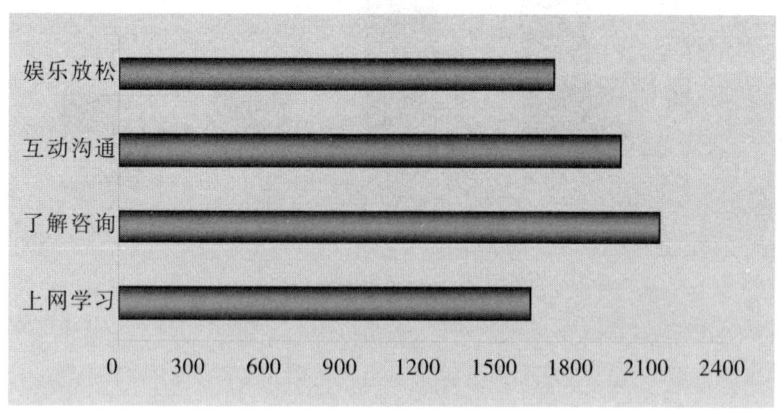

由我们上述的调查结果和总结的网络德育客体的特征，不难看出网络活动客体呈现复杂化，网络信息良莠难辨，而客体是一个能动的思想体系，它通过自身的社会实践经历，能动地、有选择地反应吸收主体所传达的信息。基于客体的辨识能力不同，在信息选择方面会有所不同，这就需要教育主体通过网络，以一种客体能够接受的方式，引导客体进行自我教育。同时需要净化网络环境，减少不健康的信息侵害受教育者的思想意识。

网络德育的主体和客体之间在教育活动中存在着密不可分的关系。青年德育在当前阶段要考虑的主体环境是网络，主体和客体的关系会因为网络的一些特点而产生区别于传统德育的变化。网络德育中的主体和客体是相互作用的，他们有互相矛盾的地方也有互相扶持的地方。就比如客体会造成主体的主体性削弱，又比如主体会使客体的主体性增强。我们要通过对网络德育主客体关系的探究，从而找到好的方法，更扎实、更高效率地开展网络德育工作。

信息网络化为我国意识形态的控制力带来新活力。与传统的文化传播方式不同，网络传播具有自由性、快捷性、交互性、开放性、海量性等特点。借助网络这一新技术平台，我国社会主义意识形态的传播获得了新的技术载体、新的传播渠道和新的言论空间，这有助于增强社会主义意识形态的传播力、吸引力和凝聚力。

信息网络化也严峻考验着我国意识形态的控制力。网络意识形态具有非对称性和强大的渗透性，西方发达的网络技术手段和强势的文化输出对我国意识形态的传播和防御能力构成很大挑战。此外，网络的开放性、多元性和交互性，一方面为人们提供了获取信息和言论表达的新途径，网络一定程度上成为化解社会矛盾、疏导社会不良情绪的减压阀；另一方面，开放、多元、交互的信息传播方式加大了我国意识形态的控制难度，人们在海量的信息面前也可能不再被动接受主导媒体的灌输和教育，不再简单追随主流意识形态，导致对主流意识形态认同的弱化。我们必须采取切实可行的应对措施，加强主流意识形态的吸引力、凝聚力，提高主流意识形态对网络文化的控制力和引导力。

三、青年网络德育主客体关系

意识形态工作是党的一项极端重要的工作，从党员干部到普通民众，网络上维护社会主义意识形态的力量正在迅速出现、汇集，覆盖率、影响力也在不断上升。但是,网络上社会主义意识形态主阵地遭受冲击的态势仍然存在,网络意识形态主战场的斗争仍然激烈。在党中央的高度重视下,当前网络意识形态总体上向好。但是,随着网络新媒体技术的进一步发展,网络意识形态安全状况出现了一些新的特征,需要引起密切关注。

在网络意识形态论争过程中,借言论自由打法律擦边球的手法十分常见。把普通事件炒作成热点事件,把敏感事件炒成政治事件,煽动不明真相的网民助推反政府舆论,进而演变成街头政治事件,这一程式化的网络舆论炒作手法,将导致网络意识形态论争向社会政治事件转化的可能性继续上升,这需要引起我们的高度重视。

(一)主客体关系变化的具体特征

现今,互联网的快速发展,对人们的生活方式产生了日益深刻的影响,这不仅表现在物质基础上,更表现在社会文化的塑造上。面临网络社会文化的深刻变革,研究网络德育就成了“必要性”的问题。网络德育因为其存在于网络,具备了一些互联网的特点,所以它与传统德育有着很大的差异性。网络德育主客体的关系亦是如此。网络德育主客体关系的内涵是多元的,它不仅包含了人与计算机网络的认识关系,更重要的是包含了人与人的认识关系。网络德育主客体关系不是固定不变的,在教育实践中不难发现主客体关系出现了以三大特征为主要表现形式的趋向。

教育主体的主体性减弱。网络环境下的主客体关系不同于传统形式下的主客体关系。它是由于网络世界的虚拟化,使其网络德育主客体之间的关系相对虚拟化、模糊化,且网络交往的平等性和交互性使教育者和受教育者之间以平等的身份共同参与教育活动,加上网络信息资源的开放性、共享性与多样性也挑战了网络思想教育的教育主体及主体性权威,实现主客体角色的不断转换,教育主体的主体性就被不断削弱。

教育客体主体性增强。网络德育客体在对象性的主客体关系确立过程中具有决定作用,受教育者脱离传统德育中对象选择的局限性,可以根据自己的价值判断和行为喜好来主动地对网络教育资源进行选择、吸收、加工。比如,网络上一个课程的开设,必须要有足够的网民数和相应的网上点击率才能进行,否则,教育内容形同虚设,教育主体也仅仅是一个虚化、假象的主体。

教育者与受教育者的主客体关系平等化。网络德育中的主客体关系是教育主体与客体共同构建的交互性主客体关系，它是一个持续构建的动态结构，具有主客体关系相对化和地位的平等化等特征，主体与客体在一定条件下还可相互转化，受教育者的思想、行为和教育效果会反作用于教育者。“在信息社会里，教师不可能再像过去那样，被看作是某种知识的唯一拥有者，他只需传授知识即可。从某种意义上说，他成了集体知识的合作伙伴，他更应该站在时代前列，对这种知识加以重组。”[10]

随着网络时代的进步和自媒体的发展，网络德育中主客体关系的间接性转化，为有效地开展德育工作创造了契机。在今天的互联网上，每个人都可以既是主体，又是客体，两者关系相互转化，相辅相成，利于更好地开展网络德育工作。互联网具有其独特的特点，形式多样，互动性强。网络进入了人们生活的各个角落，它潜移默化地改变着人类社会，人们的生活方式发生着天翻地覆的变化。网络德育的阵地在互联网上，网络的一些特点影响着网络德育，网络环境的变化也使得网络德育主体产生变化，同样也赋予了网络德育主客体之间关系全新的特点。

在当前的网络环境下，网络上的交往不是单一的，而是多极、交互、非中心化的。在网络德育中，教育者与受教育者之间更多的是交流，是互相传递表达，在传统教育里的灌输式的教学方式已经不能适用在网络环境下。再加上网络环境下信息繁杂，受教育者在网络环境中拥有更强的自主性，他们可以主动地按照自己喜好来汲取信息。这种情况下，网络德育更应该抛弃一味灌输的方式，根据受教育者的兴趣爱好来调整自己的方式方法。

主客体在地位上存在不平等。其一，因为二者的理论水平、政治素质存在着较大的差异。网络德育的主体具有较高的理论知识和政治素质，他们系统地学习过相关课程、接受过专业的培训，对于德育有着较高的认知。而网络德育的客体一般来说都是培养对象，或者说他们并不具备专业的理论知识，也未曾完整、系统地学习过相关内容。其二，从矛盾双方的关系分析，这种不平等单纯地指在德育中主体是具有主导地位的，他们计划、安排着客体接受德育的进行。而在网络德育中，主体也是具有比客体更优越的性质。

信息获取和发声权力的公平化。在传统的德育模式中，由于从前信息相对闭塞,教育者处于德育的主体地位,可以通过发挥自己的主动创造性控制和掌握信息资源从而对学生产生教育。而在网络迅速发展的这个大背景下,任何人对信息获取的机会都是平等的,这就使得教育者对信息资源的支配和控制权得到了弱化。学生受网络的影响,逐渐形成了自己的观点,对于教育者所持的观点,被教育者持反对或怀疑态度,这就使得教育者对学生的教育影响减弱。

网络环境等原因促涨个人意志。就现在来讲,网络已经渐渐地不止作为工具使用,每个人在网络上都有同等的话语权,当今网络政策的不规范性,为网络交往泛滥提供了一个便利的平台。从某种程度上说,人们在网络上真正地实现了表达自我。也是因此,网络的开放性使得网络上会发生各种各样的可能,这些不确定性带给网络德育的冲击是极大的。网络德育是一项周密的、有计划的、有组织的活动,网络上的种种不确定干扰了网络德育工作的井然有序。

在这种对称位不平衡的情况下,受教育者个人意志在网络空间会得到大幅度的增强,再加上民主意识和西方膨胀的个人主义的影响,致使受教育者追求相对平衡的地位对称关系,从而推动主客体关系的对称位调整,出现当前主客体关系趋向。认识网络思想政治主客体的关系,对于展开网络德育工作是有极大帮助的。找出了主客体相互作用的规律,认清了主客体之间的关系模式,我们就可以在教育工作当中找到更高效、更方便、更正确的方法,从而帮助我们达到网络德育的目的,完成德育工作。

(二)主客体关系趋向调试

随着对网络德育的研究深入,网络德育主客体关系越来越清晰,我们要求网络德育主客体主体化。在新时期,高校网络德育主客体关系需要进行调试,在现有基础上,我们提出了几点调试趋向。

1. 应用网络公共空间。网络作为一种便利的学习和信息交流平台,学生和老师都可以打破空间和时间的限制进行学术上的切磋和交流,甚至还可以通过网络与其他国家的国际学者进行交流与沟通,从而得到新的进步。此外,面对网络公共空间,我们应该做到信息共享,并且每个人都可以发声,主体客体都可以应用这个平台对自己的观点进行表达,从而达到共同进步的效果。现在的学生相对于过去的学生来讲,现在的学生在网络中是原住民的身份,他们更加依赖网络。利用学生依赖网络的心理,把课程放到网络中,通过影像、音乐等方式结合,使学生们在学习时更加有兴趣,而且让他们更愿意主动去学习课程。线下学校组织开展跟课程有关的比赛。这样不但能调动学生的积极性,而且可将网上教育和实际教育相结合,使虚拟与现实产生互动。

2. 应用网络交流平台。通过这种方式促进高校德育主客体的自然转化。比方说,在某所高校中的教育主体,可以通过网络得到新的知识积累和新的教育信息,转变为德育的客体。而反过来,而某所院校中的教育客体,可以对其他高校的主体进行答疑解惑,从而转化为德育的主体。

翻转课堂实际上最早起源于美国,为了帮助缺席的学生跟上课程,录制了演示文稿的播放和授课录音,并将视频上传到互联网。这不仅受到了学生的喜爱,也得到了同行们的认同,其影响力慢慢扩大。“翻转课堂”也可以称之为“反转课堂”,它是一个充分运用到了现代网络技术手段的教学方式。所谓“翻转”,就是将传统的教学方式颠覆过来。传统的教学方式里,老师在课堂上传输知识,学生听讲然后写留堂作业。而在这种新的教学方式里,老师先在网上上传所要学习的内容,学生们自主学习,课堂时间则是留给老师组织学生分析讨论学习内容,然后解答学生们自主学习时不解的困惑。这种教学方式充分尊重了学生的地位,一改灌输式的教学模式,实现了形式与内容的互动,学生从被动的接受者转变为主动的研究者。

3. 充分利用网络媒介。网络德育活动中,网络德育的主客体都可以通过网络参与其中。并且,网络的多向性也给主客体之间提供了交流的便利。主体和客体之间能够在传授学习的过程中一起对网络德育提出想法,共同建设。在参与活动的过程中,每个人都可以由此提高自己的文化素养以及组织能力,并形成高效率的学术交流团队,达到良好的教育效果。随着互联网的不断普及和深入应用,新媒体的信息集纳、传播优势日益凸显,逐渐成为社会舆论环境不可或缺的组成部分,对青年思维和行为方式产生重大影响。学校围绕“构建共青团新媒体和文化工作系统化格局”,依托共青团微博、微信平台,构建共青团新媒体工作体系,切实提高共青团运用互联网、手机等新媒体开展工作的能力和水平,积极拓展青年思想引领阵地。

“翻转课堂”以网络媒介的技术力量冲破了灌输教学的藩篱,为师生精神交往提供了一个新的世界。其在思想政治理论课中的运用,让学生从被动学习走向了主动思考,让教学从灌输走向了互动,有效改善了思想政治理论课的教学效果,可以鼓励教师积极尝试。尽管教师在开始实行的时候,建设网络课堂要付出很多时间和精力,但是随着"翻转课堂"实体设计基本完成,"程序"安排基本确定,学生的学习习惯逐步养成,后续操作就会越来越简单。这也可以让教师从机械地重复讲课中解放出来,感受引领学生交流探讨的美妙。

目前,许多高校将"翻转课堂"应用于思想政治课中,这时的思想政治理论课不再是老师在讲台上唱独角戏,学生在下面或玩手机或昏昏欲睡。在这里,师生都可以重新找到上课时应有的美妙感觉。在此意义上,教学过程就是师生双主体之间凭借有效媒介面向本真世界的沟通过程。在网络时代,主体间性的教育哲学理念有了网络媒介的技术支撑。"翻转课堂"教学模式必将助推高校德育课教学更加接近"对话"的本真——"我—他"工具关系演进为以网络为媒介的"我—你"关系,从而建构出主体间的深层对话关系。

第二章

青年网络意识形态

互联网时代，舆论斗争的战火逐渐蔓延到网络世界，在网络世界中的舆论斗争能不能打得赢，我们能不能抗住这股压力，这关系着我国意识形态领域的安全，还有政权的安全。意识形态工作一直是党的最重要工作之一，直接关系到党的领导基础。而在意识形态工作中，高校一直是这项工作的前沿阵地，针对目前网络高速发展的现状，对于意识形态的相关工作高校需要加大研究力度，如何发挥网络意见领袖在意识形态领域的导向作用是网络德育的重要课题。

第一节　网络意识形态

当前信息技术科学方兴未艾，大数据、云计算等信息技术出现并成熟运用，给传统的行业带来冲击、改造和升华。在这一过程中，“以人为本”的人本观念在网络中得到进一步的细化和延伸，形成了以大数据采集、用户主体、社会化运营为主要特征的网络运作范式，为高校网络意识形态教育工作的革新提供了方向上的指导。

一、网络意识形态概述

在哲学上可以这样理解意识形态：对事物的理解和认知。根据马克思主义哲学观的唯物论观点，社会存在决定社会意识，意识形态的产生不是自发形成的，而是社会存在所决定的。同时，意识形态形成的过程还受到个体的思维能力、生活环境以及接收到的信息等多方面因素影响。网络意识形态是指广大网民对网络的认识和利用。书面上说网络意识形态工作,是作为意识形态的一个子类别。是指使用通过网络技术来达到传播目的的方式,在一定的组织规划下向网民传播社会主义核心价值观,在网络上影响网民的意识形态领域,使他们形成符合社会所需要的价值观念。网络意识形态是指与网络相关的与当前经济、政治相关的观念、观点、概念的总和,包括网络文化、网络道德、网络秩序和其他网络思潮等意识形式。

(一)网络意识形态的控制力两面观

与传统的文化传播方式不同,网络传播具有自由性、快捷性、交互性、开放性、海量性等特点。通过网络平台这一途径,我国社会主义意识形态在传播方面获得了新的技术载体、新的传播渠道和新的言论空间,这有助于增强社会主义意识形态的传播力、吸引力和凝聚力。

但是,信息网络化也是对我国意识形态掌控能力的一个挑战。网络意识形态具有极强的渗透能力,西方对我国意识形态的文化输出不遗余力,并且通过其发达的技术手段,对我们的防御能力造成了很大的挑战。此外,网络的开放性、多元性和交互性,一方面为人们提供了获取信息和言论表达的新途径,网络一定程度上成为化解社会矛盾、疏导社会不良情绪的减压阀;另一方面,网络这种信息传播方式也使得我们难以掌控我国意识形态,人们在网络传播方式中,不再被动地接受灌输教育,而是积极主动地去学习汲取,这导致我们无法有效地主导人们的思想方向。我们必须采取切实可行的应对措施,加强主流意识形态的吸引力、凝聚力,提高主流意识形态对网络文化的控制力和引导力。

(二)网络意识形态的态与势

近年来,保护网络意识形态安全的工作越来越被人重视,网络舆论斗争也越来越激烈。无论是党员还是普通群众,都投身到网络中,维护我国意识形态的安全。但是,我们虽努力地维护社会主义意识形态,并且我们的队伍越来越强大,但是我们也可意识到敌对势力对网络意识形态阵地的攻击从未停歇过。在党中央的高度重视下,当前网络意识形态总体上出现了向好趋势。但是,随着网络新媒体技术的进一步发展,网络意识形态安全出现了一些新的特征,需要引起密切关注。

1. 网络空间的主流引导力弱化。当前,在我国的网络舆论场上,对于社会事件进行公共讨论的舆论氛围,已经在很大程度上取代了单向度的媒体新闻报道方式,媒体引导舆论的角色正在显著弱化。

2. 意识形态的论争频与度加大。一些事件发生后成了社会热点,于是围绕着此事件,代表不同的意识形态的舆论开始互相碰撞。通过网络传播渠道,围绕着大大小小的事件,每天都会有舆论战争发生。

3. 意识形态的论争形式多样。由于网络具有开放、匿名、即时、交互等特征,它能够使上述各种意识形态的观点集中呈现在一个舆论平台上,不同立场的意识形态针锋相对。各种意识形态都已经认识到,网络民心是一种巨大的政治资源,从而将网络作为宣传自己政治观点的"跑马场",在这里展开了争夺政治人心的"角逐赛"。在竞争激烈的网络意识形态"角逐赛"中,网络意识形态论争的复杂性、多样性也日益深刻地显现出来。

4. 民众心理的影响更加深刻。在公共讨论的网络舆论场上,尤其是微博、微信等存在大量匿名用户的舆论场上,掌握话语优势的"意见领袖",在人们普遍具有从众心理的情况下制造舆论,引得大批网民追随。一些"意见领袖"网络参与热情很高、彼此互动密切,已经在一定程度上拥有了网络舆论场上的话语权。这些明星式的"意见领袖"在网民中拥有极高的关注度、追随度,他们影响网民受众心理的能力很大,能够使网民从喜欢他们到接受他们的每一句话,并能够为之盲目地参与到他们所引导的意识形态论争中去。

5. 网络论争的政治化新倾向。网上网下联动,是当前意识形态论争需要密切关注的重要方面。已经出现过不少因为网络意识形态论争而引起的群体性事件。一些居心叵测的人在网络意识形态论争过程中,借言论自由打法律擦边球,把普通事件炒作成热点事件,把敏感事件炒成政治事件,煽动不明真相的网民。

二、青年德育与意识形态的关系

要发挥青年德育的意识形态教育功能,首先要正确认识德育与意识形态的关系。网络德育的目的就在于"教育对象在思想政治观念上的'质变'或'飞跃'"[11],在很多不了解思政教育和不进行意识形态相关研究的人眼中,德育和意识形态教育是相似度很高的两种教育形式,甚至是接近趋同的,从而觉得高校德育的意识形态教育功能是个啰唆的同义概念,这实质上是一种片面的认识,德育和意识形态确实存在着一定的共同特征,但是两者也存在着明显的区分。

(一)德育和意识形态有很强的相关性

在内容上有很高的相似度。在意识形态的教育中,我们一直将巩固马克思主义的指导地位作为主要内容,即要使受教育群体自觉接受马克思主义理论及相关中国化成果的熏陶,逐渐养成有马克思主义精神内核、有中国特色社会主义特征的世界观、人生观和价值观,其内容包括思想道德、文学艺术还有宗教哲学等内容;而德育也同样是以马克思主义理论作为指导,对受教育群体进行社会主义人生观、价值观、世界观的引导,还包括了社会主义法治教育、心理教育等内容。

在目标上有明显的统一性。在政治学的观点中,国家政权的归属是政治的基本问题,包括夺取、维护和巩固三个层面。毛泽东曾说:"凡是要推翻一个政权,总要先造成舆论,总要先搞意识形态方面的工作。革命也好,反革命也好。"这就说明在这三个过程中,意识形态方面的工作都是必不可少的。而在德育过程中,使社会成员符合社会和阶级要求,其目的也是为了实现社会及阶级内部的统一,从而掌握国家政权和维护阶级统治。

(二)德育和意识形态有明显的区别性

在性质上有鲜明的互异性。德育,强调的是一个"教育"的过程,和意识形态有着明显的区分,可以理解为,意识形态通过德育进行传播,两者存在明显的性质区分,意识形态属于主语位的内容集合体,而德育则是谓语位的途径工具体。这也就直接决定了其在状态表现中的不同,意识形态是相对固定的静态表现,而德育则是一个动态的过程。

在主客上有一定的差异性。教育者设计、组织德育活动中,将符合社会和阶级要求的思想政治观点和法律道德规范传递给受教育者,过程中实际上存在双主体,强调教育者的系统性和完整性,也要求受教育者的主动性和能动性。而意识形态的主体是单主体,主要是政党组织和政府机构的职能部门,其内容的选择会很少受社会公众对于传播信息的喜好程度的影响。

(三)青年德育的意识形态教育功能

社会群体通过德育使其成员符合社会和阶级的思想道德素质,校园是德育的主要阵地,国内已经形成了从小学到高校极为完整的德育体系。实际上,德育是世界各国都普遍开展的一项重要工作，只不过是称呼上面的区别。西方国家认为德育是公民素养养成的过程，所以命名方式偏向与公民养成相关，比如说英国和美国直接称之为"公民教育"，法国是"公民道德教育"，此外还有"政治养成""成人教育"等说法。虽然命名有所区别但是其进行教育过程中关于意识形态的教育都是必不可少的。

按照其教育的内容对德育进行划分，主要是把两方面内容相契合，一方面是符合马克思基本原理的世界观、人生观、价值观教育；一方面与社会发展所需的爱国主义、集体主义和社会主义教育。相对而言，前者比较倾向于个人整体思维的建立，从一个微观的角度出发，帮助人们建立起自己的定位和认知体系；后者将个人和集体、国家、社会相关联，主要是培养人们的社会观念，传递符合社会主义价值观的信息，引导人们观念的统一，形成有助于中国特色社会主义发展的向心力和凝聚力。

按照对传播意识形态的功用对德育进行划分，可以分为导向功能、凝聚功能、育人功能和社会化功能。在德育过程中对受教者施加一定的意识形态领域影响是导向功能的具化；整合多种思想、多种观念实质是凝聚思想的有力手段；通过教育手段，帮助青年认知世界、认知人生、认知自我，是育人成长成才的过程；使青年逐渐形成与社会相匹配的价值观念，是青年社会化的重要方式。德育是多种功用兼具的教育载体，旨在规范青年言行的，使青年顺利向社会人过渡。

意识形态教育功能在高校德育领域的应用被称之为高校德育意识形态功能，高校通过各种形式的德育活动对青年施加意识形态相关的影响，从而使其逐渐形成有符合社会主义要求和体现高校特征的道德观念和价值观念体系，并以此引导其言行符合一个中国青年的身份。在很长的一段时间里，高校一直作为德育的意识形态教育主阵地，2017 年 1 月 5 日，教育部党组召开了"贯彻落实全国高校思想政治工作会议精神座谈会"，主要将习近平总书记在全国思政工作会议的重要讲话精神作为今后一个时期的首要政治任务，并且还提出了"四个意识"，即政治意识、大局意识、核心意识、看齐意识。这实质上表明了党和国家都高度重视思想政治工作，特别是高校领域的开展。

第二节　网络意见领袖

意见领袖广泛存在于古今中外的社会发展和信息传播过程之中,虽然身份各异,但是在各个不同领域都发挥着信息普及和讯息解释的作用,在某些程度上讲,他们是社会舆论的导向者。网络化和信息化拓宽了信息交流和咨询沟通的途径,在网络空间中,网络意见领袖有更多更方便的机会进行意见表达,吸引了大量的意见随旗者。本节内容主要通过对网络意见领袖的聚焦,了解其群体特征并挖掘其在网络意见引领过程中发挥效用的机制。

一、网络意见领袖的特质

在传播学中的意见领袖概念,最早是由拉扎斯菲尔德(Paul Lazarsfeld)提出,在1940年的美国大选中,拉扎斯菲尔德等人发现,中途改变选票的人中8%之所以临阵倒戈,是因为受到了亲友和意见团体的影响,而非既有的大众媒体和竞选者本身的言行。这批能够影响他人的个人和团体,频繁与媒体发生接触,掌握竞选人相对翔实的信息,使得很多选民很愿意从这些群体中获取二手信息,从而影响舆论走向,被拉扎斯菲尔德等人称之为“意见领袖”。结合思想政治教育学和传播学的相关理论,对当前网络时代具有典型意见领袖特征的人群进行集群分析,对于网络意见领袖的群体特征进行一定的归纳,方便于发现网络意见领袖。

(一)网络意见领袖分布信息体的两端

网络意见领袖虽然在某些程度上属于信息媒的高触体,但是并不意味着其本身具有高人一等的身份地位。在我们实际分析过程中发现,网络意见领袖与其意见随旗者一般处于平等关系而非上下级关系,意见领袖未必都是大人物,相反,他们是我们网络生活中所熟悉的人,如网络红人、网络自组织成员和网络路人等。别人都熟悉了解他们,对他们拥有着信任,对他们所表达的观点更加认同。根据大众传播的相关理论,在社会地位相当的人群中,有质量信息传播更容易为他人所接受,网络空间的平等属性是网络意见领袖群体大批量产生的一个最主要原因,在网络空间内每个人都有机会平等地表达自己的观念和意见,而这些黄金意见的高频发布者就会自然而然地成为网络意见领袖，他们从同一个水平线上产生，并不意味着其社会身份本身有过多的特殊性。

（二）网络意见领袖遍布各领域各行业

社会中的各行各业，网络中的各个群体都会有意见领袖的存在。由于网络空间的高度便利，网络用户平等发言的权力得到应有的尊重，拥有意见领袖特质的群体都能够通过网络渠道发声，从而吸引一批量受其不同程度影响的意见随旗者。相关行业的领军人或资深者确实在意见的信服程度有一定的优势，但是并不意味着网络意见领袖就只能从这些群体中产生，不难发现当前的网络大潮基本上每天都会诞生一批网络红人，他们通过或有意或无意的运作，吸引了大量的粉丝，通过一种渐进的隐蔽的方式传达个人的或组织的意见和观念，在对这批网络红人和网红公众号的研究分析后得出，存在着大批社会身份一般、有独到见解、能吸引随旗者的网络意见领袖。

（三）网络意见领袖表现为长剑的两刃

网络意见领袖趋向于综合型群体。综合型的意见领袖体量不断扩大，也会成为今后网络意见领袖发展的趋势。单一型的意见领袖准入门槛相对较高，需要具备足够的领域内知识储备和行业知名度；单一型意见领袖意见数量有限，在一个领域内的话题要达到新且独到，需要耗费大量时间精力，难免会有频度下降的情况，这样就会导致意见引领的附着力下降。反观综合型的意见领袖，或许不能成为单一领域的话语权主导者，但是部分新奇的言论容易激起意见随旗者的兴趣。综合类的话题领域多，可加工的意见源群庞大，保持适当频度的难度大大下降，实际上使得网络意见领袖产生和成长的可能性增加。综合型的意见领袖能够更倾向于建立情感链接，部分网络红人在和粉丝的互动中建立起一定的情感基础，虽然在部分领域进行意见表达的过程中表现出来的专业程度有限，但是出于人际关系的就亲特质，仍然会有大批的意见随旗者呼应。

（四）网络意见领袖拟化为个性的成像

网络意见领袖的社交圈子比较广泛，并且能从多方面获取第一手信息。为保证较为活泼的热度，网络意见领袖必须有一个较为固定的发表意见频率，以免意见随旗者的流失。因为个人精力和能力的局限性，在很多时候个人的分享并不能满足其随旗者充分的信息需求，所以他们常常关注那些身边的事件和新闻，并适时发表自己的观点,这就是比较常见的蹭热点。针对现实中和网络上发生的各类新闻,和自己意见领袖的类型相匹配,适时发表自己的意见,这实际上是一种对各类新闻事件进行自我元素包装的一个过程,在实际操作中,意见随旗者也比较能够买他们的账,时常关注这些他们经过二次处理的信息,这也就使网络意见领袖在某种程度上成了一种特殊的透镜,对信息进行个性的成像。

舆论领袖一般颇具人格魅力,具有较强综合能力和较高的社会地位或被认同感。在社交场合比较活跃,与受其影响者同处一个团体并有共同爱好,通晓特定问题并乐于接受和传播相关信息。在对舆论领袖的研究中发现,决策过程中不同的媒介扮演不同角色,人际影响比其他媒介更为普遍和有效,能够保持基本群体中的内部意见和行动一致。

二、网络意见领袖的识别与挖掘

网络意见领袖的挖掘是网络意识形态工作中的重要一环,能否充分发挥网络意见领袖的力量,事关在意识形态战场上能否占据主导权。网络意见领袖针对现实和网络事件,原创或转发具有鲜明特征的评论,会在很大程度上影响其意见随旗者对于相关事件的态度,从而对整个事件的舆情方向发生作用。这一发生机制中,网络意见主体、网络意见随旗者、网络意见领袖及随旗者间关系的稳固程度是最主要的三大构成要素。拉扎斯菲尔德的"两级传播理论"在网络意见集合中有了更典型的时代特征。网络意见领袖产生的机会均等和大众化,使得网络意见呈现出非权威性的特点,正是因为每一个网络活动个体都有可能成为一定范围内的网络意见领袖,使得意见领袖的总体质量参差不齐,出现了类别分化等新的趋势。在人员繁杂的网络环境中,如何对网络意见领袖进行鉴别,需要从多方面的因素进行考量。

(一)网络意见领袖充当中介机构

自媒体时代的突出特征是每个网络活跃个体都拥有自我发声的权力,网络意见领袖在某种意义上可以定性为自媒体的优秀组成部分,在其两端连接着信息源和意见随旗者,通过这种方式发挥意见领袖的中介功能。突破了报纸、杂志、广播等传统传播介质的门槛限制,网络社交媒体使得意见领袖有了更加个性化、专业化的信息源,依赖不断优化的智能手机、平板电脑等多样化终端设备,使得两级传播效用越来越高效。对于其意见随旗者而言，固然可以通过相同的渠道获取相关的信息，但是在信息整合和分析的过程相对烦琐且对一个人的综合素质有一定的要求，出于人性的惫懒需求，他们更愿意将这个工作流程转嫁在意见领袖的身上。这也就致使意见领袖在整个信息传导过程中充当了一个传统交易中的"中间人"角色，即将既得信息，经过专业化整合和有根据的分析，得出相对明确的意见导向，再传达给意见随旗者，使得意见随旗者对待相关人事物的态度有一定的倾向性。

（二）网络意见领袖保持高度活跃

意见领袖基数庞大，即使是分工不断细化的今天，也难以避免出现同质化的现象，在同类的意见领袖之间存在着或显性或隐性的竞争关系。这种竞争关系实际上对意见领袖和其意见随旗者之间的联系而言是一个巨大的挑战，一旦有了替代品的出现，随旗者的忠诚度会大打折扣，在二级传播过程中也有同样的现象。意见接收端在碎片化的时间段中，瘾态的信息获取需求需要不断地得到满足，一旦意见领袖无法满足随旗者的需求，势必会削弱两者之间的联系，甚至出现随旗者的倒戈行为。出于这一顾虑，网络意见领袖必须保持着一个高度活跃的状态，除了在一个合适的频率上进行意见的发表和传达，还会进行适量的线下的联系强化。除了意见定期传达、线下活动凝聚，还有通信工具上的其他话题沟通、纵向的意见征询、甚至是直接以抽奖等形式开展的利益联结等，都是网络意见领袖为巩固自身地位的策略性行为，所以说，鉴定网络意见领袖的存在还可以从其活跃程度考虑。

（三）网络意见领袖转化职业人群

传统的意见领袖多为某行业的精英人士，本身带有一定的权威光环，在意见传播的金字塔结构中，在体量上呈现为塔尖的小部分，但是意见领袖的平民化的直接效果是其群体的大程度膨胀。准入门槛的降低，加之以利益和成就感的引导，势必导致大量具有相关可能性的人群涌入相关行当。市场经济下随旗者本能地转化为意见领袖的人脉资本，被各类的利益团体所关注。为拓展业务，扩大曝光度、好评率，或是直接谋求现实利益，各大利益团体争相拉近与意见领袖的距离，特别是广告行业中，广告公司利用意见领袖进行商业化宣传已经是再普遍不过的操作手段。从简单直接的经费赞助，到直接按照传播效用发放薪酬，使得市面上出现了网络意见领袖商业化的趋势。同样地，为了适应发展的需要，必须巩固意见领袖和其随旗者间的联系。意见领袖本身和其所在的平台，在信息的发出端做出的努力就是致力于网络意见领袖的培育，越来越有规律地培训使得网络意见领袖的形成逐渐转化为职业化的道路。

在对网络意见领袖进行鉴定和挖掘的过程中，首要考虑的因素是其是否在二级传播中充当意见中介机构的身份，这是网络意见领袖的必备条件；其次是高活跃度，如果在某些意见中，意见传播个体能发挥一个良好的意见导向作用，但是只是昙花一现，只能定性为意见偶发性传播高效体，而不能称之为意见领袖，真正的意见领袖应该是能够长期维持比较稳定的意见引领关系的群体。网络意见领袖根据其意见的质量、随旗者数量及忠诚度，分化出“关键意见领袖”的概念，指的是在对意见领袖进行定性比较中，网络意见领袖中功用得到巨大发挥的群体，职业化程度是衡量关键意见领袖的主要标准。

三、网络意见领袖的功能

（一）加工与解释的功能

网络意见领袖在发布信息的同时也需要主动收集相关信息。他们作为意见领袖与别人不同的是，对于收集来的信息要做自己的加工处理，之后再去向自己的追随者圈子传播。意见领袖对于收集来的信息做何处理，这一点主要依据意见领袖本身的价值观念还有与他们个人利益相关。

（二）扩散与传播的功能

在信息的传播路径中，并不是从一个点出发，就能使信息到达全部传播对象那里。而是由首先收到信息的一部分人去向其他未收到信息的人慢慢传播。而意见领袖则是首先收到信息的这群人中的一部分，他们还会对收到的信息进行加工处理，并非只是单纯地将信息传播出去。

（三）支配与引导的功能

意见领袖不但能对信息做出收集和传播的行为，并且能够支配和引导他们追随者的思想和行为。在如今信息爆炸的互联网时代中，人们在诸多思想碰撞、信息强势灌输中主见全无，在面对问题和需要做个人判断的时候束手无策，这个时候意见领袖就能带领他们，给这些人一个解决方法或者判断方向。并且越是没有主见、受信息冲击大、面对信息没有判断能力的人,就越是容易受到意见领袖的影响。

(四)协调或干扰的功能

对于传播者来说,传播者所散播出来的消息需要经过意见领袖这一层,而在消息通过意见领袖的同时,意见领袖会针对传播者的传播内容做出自己的判断。如果该传播内容符合自己的利益,或者说符合其追随者的利益,那么意见领袖将会协调该传播内容的传播。如果该传播内容不符合自己或者其追随者的利益,那么意见领袖将会干扰该传播内容的传播。

意见领袖的中介功能是指其居于意见源和意见受众这两极之间,起居中联系的作用。其事物之间相遇交换着的递质就是意见体本身。在信息市场中,由于信息递收双方在整个格局中存在着不对称的现状,意见领袖的作用在于推动信息在不同层面的流动。意见领袖所能发挥的功能是具有不同层次不同性质的。他可以使信息的传播更加积极向上,也可以使信息的传播变得消极受阻。如何利用意见领袖,充分发挥他们的功能,是我们需要重视的一个问题。

四、网络意见领袖发展态势

综合各类材料呈现了当前网络意见领袖群体在以一个极快的速度增长的态势,意见领袖借助网络有了更高的曝光度和关注度,特别是当前网络时代下。而作为网络意见领袖有时会伴随着巨额的经济利益,在这一利益驱使下,网络意见领袖群体总的呈现出一个"没的变有的、少的变多的、弱的变强的、旧的变新的"的"四变格局"。

(一)网络意见引导从无变有

网络和新技术公司争相进入网络意见引导的相关领域,以 BAT(即中国互联网行业三大巨头百度、阿里巴巴、腾讯)为首的互联网公司和今日头条、一点资讯等信息公司通过开发相关平台,扶持意见领袖的方式填补在网络意见引导领域的空白,腾讯和百度积极组建自己的自媒体平台,培养为自己所用的网络意见领袖群,先后推出了"腾讯大家"和"百度百家":前者通过付费向大咖约稿的形式进行观念灌输和意见表达;而后者则通过免费推出,其间广告投入的费用由网络意见发布者所有。网络意见引导,是任何一个和互联网有交集的公司都必须打交道的领域,也就意味着这些公司在这个领域,必须尝试从无变有。

(二)网络意见引导从少变多

得益于中国经济的发展和网络信息化的进步,网络意见领袖可以依靠自己庞大的、坚定的意见随旗者创造巨大的经济利益,这使得很多年轻的、有眼光、敢尝试的人群进入到网络意见领袖的队伍中,其中具有代表性的行业是网络直播,说起网络直播好像是一个很新鲜的名词,出现的时间不能说长,但是已经融入到了年轻一代的青年群体生活之中。

在针对高校青年进行抽样调查的过程中发现,有42.4%的受调查学生观看过甚至亲身经历过网络直播,问卷中对于网络直播的发展态势均勾选增长迅猛选项。在对青年网络主播的采访中,了解当前网络直播平台众多,类如斗鱼、熊猫、花椒等各类直播APP层出不穷,网络主播门槛较低、时间宽松、收入可观,他们成为主播是经济收益和求新求异的综合结果。在直播过程中,通过展示才艺、游戏操作、颜值呈现等方式吸引观众,并适时和观众进行互动,在一定时间过后自然地会成为一个信息聚集点,成为网络意见领袖。网络主播群体的急剧扩张,在一个侧面实质上体现了网络意见引导行业人员从少变多。

(三)网络意见引导从弱变强

网络意见领袖的行为和言论在很大程度上会影响其意见随旗者,其效用远超过其他各类广告媒体的传播效用,在中国经济发展调整结构的今天,已经和各个行业发生了错综复杂的联系,成了广告传播的一个新方式,这就代表着有广告发布需求的企业都有和网络意见领袖打交道的需求。在网络意见引导行业火热的现状下,网络意见领袖数量庞大,意见分散,并不利于企业的市场发展需求,所以很多在网络意见引导中抢占先机的企业一般通过并购、开发等方式将自己网络意见引导能力做大做强,充分发挥其自身引导体系内网络意见领袖的作用。

其中具有代表性的是大众点评和美团的合并,两公司于2015年10月完成战略合作,组建新公司,主要目的是为了整合O2O领域,但是客观上是一次消费相关的网络意见引导能力的强化。大众点评网是国内也是世界最早一批建立的第三方消费点评的网站,针对线下消费进行点评的整合从而为其他消费者提供一定的消费指导,这实际上是一个意见引导的过程,经过十二年的发展,大众点评网已经具备一定规模,徘徊在上市边缘,组建了相对完善的线上线下评价反馈功能,扶持了一大批与消费相关的网络意见领袖，和美团的联合，是将意见领袖作用从弱变强策略。

（四）网络意见引导从旧求新

在当前网络信息变更迅速的时代里，每天都会有大量的经济体产生，也有大量的经济体灭亡，而在灭亡的经济体中必定有一个位置属于意见引领固步者。比较典型的是一部分报纸纷纷宣布停刊，这实际上是新闻传播行业中对于网络意见引导力不足的媒体进行淘汰的过程。在这一现状下，传统的意见引导团体纷纷谋求创新，通过数字报、客户端、社交化等方式谋求提升产品粘性。以 2017 年 12 月羊城集团召开文创产业大会为例，努力改变人们对其“报业巨头”的印象，邀请了来自全球各地的一百多位行业巨头和数百家文创领域的知名企业，举行中国文创联盟，通过这种形式提升自身影响力，帮助其形象转型。

第三节 网络意见领袖的意识形态教育导向

在媒体相关行业里一直流传着这么一句话：“这是媒体行业最坏的时代，也是最好的时代。”[12]随着网络自媒体的兴盛，传统媒体的马太效应也越来越明显，这些受欢迎的网络自媒体可能是个人的 IP，可能是组织的平台，但是都不能摆脱其作为网络意见领袖的表现形式。了解当前网络意见领袖的近况，参考大众传播学中关于意见领袖和网络结合的内容，对于意识形态教育具有很大的参考价值。

一、意见领袖平民化的平等性源剖析

互联网时代下，网络文化的影响力越来越大，它满足了大家参与发声的心理，同时解决了空间上的弊端。日常生活中，我们最显而易见的网络文化就是网络流行用语变成了我们的日常口头语言。网络意见领袖运用网络话语进行信息传达，并涉及深层次的文化元素，不可避免地成为网络意识形态传播的一部分。网络意识形态传播之所以需要关注意见领袖的视角，是因为意见领袖本身具有平等信息传播的高效率，在同等情况下，身份地位近似的信息传播更容易摒除一些不必要的情绪干扰，从而达到传播效果的最大化。

1. 网络数据的大量化——选择权回归。网络信息浩如烟海已经成为网民的共识,网络信息的获取、相关意见的了解已经使新生代网民产生了一种亚健康心理状况。有一种夸张的说法叫"选择癌",这从侧面反映出当前网络表达平台的增多、网络交互方式的变革使得网络用户可以自主选择获取信息的渠道增多。无论你是明星还是富翁或者只是现实生活中的一个无名小卒,你都能畅所欲言,只要你说得很有道理,就会有人自愿来跟随你;相反,就算你在现实生活中有强大的号召力,只要的你的言论没有新意,在网络世界中也无法作为一个意见领袖。

2. 网络参与的低门槛——表达更轻松。纵观国内网络言论发表主流形式的变化,经历了全博客、短微博、美动态的过程。初期的博客,虽然也打着"言论平等"的旗号,但在实际上门槛很高,写一篇有头有尾的博文需要有一定的文笔,并且逻辑清晰、有渲染力;就算是草根类的意见领袖,也多半是文字功底好的人。微博仅仅把内容严格限定在 140 字之内,就大大降低了其传播门槛。只要你会写字,都有可能吸引大家的目光,都有可能成为意见领袖。到当今无论是 QQ 空间、微信朋友圈、新浪微博,或是其他即时信息分享平台,在简短表达的同时,有了方便添加图片、视频和个性化装扮的可能,对于网络动态表达有了更方便的美化辅助。

3. 网络参与的便捷方式——参与更随意。得益于各类 APP 的发展,使得手机成了超越电脑的即时网络参与终端,诸如微博、微信、QQ、大众点评等,都有与之对应的 APP。加之国内智能手机的普及和功能的强化,运用手机软件进行网络参与甚至比发送短消息更加方便自然。手机客户端的便捷使得微博用户可以在第一时间内记录下自己的心情或发布最新鲜的新闻照片,每个普通人都能成为第一现场的记者。

4. 网络互动的自由性——身份不重要。网络实名制已经逐渐在不断推进,但是很多的网络用户十分享受网络空间交互的未知。在意见领袖视角下,每个人都可能既是意见领袖又是跟随者,既严肃地思考又随意地调侃,身份的界定已经不再重要。意见领袖大部分都属于"单一型",就是一个人只在某个特定领域内扮演意见领袖的角色;而在其他不熟悉的领域则是跟随者。意见领袖和随旗者之间没有了明显的界限,用户既可以是意见领袖,向自己的随旗者传播自己的观点;又可以是随旗者,接受自己所跟随的人的观点。

网络意见领袖和传统的意识形态教育有所区别,更侧重于这种平等信息传播,值得新时代网络意识形态教育参考。在新媒体时代,内容为王,每个人都有均等的机会成为意见领袖。在这种情况下,名人也不能得到多于普通人的机会。在通过量化比对之后我们发现,大多数的网络一家领袖在现实中并不具备与其网络空间相当的名气,其意见随旗者选择转发内容跟信源是否为名人并没有太大联系。

二、意见领袖参与的网络意识形态传播

很多人说网络将会成为意识形态的主战场,实际上,如今这已经成为现状。在这场没有硝烟的斗争中,随处可见意见领袖的身影,所以部分偏激的悲观主义者甚至提出了网络倾覆论,认为网络意识形态斗争很可能会颠覆国家的统治。不论这一观点是否是杞人忧天,不可否认的是,随着信息化愈加普及,有网络意见领袖广泛参与的网络空间对意识形态的影响越来越大。在这种情况下,准确把握网络传播特点,尝试用网络意见领袖的视角解读易被极端言论煽动和渗透的领域,在此基础上采取有效的应对策略,防止歪曲、造谣信息的膨胀扩大,就变得非常重要。

美国凭借自己强大的科学技术,大力推行网络文化霸权。无数代表着美国意识形态的传播媒体在各个国家肆无忌惮地宣传其思想。而各国也逐渐地意识到了这个问题,采取了不同的手段抵御美国的思想入侵。同时,网络自由主义者推崇的政治观念是削弱政府职能,使社会文化"分裂化";敌对势力将网络技术当作强大的武器,不断对政府造成冲击。在这些现状中不难发现或多或少有意见领袖参与其中,这些都形成对主流意识形态的严峻挑战。

1. 对社会主义意识形态主导地位的挑战。网络具有平等的特点,无论是人所扮演的网络角色的地位,还是文化在网络中的地位。网络起源于美国,它首先被西方广泛地应用,所以它的本身就带着西方的烙印。网络大兴于世实际上使西方国家占据了"信息强势"地位,这就要求任何一个入网者都必须适应西方的思维方式和熟悉西方的文化。很大程度上可以说,网络覆盖全球就相当于西方文化覆盖全球。这种通过网络强化的文化信息,不可抗拒地影响受众的感受和价值判断。在信息传播中不占优势地位的国家面对强势灌输的国家时只能被迫接受。文化

灌输时间一久,自然地使其国民接受了这一种文化,并因此在思想上、行为上、价值观念上受到这种文化的改造。这导致国家的地位在国民的心目中下降。

2. 对我国传统意识形态传播方式的挑战。我国传统传播载体主要是报纸、书籍、杂志、广播、电视、电影、宣传栏等,采取集体学习、座谈讨论、个别谈心等传播方式。网络传播是一种平行、互动、隐匿的传播模式,信息沟通以其多元性、交互性和反中心性特征为网民提供了平等交流的机会和信息共享的平台。网民既可以收集网络上的信息,同时可以帮助信息的再传播,或者以自身为出发点传播信息。他们可以自主地制作网页,自由地进行交流讨论,通过各种方式传播有关信息,发表各种看法。所以,在网络时代传统的意识形态传播观念、传播体制和传播手段面临巨大冲击。

3. 对我国意识形态领域的挑战。西方国家因为拥有网络技术上得天独厚的优势,而有意地借助网络向别国输送自己的文化思想。这些新奇的文化思想具有很强的吸引力,西方国家也就是如此侵害别国的意识形态领域。网络的自由也带给了网民自由选择信息的空间,主动去接收信息,主动去判断信息,很容易就被这些西方国家不怀好意的信息冲击到。但是在网络环境下,我们很难主导主流文化思想在网络世界中蔓延,很容易发生意识形态领域失控的局面。

第三章

青年网络话语表达

第一节　网络话语理论概述

一、网络话语概况

人类社会在产生发展的过程中,个体作用有限,不得不和社会其他个体之间沟通,致使语言的产生成为人类社会现象的构成要素之一。网络事件的核心是话语,在网络事件中话语就是行动,没有话语就没有网络事件。因此,如果不能揭示话语在网络世界中的力量就不能充分阐释网络事件的动因与影响。[14]本书认为,网络话语的产生不能脱离特定的时代条件和特殊的群体属性。网络话语在网络环境中产生,并且在频繁的网络交流中得以传播和广泛使用,因此,网络的产生、网络时代的来临是网络话语顺利衍生的首要前提和物质载体。

互联网作为现代科技前进过程中的产物,受特定的交际环境的影响,从事实上来看,互联网应用的主力军是懂电脑、会上网、文化程度中等偏上的年轻群体。这类群体的共同特性是个性张扬,想象奇特,追求自我,喜欢标新立异,渴望情感沟通,追求简单直白,而在网络交互沟通的过程中,语言因其承载着沟通和交流的天然功能,自然成为他们在网络中凸显自我的首选形式。当他们发觉现有的常用词汇由于运用过多而失去了新意,乐于求新的他们就会充分利用自身已有的知识量和特有的思维方式,创造性地“发明”出一些基于网络应用平台的新鲜词汇,以达到张扬个性、刷存在感的目的,并因此收获不少乐趣。有了这一类新新人群的存在和促进,形式各样的网络话语在风云变幻的网络舞台上次第上演。

德国哲学家尼采曾经指出,语言本质上是隐喻的,是一种个体的创新行为。所谓话语隐喻就是在某种社会活动或过程中不使用该种社会活动或者过程所应使用的规约性、典型性的话语类型,而使用了与该典型话语类型不一致的另外一种话语典型表述或完成该社会活动或过程,其交际意图能够被识别和理解。[15]网络话语是话语隐喻在网络时代的异化,而且在整个产生和传播过程中,青年无疑是主要的生产者、传播者和使用者。

语言与社会是一种积极适应的关系。网络话语的产生和传播与社会文化背景和发展高度相关,实际上,网络话语就是当代青年群体的社会心态和青年群体文化的折射。网络话语是一种青年亚文化的体现,他与主流话语在社会话语体系构成中是相互联系、互融共生的。尤其是在社会转型和矛盾凸显期,青年的社会化过程面临巨大的学习、情感、就业等压力,他们更容易将抒发情感的方式从现实世界转向虚拟世界。此外,这种不同话语体系之间对话语权的重视和争夺,也会表现得更加明显。综观网络话语,他们大多是建立在网民对主流文化的渐次回避、疏离以至抵制的基础上,暗合了亚文化的形态。[16]

新型开放的互联网社交平台,以其极高的互动性和极快的传播性在青年中得到迅速普及。实时、互动、平等、个性的传播特性,通讯内容的多样化和形式的娱乐化、大众化,提高了青年群体对传播内容的接受度。这些特点构成了网络特有的交际语境,也对传统的话语传播的方式和效果产生很大的影响。在网络高度发展之前,人们受技术和道德约束,一定程度上会选择使用传统的典型语言,有意识地制约语言隐喻现象的发生。网络话语空间的充分释放,网民通过网络媒体进行的话语生产、传播和使用,一定程度上对传统媒体的话语霸权形成冲击。

法国心理学家古斯塔夫·勒庞(Gustave Le Bon)认为,“有些不同的原因,对这些为群体所独有、孤立的个人并不具备的特点起着决定作用”。[17]社会心理学把此种现象称为“心理趋同”,也就是说置身于群体社会的人会有一种倾向,他们会用相同的方式看待事物或者采取相同的行为方式。也就是说,个体会有意识地将群体思维方式和行为方式强加于自己,努力使自己与群体保持一致,从而从心理上确定自己是属于某一个群体。青年不仅有这种群体“心理趋同”,而且在知识结构、实践认知、生活经历上的相似性,青年的创新思维、求新求变的群体特质,很容易使一些能够有共鸣的东西迅速得到响应和传播。青年不仅是网络话语的生产者,还是网络话语的传播者和使用者。

二、网络话语的分类及特点

在新的语言形态下,向来以严谨著称的新闻报道中也开始出现网络语言的身影,并且使用频率越来越高。新闻报道中的网络语言可划分为网络词汇、网络短语和网络句式三种类别。

网络词汇。由于网络词汇的形式多样,按照不同的组合因素可以分为不同的类型,因此本书以网络词汇产生的条件为前提,将新闻报道中的网络词汇分为旧词新义、新创词语和巧用谐音三种类别。

旧词新义。旧词,就是原有的词;新义,就是抛开对该词以往的注释,在一定的环境条件中重新赋予其新式的含义,使其在使用过程中达到更适用于当前语言环境的效果。如“土豪”一词原本是对暴发户的形容,在当前的网络语言中成了对所有有钱人的戏称,又因金色最能代表有钱,因此又衍生出“土豪金”,在2015年3月31日《参考消息》发出的《港媒:武汉土豪结婚动用樱花树从国外空运鲜花》一文中,标题就取用了“土豪”一词,所表达直观明了,意指有钱。又如“醉了”本来是喝醉的意思,在网络语言的大意是“服了”“无语”,通常用来表示对某一事件的无言以对、无力吐槽,2015年3月18日的澎湃新闻网上,《英国人醉了:为什么淘宝卖这些奇奇怪怪的东西?》一文就用到了该词,疑问困惑、无言以对的意思跃然纸上。

新创词语。新创,就是重新创造,新创词语是指在以往的日常应用中并不存在,而在特定的网络环境中被创造出来的词语。如2015年开年网络热词“Duang”,在一则洗发水广告中被创造出来,作为一种特效的拟声词一时间得到广泛传播。在2015年4月8日《扬子晚报》刊登的《江东中路“DUANG! DUANG!”井盖修好了》一文中,“DUANG”就荣登标题,用来形容井盖修好的声音以及喜悦,了解该词的人们马上就能看懂。又如“暖男”可以理解为温暖的男生,通常具备内心温柔、善解人意、怀抱温暖、对周围大多数人都很好等特性,也因此被戏谑地称为

“中央空调”。在2015年3月10日中国记协网综合发出的《从暖男“小七”看新闻报道的“放空”和“拿来”》一文中，读者即明白“小七”的特性，可以对新闻的所述对象产生初步定位。

巧用谐音。谐音，显而易见，就是利用发音的相似性，在原有词语发音的基础上巧妙地搭配上别的词，组合而成为新的网络词语。相似的发音，不同的字眼，表达出来的意思可能话风一变，由中规中矩变为俏皮活泼，也可能延伸出更多的含义。因此，通过谐音形成的网络语言通常能够营造出一种意外的谐趣。“鸭梨山大”，换一种声调读出来就是“压力山大”，即指压力非常大。2012年5月9日《宁波晚报》刊出《单位聚餐“鸭梨山大” 去或不去都要“中枪”》一文，用“鸭梨山大”形象指出事件的性质和态势，使明白该词意味的读者一看便知。而另一谐音性网络词语“你造吗”，是用偶像剧里的台湾腔讲出来的表达效果，其实就是“你知道吗”。2015年3月27日《河南商报》刊出的《国际男装都开始卖给女人穿了 国产男装你造吗》一文，熟知网络的人群轻松易懂，谐音的使用也使新闻增添了更多趣味性。

网络短语的构成形式更加不一而足，为了寻找新鲜刺激的使用感觉，网友们纷纷发动脑力，眼观社会的各条路径，耳听世界的不同地方，用“最强大脑”融会贯通，从而造就了很多令人啧啧称奇的运用实例。如“高端大气上档次”可从字面意思理解，就是很顶尖、很气派、很有档次的意思，一般与之相对应的是“低调奢华有内涵”。《追逐洋品牌不等于“高端大气上档次”》一文在2013年10月10日的《齐鲁晚报》刊登，用与洋品牌的调性对比引出相关评论，进而深入探究国人的消费心理。

网络句式相对于词汇和短语更具有完整性，可以直接以整句的形式运用到各种对话和文字中，表达的意思更为清晰明了。此外，网络句式的产生与词汇和短语相比没有那么随意，通常会依附于一定的环境。如网络句子“整个人都不好了”原本截取自一个社区帖子的标题，基于帖子内容的描述，后被广大网友广泛应用于对失控、崩溃、无奈等状态的描述。2014年12月24日《南方日报》的《2014健康事件大盘点整个人都不好了》一文中，对健康状况的描述用到该句，对于熟悉该句的读者来说，意义不言自明。又如2015年新晋网络热门句式“世界那么大，我想去看看”，出自一位中学教师的辞职信，因其具有普通人难以企及的情怀而被热烈追捧,并且具有很高的再创性。《当你每天醒来的时候都有两个选择 世界那么大你想去看看吗?》一文出现在2015年4月27日的新华网上,其应用性和再创性的开发,是对原有语言习惯的再创造,也使得知道该句出处及演变的读者对新闻的内容更有认同感,使得文章的可读性更高。

网络话语是由熟悉网络平台的群体在一定的网络环境中创造出来的,自然而然会附带其创造者的特性。不同于传统新闻语言的固定化、格式化,网络话语具有创新性、简洁性、娱乐性和形象性的特点。

(一)创新性

网络话语最突出的一个特点就是新颖,极具创新性。在推崇个性解放、追求自由创新的现代社会,人们对新鲜事物的猎奇心理始终居高不下,在进入网络世界时,就使得网络话语同样具有独特的创新性。同时,网络交流与线下的会面交谈不同,网络具有虚拟性,因此相对会更少地受到见面尴尬等状况的干扰,发挥想象力和创造性的空间更为充足,天马行空的想象,结果往往会出其不意。

网络话语的创新性表现有二,一是抛开对已有词语的常用释义,另辟蹊径重新解释,如众所周知的"奇葩"一词,以往的解释中对它的界定都是褒义词,由其本意"惊艳鲜奇的花"引喻为"出色的人物或事物",而在网络话语中常带有调侃和讽刺的意味,指的是怪诞、荒谬的人或行为;二是创造新词语,如"累觉不爱"意为觉得自己已经累了,不会再爱下去了,"不明觉厉"指的是虽然没弄懂对方究竟在说什么,但即使这样,一听起来就感觉是很厉害的样子。

(二)简洁性

网络交流是一种当下时间段的快速的交流方式,交流者之间需要及时接收和传递信息,以保证交流的持续畅通,因此,信息的传递速度是一项不可缺少的条件。通过简单的数字、字母组合,网络话语力求能够传达出清晰明了的意思,同时,也借由这种组合形式,网络话语可以用简洁的方式将原本复杂的东西清楚地表达出来,有效地节约交流时间。

简洁性一方面指的是语言本身简明扼要,不夹杂过多的赘余成分,另一方面也包含个性化的语言表达形式。例如在网络话语中,3q表示的是"Thank you",Thx表示的是"Thanks";V5就是"威武",后面加上87就是"威武霸气";BF扩展开来就是"Boyfriend",指的是男朋友,等等。

(三)娱乐性

现代生活的快节奏带来了重压力,在这种情况下,大多数人更倾向于通过一种轻松愉快、活泼幽默的方式在线上沟通,缓解平日里工作和生活中的紧张和忙碌气氛,使身心得到短暂的放松。在这种心理的作用下,人们选择使用富有趣味性、调侃味十足的词语表达来进行沟通,在舒缓压力的同时,为生活增添无穷乐趣。网络时代,全民娱乐,种种压力之下,人们对娱乐的追求变得更加执着。如调侃单身的人是单身狗;行为大大咧咧、不拘小节,敢于担当、自立自强的女性是女汉子;基情、好基友则是戏谑男性之间的友好关系。

(四)形象性

最初阶段的网络交流是一种不可完全互视的交流,尽管网友们不断发挥聪明才智创造创新、娱乐调侃,但仅仅通过各种输入法输送出去的信息本身不可避免地缺乏一定的生动性。为了创造更多接近于面对面的机会,机智的网民们充分开动大脑,将键盘上的符号进行加工改造,进行各种重组和再创造,经过开创性的劳动,由多种形式组合而成的网络话语就诞生了。最有代表性的由字母组合而成的图案式网络话语 orz。orz 并不是英文单词或是英文缩写,而是一个形象性的网络话语,从正面看,左边的“o”代表一个人的头部,中间的“r”表示的是一个人胳膊撑在地上的动作,而右边的“z”就像是一个人双腿下跪的动作,当三个字母组合在一起,orz,从外形上看,像极了一个人跪拜在地上的状态。此外还有很多类似的“象形”网语,如由汉字转为表情符号的“囧”字,表示一脸无可奈何的样子,也可用键盘符号表示为 o(╯□╰)o;汉字“槑”,看上去是两个“呆”字并立,原本一个“呆”就够呆了,这里有两个“呆”,自然取意为非常呆、超级呆。

三、网络话语的理论维度

网络话语是网络新媒体技术催生下的新型话语,它改变着传统的符号,也使现代模因在话语传播中发挥越来越大的作用。在现今的青年话语体系中,网络话语的使用和传播虽然对传统的主流话语产生了冲击,但不可否认,未来的网络话语将会被青年进一步广泛接受。

网络话语传播的过程势必离不开符号,或者说人们通过或借助符号的作用,以达到产生和理解语言的目的。因此,网络话语想要在信息量爆炸的社会中得以快速有效地传播,必然要从符号上获得自己的优势。从语言学与传播学的角度来讲,信息需要通过各种传播媒介以获得语境、语言主体、语言效果、语言意义等内容,符号就在其中发挥着不可替代的作用。人们也正是通过语言和非语言符号的运用,不断推动语言学与传播学的发展。网络话语传播中,伴随着传播方式的不断改进,符号也发生着巨大的变化。

从“逻辑符号学”来看,符号划分为三元关系,并由代表项、对象和解释项三大因素构成。将这三大要素巧妙地融合在一起,这种三合一的关系便导致符号不断产生新的符号,从而使得语言不断发展,使其生命力蓬勃不息。可以说,符号都具有再生的能力,外形和表达意义都可发生改变。在网络话语的传播过程中,恰恰就需要符号这样多变与创新以适应各种新型的传播渠道和日益多元化的受众体系。网络话语能迅速传播,在一定程度上也得益于符号的灵动与不断衍生。网络话语类型层出不穷,一部分流行语源于青年网民原创,一部分源于经网络渲染得以传播的日常用语,一部分则受热点事件和热门人物(包括明星、“网红”等)所推动进而广泛传播的语言。

网络话语本身必须是一套通过使用语言与社会进行交流的语言运行机制,同时它也是一种负载信息的语言系统。他借助符号承载说话者的想法和情感,并通过各种外在的工具将这些信息保真地传达出去。它是一套极具包容性的交流体系和容纳新兴技术的话语载体,其具体内容会受到社会文化、社会认知以及社会潮流的影响,其内容将越来越多元化。在这个过程中,网络话语的使用和传播失范是一个值得关注的社会问题,这与青年网民素养、德育者的作为、网络传播环境等方面有关。过分的无约束的语言环境会对青年思想品德、行为方式、话语形态等产生不良影响。

学者道金斯的模因学理论,指出模因是一种文化传播的单位,其表现的形式也十分繁多,包括语言、习俗、音乐、思想、信念等。这些表现形式一旦传播开来就形成各种各样的模因,伴随着模因的不断产生和复制,信息就能脱离信息源。随着当代新媒体技术的发展和交往日益频繁,网络话语借助模因达到更大范围的传播,发挥更大的影响力。模因在文化复制的过程中也发生了竞争,符合时代要求的模因能够不断革新和进步,适应这个时代的要求,从而成为强势模因。

模因的作用就是复制语言,从而使其扩大传播范围,提升影响力;强势模因则具有更强的复制力,也具备更好的市场接受力,足够为网络话语的快速传播提供不可或缺的帮助。它所具有的保真性、多产性、长久性三大特征,使它在激烈的选择与竞争中得以幸存。网络相对宽松自由的语境,使得网络话语在话语传播与交流中可以被频繁重复地使用,甚至自由组合。青年网民用语境、谐音、符号、缩写等形式对传统语言进行了转换,将新词汇或外来词汇融入自己的语言体系中,以满足自身的人际交往,而这些新的模因便会逐渐复制,扩大网络话语的传播。根据 Google 搜索结果显示,语境模因、符号模因、谐音模因及缩写模因是极具前景的强势模因。如表 3-1 所示。

表 3-1 几种常见的强势模因

模因	具体表现	特点
语境模因	"捡肥皂"是表达一种语境,青年男性在浴室里,肥皂掉地上,弯腰去捡的时候,会受到同性的侵犯。	表达某一具体的语境,动作性强且更具画面感。
符号模因	"「 · _ · 」"表示面无表情,暗含挑衅的意味、"⊙▽⊙"表示惊呆了,"(ε(#)"表示被打一巴掌。	通过丰富的表情图案传达,利于用户真切地表达自己的内心情绪。网络表情语言的宽泛使用,使网络话语趋于符号化表情化。
谐音模因	"狗带"谐音"go die"出自于英文 RAP,意译为宁愿去死、"666"表示牛牛牛、"Duang"出自于洗发水的广告,用过此洗发水"Duang"就容光焕发。	通过汉字、数字、拼音等字词的腔调谐音来表达话语的本意,使所想要表达的意思更加生动有趣。
缩写模因	"城会玩"城里人真会玩、"上交国"讽刺国家对于原创文化产品的过度管制,更多的表达为一种喜悦与娱乐、"然并卵"是然而并没有什么用、"睡起嗨"等。	通过简化语言符号来丰富在有限字数内所表达的内容。

德育话语的传播正在以不可遏制的形势发生着变化,人们互动的广度和深度均超过了从前任何一个时代。传播模式的多样化暗示着人际关系交往的普及化,传播工具的更新暗示着生产技术水平的高速化,但无论其传播方式和传播工具如

何变化,话语传播都离不开人类社会。

话语类型是带有相似社会实体的交际行为,且它需要在社会交际中表现出主旨、主题以及社会动机,同时也要具备可观察的交际语言特征。语言类型是一种交际活动,它也必须处在社会之中,可以说它是一种有阶段、有目的的社会过程。相较于传统的人际交往和群体交往,新媒体德育话语传播中的人际交往与群体交往有其独特之处。

如图 3-1 所示。借助着新技术的支持,庞大的人群在信息交流网中缩短了原有的物理距离,人与人的沟通与交流变得便捷且快速。在相对自由的话语环境中,大众拥有了更为广阔的表达空间,其言语受限明显减少。而与之俱来的是虚拟环境下话语传播的不真实性,语言不再能像从前那样充分传达说话者的真实情感,受话者与说话者的信任度也随之下降。

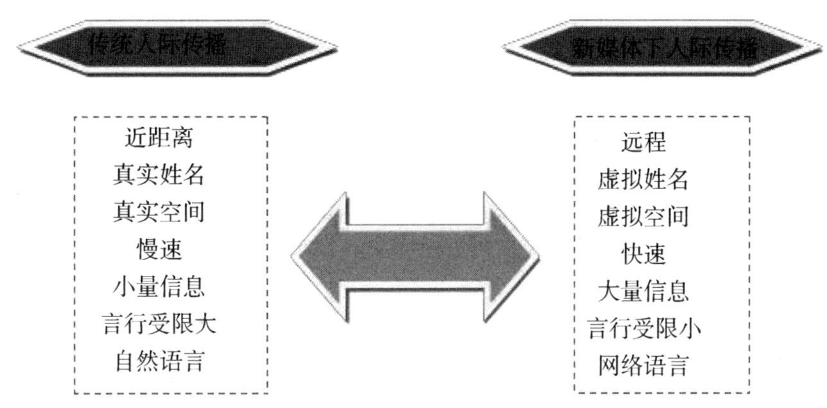

图 3-1　人际话语传播在传统媒体与新媒体下的不同

如图 3-2 所示。群体传播一般情况都集中在公共场合中,且受众人数较多。在这种情况下,话语需要有更强大的传播力度和多元化的传播渠道,甚至是打造其传播的社会网络结构。显而易见,新媒体能有效满足这些需求。但同样的,虚拟的群体与虚拟的社区依然存在隐患。

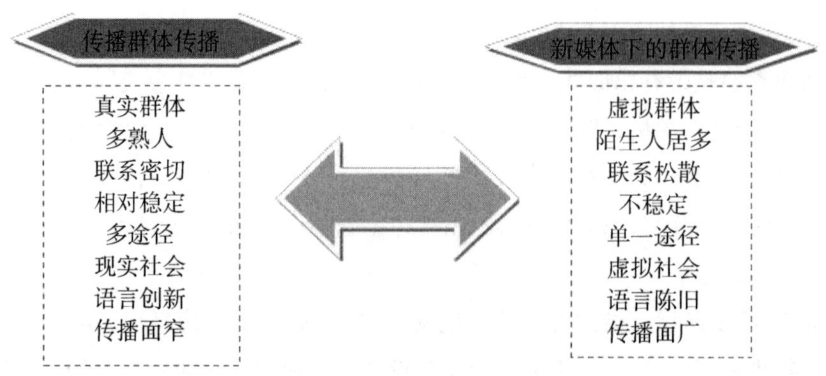

图 3－2　群体话语传播在传统媒体与新媒体下的不同

通过比较,我们不难发现无论是人际传播还是群体传播,新媒体较之传统话语传播都更为有效、便捷且能超越时间与空间,在广阔的范围内进行沟通交流。借助现代科技与多媒体技术的德育话语还可以通过电话、光缆线、电视信号、互联网或其他多种信道实现传播,但人际传播与群体传播仍然是其传播的主渠道,且将发挥越来越重大的作用。

第二节　微博语境下的网络话语

一、基于微博视角的青年网络语言现象

随着信息技术的发展,微博作为 Web2.0 时代兴起的新型开放性互联网社交平台,以其极高的互动性、极快的传播性在青年中得到迅速普及,提高了青年群体对传播内容的接受度。这些特点均构成了微博特有的交际语境,不可避免地影响和改变着语言传播的方式和效果。微博语境下青年网络语言现象呈现以下几种特点。

(一)信息的碎片化

信息高度的碎片化,使信息输出的字数与微博限定字数之间产生矛盾。为缓解多字数信息输入与字数限定间的突出矛盾,用户必然需要竭力提高信息传播效率。此时,微博客们便发挥自身能动性,通过简化语言符号来丰富在有限字数内

所表达的内容，如微博热词“不明觉厉”是“虽不明，但觉厉”的缩写，意思是“虽然不明白（对方）在说什么，但是感觉很厉害的样子。”仅用4个字就简单明了地实现了一个长句的表达。

（二）内容的自主化

微博相对宽松自由的语境，实现了用户们的高度自主化。微博客们可以尽情发挥自己想象力和创造力，利用新颖独特的语言充分展示个性，这在客观上也突显了流行语的“娱乐”功能。用户通过打出别字，将错就错，通过谐音代替词语，创造合音词，缩写句子等方式，运用生动活泼、风趣幽默的语言，营造诙谐轻松的氛围，获得高的关注度，例如“内牛满面”“涨姿势”等。但高度的自主性必然会带来负面影响，部分素质低下者肆意使用粗俗暴力的语言，以此发泄心中的不良情绪，对网络环境造成了极大的污染。

（三）信道的线性化

人们在现实生活的交流中往往采用面部表情、肢体动作等副语言来完成语言表达和信息传递，网络言语的表情性也十分明显。在网络交际中，副语言传递的信息须转化为某种特定的视觉符号才能达到最终的表达效果。例如，= _ = 表示困，- _ - |||表示狂汗，T^T 表示哭，等等。微博也通过提供表情图案方便用户利用已有的表情传达信息，为用户提供快捷便利的交际方式，使微博的语言趋于符号化表情化，更贴近人的实际交流。

（四）语境的虚拟化

虚拟的环境使得网民身份得以隐匿、地位趋于平等、语言行为和责任相互分离，这就使得更多的人通过微博来表达主观情绪和观点看法。随着社会的发展，民众的文化水平逐渐提高，参与社会交际的意识开始觉醒。传统的传播媒介无法实现大众参与，而微博则正好提供了一个可以供大众参与的平台。这种更趋于平等性、大众性的氛围让微博的语言更为贴近生活，让人感到亲切。

二、微博语境中的青年话语调查

此次调查对象的主体为青年，采用问卷调查的形式，结合当前网络上的流行语言对青年喜欢接受的话语进行调查分析。本次问卷调查通过微博开展。数据结果显示，青年流行语的受众主体中女性占57.61%，男性占42.39%，女性所占的比例略高于男性。后期通过对所收集的数据的整理和分析,归纳总结得出了以下结论。

微博已经成了影响网络群体聚集的地方,很大程度上体现了当代年轻人的思维方式和执行力。调查显示,青年流行语的获取途径39.65%源于新兴媒体微博,其次32.57%是源于网站论坛,其余是同学、朋友的交流以及日常生活上。青年作为重要的网络群体,在接触网络流行语的过程中,不可避免地会受到影响。大多数青年看到好笑、好玩或是深有同感的话语都会迫不及待地转载或是分享,这为网络流行语的产生奠定了一定的基础。由于网络流行语的普遍性,在日常生活中,同学、朋友之间的交流频繁出现流行词汇,因此青年流行语在交流中被获得的可能性也是不容小觑的。高校的团学干部、辅导员们为了增进与学生的交流也开通了微博,师生之间的交流日益频繁,这也促进了网络流行语在青年中的发展。而流行语体在抒发情感、宣泄情绪、自我调侃上具有正规语言所不具备的优势,这是促使网络语言发展和流行的一个重要因素,使得网络语言快速发展成为必然。

在调查基础上,将网络流行语分类成句子型、谐音型、字母字符型、文字增缩型等,具体如下。

(一)句子型

在对流行语了解使用情况的调查中发现,青年对句子型的流行语使用较为频繁,如“×××,你家里人知道吗?”和“不能愉快地玩耍了”这一类带有调侃又适合于对话聊天的句型普遍受到青年的欢迎。

(二)谐音型

通过调查,可发现使用语音相同或相近方法来表达情意也颇受青年欢迎。如“蛇精病”即昆明口音的“神经病”,“酱紫”则是台湾腔调中的“这样子”。用方言这一地区性语言变体的字词腔调谐音来代替相应汉字词,使得原本“流通”局限的语言因其自身或短小精悍或隐晦讽刺的特点,在网络交流中逐渐占据了流行的一角。

(三)字母字符型

在对字母字符型流行语的了解使用情况调查中,可以发现青年使用流行语是为更好表达自身情绪。符号“→_→”使用人数最多,其含义有多种,一表示不正视,鄙视对方;二表示网络中的“神最右”。字母字符型流行语弥补了青年网民依赖键盘操作而导致面对面交流时手势和面部表情等信息的缺失这一不足,从而取得不言而喻的表达效果。

(四)文字增缩型

文字增缩型流行语数量众多,且受众面十分广泛,而“人艰不拆”“何弃疗”以及“不明觉厉”可谓家喻户晓,网民为提高输入速度,对一些语句加以改造,以最少的语言传达最大的信息量,而经过加工后的缩略形式又体现出原句所不能赋予的游戏性和戏谑性,同时也弱化了原句的严肃性。

由针对青年喜欢的流行语类型的分析可见,流行语类型层出不穷,一部分流行语源于网民原创,也有流行语因其所属的相关事件在现实世界中的影响力和时效性而逐步推广,或是来自日常用语,经网络渲染得以传播。这种加工创造也反映了当下网民“从众的创新”的特点。一个受到青年追捧的简单热词的背后,潜藏了现代人复杂、难以捉摸的情绪。

微博时代,网络语言作为一种汉语语言变体,融概括性、形象性、时尚性于一体,丰富了语言表达的内容,使信息传播更为有趣生动,更为青年群体所接受。调查结果显示,49.38%的人认为其幽默,且具减压、放松、维护隐私等作用,能有效地释放青年话语空间;39.51%的人认为,它简短精彩、鲜活生动、好听易学,给交流带来方便,为语言增添了一点娱乐色彩;5.97%的人认为这反映了当前的时尚潮流,属于新潮的象征,不会说或不了解感觉很落伍;5.14%的人表示是被网络流行语轻松和搞笑因素所吸引。

网络流行语的存在也在一定程度上反映了一个时代青年的个人思想和政治觉悟。基于网络流行语广泛传播的现实,教师也愿意将网络流行语穿插运用于课堂间,以增加师生间的交流,活跃课堂氛围。调查显示,79.02%的学生表示课堂上老师用一些诙谐幽默的网络语言更能提起学生的学习兴趣,提升学生的接受度。特别是德育理论课上诸多最新的网络流行语的运用,能提高学生的学习积极性及对于课堂内容的关注度。网络流行语灵活地运用在对学生德育上面,一方面让学生对这些枯燥的内容不反感甚至是产生共鸣,引起兴趣,另一方面,思想政治的教育结合网络流行语也说明了教育的与时共进,跟随时代的发展而非固陈守旧不知变通。

三、当前话语形态比较分析

前述已经表明，青年并非指一个既定的人群或年龄概念，而是包含着社会文化含义的一个相对概念。青年话语蕴含着两层含义：一是主流话语对于青年基础语言的构建，二是青年自身的话语表达方式。二者之间此消彼长的互动关系既影响了青年与社会之间的相互认同，也影响了青年研究在学术市场上的命运。在主流社会对青年的描述和界定与青年的自我叙述和定位之间，素来存在着差异甚至冲突，这样就构成了两种青年话语形式。主流话语对青年基础语言的构建是基于以马克思主义为指导的主流社会意识形态的原则下，在共青团思想引领、主流媒体对青年宣传动员以及学校德育等实现的。总体上看，主流话语对青年基础语言的构建是政治化、媒体化、教学式的。

（一）先进性引领的话语形态

政治化的话语形式是我国青年的主流话语方式，主要是共青团的思想引领。团章明确规定："共青团是党领导的先进青年的群众组织，是广大青年在实践中学习中国特色社会主义和共产主义的学校。"共青团作为青年先进组织，从诞生之日起就将对青年的德育摆在工作的突出位置。根据不同历史时期党的要求和青年群体的发展变化，致力于向青年传播着具有正能量的青年话语，团结带领广大团员青年进行革命、建设和改革事业。与此同时，主流话语极大地加快了青年模范人物的形成。借这些榜样的力量激励更多的青年奋发有为，更好地实现自身价值和社会价值。

（二）多媒体融合的话语形态

主流话语无疑是一元的，青年群体思想的丰富性，导致青年话语的多元化。当今日益多元的社会，铺垫了话语多元化的社会基础，而网络、手机、微博等新兴媒体的出现，则为话语多元化提供了绝佳的平台。本着坚持以马克思主义为指导的主流意识形态的原则，党报、党刊、电视台、广播、网站等媒体利用其在青年群体中的权威性与影响力，将主流话语全面渗透于各种主流话语媒体中，建构特定的"话语场域"。为了达到更直接有效的社会效果，主流媒体转向构建更加积极的话语体系，以青年喜闻乐见的形式和内容，构建属于自己的话语平台和舆论阵地，深刻地影响和塑造青年群体。

（三）崇尚教育引导的话语形态

传统上学校对青年德育往往是源于现实，运用符合主流的形象和话语，将国家和社会对青年的期望蕴于教育过程。学校的师德规范、校园文化、学风班风以及教学活动等都会对他们的思想品德、行为方式、话语形态等起着潜移默化的影响。学校德育所蕴含的价值观就是主流社会文化的价值观，各级学校都会开设一系列思想政治理论课，以课程教学的形式来强化青年学生一元为主的价值取向，坚持把培育和践行社会主义核心价值观融入实践，以“培养中国特色社会主义事业可靠的接班人”作为出发点和归宿。

美国学者理查德·弗拉克斯（Richard Flacks）曾经指出“青年的反叛是社会文化转变的基本征候。”在这个信息快速膨胀、这个属于他们的年代，青年自身的话语充满了时代的特点，反映了社会的面貌，表达了这一代青年心中的诉求。有些话语虽并非为青年所创，但换一个角度看，却是青年不同于主流舆论、结合自身的个性而形成独特的话语形式。青年的自身话语体现创造性、社会化、自由性的特点。

（一）创造性的话语表达

由于互联网是个虚拟的社会，网民无需担心身份的曝光、遭受他人非议等行为，因而可以充分发挥能动性，打破常规，最大限度地发挥自身的创造力，根据自己的切身感受，利用方言、俗语、谐音、外语等形式，突破性地创造与自身所表达内容相一致的属于自己的语言，达到所期望的效果，例如，o(╯□╰)o 表示无奈，O(∩_∩)O 表示高兴，╭(╯^╰)╮ 表示生气等。从创造到广泛应用，此类网络语言大大方便了青年的沟通及信息的传播，让他们在快捷中享受归属的乐趣，在自嘲中重新审视社会，满足青年的自我需求，促进了青年网络文化的发展。

（二）个性化的话语表达

语言是传递信息的一种形式，表达人的不同，表达内容的不同，其表达形式、表达方法也不尽相同。在网络语言中，每个青年都是网络的主体，他们拥有对网络语言自由选择与创作的权利，因而每个人所选择的、所创造的网络语言形式也都包含其相应的行为偏好、价值观念、思维模式等。其语言的个性化是不言而喻的。但在每个人创作的同时，其思想及目的中，或多或少地反映了社会的某一特定方面，无论是时事或是流行的趋势，这均体现了语言表达的社会化。

(三)自由化的话语表达

网络作为一种虚拟的交流平台,少了现实生活中的一些约束,网络语言在交流使用中既可以被频繁广泛地重复使用,也可以无限制地自由组合,具有极大的自由性,因此青年作为网络时代直面社会现象、抨击社会不平之事的主体,青年可以自由地用他们自己的话语在表达着对社会的恶与喜、悲与乐。他们发自内心,宣泄对现代社会以及自身生活状态的某种情绪,如"土豪,我们做朋友吧""屌丝",这些看似"无厘头"的内容实际是青年的一种情感与思想的寄托,但同时也隐含着对主流社会的自我评鉴。

第三节 青年网络德育话语

随着互联网的兴起和快速发展,网民的数量呈现出规模化增长的趋势,人们的网络交流也变得愈加频繁,在此条件下,网络话语应运而生。在互联网进程的高速推进下,网络话语已经成为社会大众普遍接受的语言习惯,在人们社会生活的各个方面都得到了不同程度的体现。时值当下,移动互联网的热潮正盛,各类新兴媒体的不断涌起实现了信息更为便捷的推送,人们对各类新闻资讯的接收和感知也更加丰富和直接。网络话语日趋盛行是一种青年现象,是青年亚文化的折射,也是网络话语空间的一种释放。网络话语在青年群体中的快速传播,给德育网络话语权带来挑战和启示,深入研究网络话语的传播机制对于重塑德育网络话语权有重要的理论和现实意义。

一、网络德育话语范式

德育话语是传送、接受、转译、推普德育的一种载体,教育话语范式的形成是文化发展的推动器,在其发展过程中一些现实困境伴随产生。在网络语境下,德育话语的传播依赖于各种新媒体工具,并形成了一整套存在和发展于新媒体环境中的传播体系。它具有自身鲜明的特色,推动语言学与传播学的发展创新,也需要不断完善与改进。

范式的概念和理论是美国哲学家托马斯·库恩提出并系统阐述的,它指的是一个共同体成员所共享的信仰、价值、技术等的集合，是从事某一科学的研究者群体所共同遵从的世界观和行为方式。[18]德育话语范式集合了哲学、教育学、语言学、传播学、社会学等学科的视角，对德育话语进行深入研究。随着网络传媒的发展与青年思想的多元化，青年德育话语形态多样。青年德育网络话语，其类型与语言特征都带有明显的网络时代特殊的印记。

目前，众多学者从不同角度赋予了德育话语不同的本质定义。作为一种语言，德育话语最基础的就是充当教育者与青年网民群体相互沟通交流的工具，是一套通过使用语言与社会进行交流的语言运行机制。它必须具备表意功能，遵守自然语言的法则，能传达说话人的意图，并传达给受众。作为一种负载信息的语言系统，德育话语借助符号承载说话者的想法和情感，并通过各种外在的工具将这些信息保真地传达出去，在一定时期内具有相对稳定性。

德育网络话语是一种新兴语言，从广义上来看：一是作为一种交流话语，具有可通性，能够拓宽主体间的交流语境，借助于网络新媒体使其成为其他语言难以匹敌的新的媒介语言；二是作为一种创造性的语言，可将非本体语言与本体语言相结合，使德育话语的内容外延，优化德育体系；三是作为一种社会方言，地域化、多向性、开放式的特点要求其实现主体间对话的平等、内容的兼容并包。狭义的解释则将其视为是新媒体下的一种特殊用语。

新兴语言的受众群体多为青年，所以德育网络话语体系必须承担起社会教化的责任，通过不同特色和风格的话语体系对青年进行思想引领，用青年热衷的语言、形式来影响、感染和引领他们。网络语境下德育话语权和实效性面临着各种挑战，作为一套极具包容性的交流体系和容纳新兴技术的话语载体，其具体内容会受到社会文化、社会认知以及社会潮流的影响，而趋向于多元化。网络语境下德育话语必将成为一种公众语言，但德育网络话语体系的形成还需经过一段漫长的过程。

二、网络德育话语的现实困境

德育话语改变着传统的符号，在现今的人际交往和群体交往中，现代模因发挥越来越大的作用。青年网络聚集现象已经是时代发展的趋势，而传统思想政治话语教育方式在网络上缺乏较强的话语权，青年群体的德育实效不够。主要表现在以下几个方面。

（一）体系的断层和缺失

新媒体环境下，德育话语体系借由现代科技的各种通讯方式传递话语信息，凭借新兴传播符号表达的形式发展，经过媒因的复制与传播而大范围地播撒。在数字化的浪潮中，德育话语体系以其中心化、平面化、部落化、碎片化的独特语言，借用中国汉字的优势，灵活采用解构、重组、拼贴、混合等多种方式，创造出自由、舒适、广受欢迎的语言，形成了新媒体背景下的德育话语体系。网络语境也带来了巨大的挑战。对于德育话语而言，过于快速的传播使它在信息指数增长的时代不能得到更好的发展。更新传播速度快，虽然使社会容纳的信息量增加，但可能潜在是一种无进步的循环状态。过分的动态化难以让德育话语稳定，会产生缺失或断层。而一个完整的话语体系必须包含话语需求，话语生产，话语交换，话语消费，这些话语是人类社会传播的必要因素，更重要的是这些因素需要达成一定的平衡，形成最优系统。

（二）表达的亲近感、实效性不够

网络文化潜移默化影响着青年个体及社会，立足于实践，提高德育实效性是现今社会不容疏忽的。传统的德育的表达注重严肃、严谨，表达形式单一。网络流行语的表达形式则不拘一格，具有多样化，娱乐性极强。这些数字化、简约化的网络文字符号在群体间传达信息的过程中更显眼，与传统的话语交流语言相比更具趣味性、生动性。作为伴随互联网产生和发展的一种虚拟语言广泛地被青年群体所接受，成为当下青年人际交往中必不可少的文字载体，其发展和渗透冲击着传统的德育话语。这就使得传统的面对面、书信交流等方式日渐没落，影响着传统的德育话语的传承。

（三）传播的行为失范

传统的灌输式的德育话语使得教育者与青年在交流中难免会失真，产生隔阂，彼此之间难以交心，最终使得阐述、倾听、吸收这一系列环节无法有效地衔接和融合。但借助新媒体的帮助，德育话语的生产、转变、交换可超额完成，而减慢话语转化的速度需要扩大网络话语传播的受众范围，这是网络语境下德育话语体系构建的重要内容。当前大众的言论更加自由，受众话语权得到提升的同时，不可避免地出现色情信息充斥，虚假信息掩盖真实，语言暴力等现象，潜移默化地影响着青年网民的思维活动、实践活动、交往方式、交往行为。失范的德育网络话语会严重侵害他人名誉,损害语言生态文明,从而彻底瓦解正常的语言生态系统。可见由网络流行语的过度使用带来的德育网络话语传播行为失范,已经成为一个严峻的社会问题,但是网络话语传播环境仍难以真正地达到规范化。

三、青年网络德育话语的重塑

在网络和科技飞速发展的今天,青年的话语传播方式和传播环境不断发生着巨大的变化。重塑德育网络话语权,无疑是德育话语转型的方向。网络流行语一方面影响着青年的话语生态,另外一方面也给我们德育工作提供了诸多借鉴。主要从思路、内容、形式、制度等以下四个方面提出对策。

(一)明确德育网络话语权重塑的思路

重塑德育网络话语,切实增强德育的实效性是大势所趋,也是德育话语研究的一个重要内容。一是要解构德育网络话语权。法国哲学家米歇尔·福柯认为:"权力问题的关键并不在于谁掌握了权力,而在于权力是如何发生的,或者说关键在于权力是如何运作的。"[19]就德育网络话语而言,需关注"社会话语权",重视网络德育中的实效性和影响力。显然不同传播者的话语传播效果是不一样的。要将热门人物、知名人士、著名学者和青年偶像等权威人士纳入到网络话语空间,要依靠他们的公信力、影响力和网络正能量传递给青年群体。二是发挥德育话语双主体作用。传统意义上,德育工作往往强调教育者主体作用的发挥,而忽视受教者的能动性发挥。如果把"教育者主体"这种观点发展到极致,就会出现"我讲你听,我打你通"的单向式灌输的教育模式,从而产生不分对象一刀切、一锅煮的弊端。[20]教育"双主体"理论,更加重视教育者与青年群体之间的良性互动,从而提高德育的灵活性和高效性。三是借鉴网络流行语的传播模式。网络流行语之所以得以快速传播,是因为它具备一套极具包容性的交流体系和容纳新兴技术的话语载体。德育话语变革,要借鉴网络流行语的生产和传播优势,借助符号、强势模因承载教育者的想法和情感,通过人际传播、群体传播、网络传播等途径将教育信息保真地传达出去,形成教育者与青年网民群体的良性互动。要发挥德育人际传播、群体传播的主渠道,同时,也要深入探索网络德育话语交流、话语引导、话语教育的有效方式。

(二)规范德育网络话语的内容生产

德育话语传播发展首先要从信息源头上保证其科学性。打造德育网络资源库和网络信息规范出处,营造一个资源开放共享的环境,是德育话语传播发展的基础工作。一是建设权威的网络德育传播媒体。尽管目前我国有许多专题的德育网络平台,但是吸引力和影响力不足,无法及时满足青年群体教育教学的需要。高校要重点扶持开发高水平的公众号,建立"红色公众号"突显官方媒体的权威性,将鲜活的德育素材源源不断的创造出来,传播出去。要鼓励党员干部、教师、辅导员依靠传播正能量,在各种突发事件出现时,能够作为话语正确与否的"把关人"。二是紧密德育内容创作与青年群体的关系。在内容创作的过程中,要注重内容的互动性、娱乐性和时效性。尽量融入大众的话语体系,改变以我为主、自说自话的表达方式,充分考虑目标受众的需要,注重与人文精神的融合,把握大众群体的关注热点,让受众参与到德育话语传播的过程中。教育内容要增加与现实社会的联系,吸引青年群体的眼球。围绕重大的热点事件,尤其针对青年群体密切关注的突发状况,加强相关德育传播,提升德育效果。三是网络德育资源整合与共享。以往德育资源的建设只重自我资源开发而轻视相互协作共享。网站大量同质性重复性开发建设,造成资源浪费,并引发大众对重复乏味信息的接收疲劳。建议构建大型网络资源数据库,集成社会各界网络资源,形成优势互补、信息共享、系统联动的网络机制,将网络信息联盟的资源作为各种德育话语传播途径的信息来源。建立和完善网络信息资源共建共享机制是网络德育资源库建设可持续发展强有力的支撑。

(三)推进德育网络话语变革

传统主流话语在新媒体时代受到很大挑战,德育话语传播需要构建新的话语体系以适应其发展需求。一是实现德育功能上由"教化"到"文化"转变。作为一种根本意义上的"良心的教育、责任的教育",德育"归根结底是远大的文化责任的教育"[21]。要正确审视网络媒体、手机应用等这些"全新的文化生产样式",研究网络德育的全新的规律和特点,以"对话"的精神和开放的心态,破除德育面临的文化困惑,营造全新的网络"创新文化",塑造青年群体的新型人格。二是实现德育内容从"学术形态"到"教育形态"的转化。要借鉴网络流行语的生产和传播特点,对主流意识形态的内容"老话新说",甚至可以用网络流行语表达德育内容,以引起青年群体的共鸣和兴趣。网络话语传播需要区别于那种唯我独尊、冷冰冰的所谓严谨规范的表述方式,创造出受青年欢迎的语言,包括表达方式的不拘一格、语言风格的灵动性等。拒绝四平八稳的呆板的语言,多用些诙谐幽默的语言、文学语言为德育增添活力。三是实现德育话语形态从"独白"到"对话"的转化。以往灌输式的德育话语传播方式无疑是低效的。美国哈佛大学校长福斯特认为,"面对思想活跃、信息多元的青年,教师不再是系统知识的灌输者,而应是新视角的提出者、新问题的发现者、新思维的探索者"。[22]教育者要主动"上网(网络)""开博(微博)""触微(微信)",要密切关注来自网络的多元化的思潮,通过网络辩论、网络对话、网络交流等与青年对话,把握青年群体的利益诉求,教育引导青年群体形成正确的价值观念和行为方式。

(四)改进德育网络话语保障机制

开放话语空间给更多的青年群体和自媒体,减少话语霸权带来的压迫,鼓励信息分享和知识探讨,是目前网络德育发展的总体态势。德育话语保障机制的构建需要从队伍、技术和制度三方面保障。一是加强网络德育队伍建设和知识更新培训。新媒体素养的培训对于德育人才队伍必不可少。通过开展系统培训,熟练掌握通过新媒体获取青年的舆情动态、思想动态的方法,善于通过网络上与他们对话进行引导,特别是针对微信朋友圈的网络舆情监控和引导。二是推动德育网络话语传播技术保障。要面向社会征集原创项目并择优支持,搭建共享公共服务平台,实现教育资源的整合并加以有效利用,推动教育研发基础设施建设的不断完善,为德育话语传播提供保障。加强对网络平台,特别是微信朋友圈、微信群的舆情监督。借鉴微博监控的思路,建立微信平台的舆情监测体系,创建热门微信公众号池,定期分类、抓取、搜索、检测,依托新媒体指数平台实现了批量导入、公号分组、多指标排行等功能,从服务终端实时监测朋友圈的话语空间。三是构建德育网络话语制度规范。"话语权"的内涵是指人们拥有在法律允许范围内的言论自由。法律是言论自由赖以生存的条件,也是重塑青年德育网络话语权的基础。要在完善现有互联网信息服务管理办法的基础上,以法律或者行政性法规的形式,建立权责对应的网络话语管理制度体系。

第四章

青年网络舆情管控

第一节　网络舆情的议程设置

青年群体在社会化的过程中,会受到其群体特征的影响,特别是个人情感中高度感性成分,在突发事件后成为舆情事件扩大化的酵母,如何在网络时代对青年的舆情进行管控,是国内众多高校共同的话题。在这一点上,华中科技大学建立的网络舆情监测体系能及时了解学校各单位的信息,针对重点对象进行实时监控等。本章从议程设置角度出发,探究舆情产生的原理,以此指导“双微”的管理进而实现青年网络舆情管控。

一、网络议程设置概述

议程设置实际上是指媒介有能力也有权利选择议题并强调,以使这些议题留给公众一个比较重要的印象,或者也可以说,这是一个新闻媒介“确定辩论的范围以适合有权势者利益的过程”。也即,媒介通过其对议题内容的选择和传播,有权决定什么内容可以被公众讨论,什么内容不能被公众讨论;进而演化成什么会变成热门话题,什么又会被排斥出公众讨论的议程之外。“若是某一时段内,某一事件或某一社会问题被媒介频频强调,公众就会给予广泛关注,该事件或问题也会迅速演变成为社会舆论讨论的中心议题。”

（一）议程设置的理论渊源

于 20 世纪 60—70 年代出现的议程设置理论与公共危机媒体议程设置理论，指出虽然大众传媒没办法左右公众对某一事件或者意见的具体看法，但是如果可以做好信息准确传达、相关联议题合理安排等工作，还是能在一定程度上引导人们关注某些重要事实和意见，以及讨论这些事实意见的先后顺序。

美国政治学家科恩认为，在告知人们怎么思考这一方面，新闻媒介做的并不理想，但是在告知人们思考什么这一方面，则是十分到位。也即，“新闻媒介可以为公众的思考与讨论设置议程”。作为当下信息传播最为广泛有效的途径之一，大众传媒理应配合政府化解公共危机事件。大众传媒在危机事件中的表现作为，很大程度上会影响危机事件的进程以及解决。媒体在公共危机来临之际，合理的安排议程设置，可以适当转移公众的注意力和话题，使之在相对理性的范围内进行议题讨论。

麦肯姆斯和肖的研究指出，媒介设置议程的效果的好坏与否，还受媒介和公众之间接触次数的多少、公众对媒介是否需求、当时人际交流的情况、不同公众的兴趣等因素的影响。另外，其他学者研究表明，在设置媒介议程的过程中，时间也是一个不可忽视的因素。一般来说，设置媒介议程的效果并不是立竿见影的，而是会在新闻报道几个星期以后。而且，公众对于信息的接受量通常是有一定限度的，过于繁复的议程反而会削弱媒介议程设置的效果，一般说来，公众的议事日程以不超过五到七个议题为宜，否则那些媒介认为应该重视的议题，反而会被公众置若罔闻。

（二）议程设置的三个方向

议程设置是大众传媒作用于社会的重要方式之一。1963 年，科恩曾用一句话概括报纸的作用：“报纸或许不能直接告诉读者怎样去想，却可以告诉读者想些什么。”这句话也在某一层面上简单概括地指出了议程设置理论的内涵。1972 年，美国传播学家肖和麦库姆斯在《舆论季刊》上发表了《大众传播的议程设置功能》，首先提出了这个理论。理论指出，大众传媒可以为公众进行议程设置。传媒的传递信息以及播报新闻等活动，会在某种程度上帮助不同的议程强调出不同的或高或低的层次，这就进一步影响着公众对周围事件是否重要的判定。也即，“媒体对某一事件的关注度越高，这一事件在公众心目中的重要程度也越高”。关于议程设置者"是谁",又"怎样"来进行议程设置的问题,可以从下面三个方向进行剖析。

1. 媒体中心

媒体中心指媒体是议程设置者。媒体在应对危机时,不再处于默不作声的状态,而是坚持发挥媒体的导向性作用,在此基础上设置议程,更大程度上发挥了舆论的引导作用。而关于"怎样设置议程"的问题上,一是媒体不但设置议程的内容,而且设置人们对议程的思考和讨论方式,二是"议程设置不只预先假设公众的认知,同时也在公众对事件的态度以及公众如何应对事件上,起到了积极作用"。

2. 消息来源中心论

消息来源中心论是指政党、官方主管部门、司法部门、行业协会、特定利益团体、相关民间组织等是议程设置过程中的初级界定者,而媒体则是次级界定者。在"怎样设置议程"的问题上,是诸多权力主体作为消息来源,给出议题,最终由媒体来综合考虑进行议程设置。每年一度的315打假晚会,央视作为被权力赋予权威的媒体,是"315晚会"议题的初级界定者。但是作为议题次级界定者的其他媒体,如《西部商报》等,早在晚会节目正式开始之前,就对其内幕和阴谋论进行了各种揣测,被点名的各路企业则迫于这样的监督压力,纷纷在第一时间内通过官方微博进行回应。

3. 媒体协商论

媒体协商论是指由媒体、公众、政府中任一方提出议题,其他方作为议程设置者进行设置议程。"怎样设置议程"上是媒体议程与公众议程纵横交错,形成错综复杂的传播网络。媒体议程与公众议程之间存在一种双向关系:一方面是媒体提出议题,公众和政府跟进,另一方面是公众提出议题,媒体和政府跟进。

比较典型的案例事件类型便是"网络反腐"。根据对"网络反腐"事件的分析研究指出,中国目前暂时还没有形成媒体、民意、政府的长效良性互动机制,但是在一系列网络反腐事件的处理过程中,还是在某种程度上实现了三者间的良性互动,并且已经形成"自媒体—传统媒体—全媒体—政府回应"的新型互动发生过程模式。

二、议程设置在网络舆情危机中的作用

通常来说,网络舆情危机一经爆发,就会成为媒体和公众共同关注的焦点。

此时企业要做的应该是在第一时间内设置应对网络舆情危机的议程,最短时间内表明企业姿态,以此尽可能缓解公众不满情绪,进而争取获得公众的理解与信任。在网络舆情危机管理中,关于企业想传达的事实和意见,组织如果想要成功有效地引导公众给予相应的关注,并左右公众讨论的前后顺序,就需要提供相关准确的信息,并理性合理地确定与之有关的议题内容。

“网络舆情危机事件出现在人们的视野中,新闻媒介作为议程设置的载体负有重要责任”。正是由于新闻媒介独特的敏锐眼光,初步察觉到了危机事件存在的端倪,并加以报道,才使得公众及时了解到危机事件的基本情况,获得相关信息并进一步给予一定的关注。议程设置过程中,新闻媒介对危机事件的关注程度和受众对危机事件的重视程度,在一定程度上是成正比的。“受众对危机事件重要性的认知,会因为媒介提出发起并强调的议题,而做出相应改变,对于媒介认为重要的事情,也会首先采取行动。”相同的报道内容,比起随意放在报纸的某一版面某一角落,显然,放在头版头条的更易引起受众的关注与重视。同时,同样的内容,报道时间的早晚和报道次数的多少,也会在不同程度上左右着受众对事件的关注度。

受众对于危机事件严重程度的认知,在很大程度上取决于新闻媒介对于危机事件的报道。媒介越是强调某一议题,受众对于该议题的关注度就越高;反之,媒介若是对某一议题“故意”忽视,那么相应地,受众对于议题的关注度也会削弱甚至是放弃关注。关于与网络舆情危机的关系上,通过对危机事件的报道,新闻媒介充分发挥了媒体的引导说服功能,企图使公众相信报道的内容,并在后续实践过程中兑现。公众可以通过接收危机报道内容的相关信息,认清当下危机形势,并明确哪些事情是自身可以做的以及哪些是不可以做的,从而确保自身的人身及财产安全。

三、网络舆情危机中议程设置的原则

一个品牌从创立到形成再到壮大的成长过程,有可能会需要几年到几十年不等的不懈努力。但是,一个品牌的毁灭却可能就在一瞬间,这其中也许仅仅是因为某一个小小的环节出错或者是某一次危机没有处理恰当。所以在网络舆情危机管理过程中,议程设置须得遵循以下原则。

（一）真实性

谎言是危机管理中的忌中之忌，你可以在某一段时间内欺骗某一部分公众，但你不能永远成功欺骗所有公众。在现代这样一个信息传播渠道无孔不入的时代，“封锁消息不但消除不了危机，而且会使危机升级”。真相是最后的底线，诚实是最好的保护。中央电视台《新闻联播》在2008年9月16日的新闻报道中，揭露了22家生产含有三聚氰胺的婴幼儿奶粉的企业名单。对此，蒙牛董事长牛根生翌日在自己的新浪博客中发表了内部讲话作为回应，讲话中说到，“尽管奶粉在蒙牛产品中所占份额不足1%，其中不合格婴儿奶粉所占的比重更是小而又少，但我们绝对不能容忍这种行为……对于那3个批次的问题奶粉，我们要干净迅速地全部召回”。但是，国家质检局在9月19日又公布了的全国液态奶三聚氰胺专项检查结果，蒙牛赫然在列。也因此，牛根生“被众多公众视为道德虚伪的典型”。

（二）准确性

在以往的观念中，会有意识限制对危机事件的直观报道，因为担心负面消息的传播会诱发一连串负面效应，使品牌形象受损。然而事实却是，假如主流媒体对某一危机事件视若无睹隐瞒不报，或者延缓报道时间，就会导致信息传播陷入一段“真空期”。这段时期公众无法从相应的渠道获取权威可信的消息，极易猜疑进而引发更不可预期的躁动。再甚者，一些别有用心的恶势力会利用这一时期大做文章，扭曲事实，致使危机事件的后续解决陷入更困难的僵局。当出现网络舆情危机时，作为公众，对于相关信息的需求是很迫切的。因此为了更有效地控制危机形势状态，作为新闻媒介，就要对公众知情权给出相应的重视，遵守相关法纪规定，为网络舆情危机的处理设置相关议程，让民众了解实情。

在网络舆情危机管理中，讲究有的放矢，要对媒体、对各利益相关者的行为模式和心理需求有相当宏观的了解和把控，否则，自说自话的议题毫无意义。媒介自身主观故意或客观失误导致的报道偏差，使得真相被变化莫测的表象所掩盖，信息的准确性无从得知，但是公众往往易不加质疑的接受，最终形成以讹传讹的传播流。同时，有些议题所需信息的价值稍纵即逝，作为媒介理应迅速抓取，使之以鲜明的时效性唤起公众关注，有效化解危机。因此媒介在设置议程时，应在考虑到信息的时效性和真实性的基础上，筛选出及时、准确的信息，掌握主动权，以防陷入被动，规避以假当真、隐瞒欺诈现象。

(三)价值性

网络舆情危机中的议题往往集中于事实澄清,忽视价值,这是造成议题管理失败之重症所在。无论议题多强势有效,都必须被限定在主流价值和公共利益的框架以内。如双喜“爆锅危机”,压力锅的爆炸很多时候因为消费者操作不当或者是超期服役等原因造成的,于是双喜一方面利用各种传播方式,向大众传递“爆锅真相”,另一方面开展压力锅产品安全使用知识宣传活动,主办了“百年承诺、知识维权——双喜压力锅新安全运动”。在活动持续进展当中,制造了众多新闻关注点,形成媒体报道的热点,发挥引导议题的功能。特别是在河南发现了“二十年压力锅”最具有代表性。一篇题为《使用了二十多年的压力锅,是喜是忧》的报道出现在了《消费日报》的头条,文章不仅极力赞扬了双喜压力锅的品质,还揭露了大众消费意识匮乏的弊端,文章还表示了对“双喜新安全运动”社会价值的肯定。

四、议程设置在网络舆情危机管理中的运用

在危机事件突发时刻,企业如何做到临危不乱的设置议程,在“危”中寻求“机”,使品牌转危为安,这是网络舆情危机管理的精髓。通过科学合理的议程设置,可以有效地通过大众媒介吸引公众的注意从而左右人们对于某一问题的看法,同样的一组材料和数据,在时间先后和逻辑顺序上进行合理的规划和调整,可以塑造完全相反的舆论环境,在公关危机中的应用可以在极大程度上调节负面情绪,甚至有意想之外的积极效果。

(一)制定议题

应对突发的网络舆情危机时,组织应当根据网络舆情危机中议程设置的主要内容来制定相应的议题。议题内容的来源渠道主要是大众传播媒介,而非常规的内部组织机构;组织需将危机发生发展的过程以及危机管理对策真实呈现给公众;组织还需通过合理有效的议程设置,促使公众关注的中心集中在组织在应对危机所采取的措施及其他相关工作,以此达到引导舆论的目的,营造良好的危机管理的社会环境,促进品牌良好形象的重新塑造。

(二)选择媒体

当明确了在危机新闻议程设置中的主要内容之后,组织应当考虑选择适当的媒体来帮助自身传播相关信息。而在网络舆情危机的管理与应对上,新媒体和传

统媒体则是各有各的优势。传统媒体中,以广播为例,由于其信息传播快速简单、接受信息方便的特点,更容易在新闻报道的时间上占有先机;以电视为例,在所有媒体中,目前电视是受众覆盖面最广、影响力也最广的,由于电视画面独有强烈的画面冲击感及独有的声话双通道传播模式,使得其强大的感染力不容忽视。反观在新媒体中,互联网络的影响可以说是革命性的,不仅可以自己设定独特议题,还可以给传统媒体提供议题,对于某一事件的网络讨论的舆论声势,甚至会出现与传统媒体分庭抗礼的形势。

不过,由于网络环境独有的复杂性,网络舆论也很容易带有非理性色彩。这时候,传统媒体就要发挥自身专业优势,及时介入,分析报道焦点事件、公众疑虑,平衡公众情绪,从而疏导、平息网络舆论的情绪性表现,更可以自主设置议题,进一步理性引导公众舆论。因此,当出现网络舆情危机时,品牌应先分析各个媒体的属性,如定位、读者群、影响力等,根据媒体的不同功能,合理选择和搭配使用媒体,满足品牌对发布危机信息的需求。在企业设置网络舆情危机管理议程的过程中,如何选择媒体、选择何种媒体,成了一个关乎成败的细节问题。危机事件的大小,影响媒体选择思路的展开。

(三)议题设置方法

1. 召开新闻发布会

通过不同的方式,将消息来源主动提供给媒体,这就帮助记者大大地减少了在确定选稿内容及搜寻新闻来源方面所需要花费的时间、金钱、心力等成本,协助记者完成新闻工作,这种行为某种程度上是在引导记者选稿的方向、内容或态度等往消息来源预期的方向发展,如此一来,针对特定议题,消息来源便可以获得其发言权、诠释权,这在新闻学上被称作资讯津贴。企业如果想在网络舆情危机管理中掌握话语主动权,“信息作为一个支撑要素理应受到相应的重视,搜集、分析和传播信息是危机管理的直接任务”。而由于新闻讲求时效性,媒体在时间、预算极度有限的条件下,往往无法轻易掌握所有的新闻来源,所以会乐意使用消息来源提供的资讯津贴,资讯津贴常以提供危机事件的参考资料或背景说明、接受记者采访、举办新闻发布会、引导议题等形式出现。“新闻稿与公司网站也是媒体报道的重要来源。”

发生网络舆情危机时,在第一时间将专业人士、机构的专业意见以参考资料、背景说明的方式传递至记者或媒体,或提供采访上的专业协助。而在第一时间过后,也可选择合适的时机、合理布置现场,召开主题明确的新闻发布会,合理有效地面对媒体,并进行积极引导,争取将因为报道失实或者媒体炒作带来的损失降到最低,充分发挥媒体在处理危机事件中所应该起到的积极引导作用,建立起科学有效的媒体应对和调控机制。

新闻发布会的优点是效率高,影响大。其策划和实施主要包括以下几个步骤。一是主题的确定。主题要简洁、明确,撰写新闻通稿、准备新闻通稿的背景材料。二是时机的选择。企业为处理危机事件,而选择新闻发布会的时机非常重要。如果晚了,媒体已经通过不同渠道发现信息并有了深入的了解,但是由于媒体接触到的信息可能会不平衡,这就导致了后续报道中会有所偏颇,这会给企业带来不同程度的影响和危害。而在危机刚刚出现的几个小时内,媒体掌握到的可信消息通常不多,那么这段信息真空期就很容易充斥各路猜疑,甚至流言四起,而这短时期也恰恰是最需要企业迅速采取行动并进行沟通的时刻。在媒体首次给予报道之后的 12 到 24 个小时以内,外界将会把企业此时的一举一动作为对企业怎样处理该危机事件的主要评判依据。所以,企业要谨慎把握住召开新闻发布会的最佳时机,将危机事件带给企业的负面影响尽最大可能减到最小。三是流程的设计。新闻发布会要设计一个严谨、可控的运作流程。四是启用发言人。选择合适的发言人,对成功召开发布会至关重要。五是邀请参会者。参会者主要包括两类人群:记者和嘉宾。六是布置现场。现场布置要与主题相适应,同时要满足各具体流程的需要。七是彩排。彩排既可熟悉现场和流程,也可发现问题及时修正。

2. 邀请专家写稿

在很多网络舆情危机中,企业应该借助的关键通常会是行业协会、政府等主管部门,这些部门所传递的权威信息通常会"更易削弱危机事件带来的负面影响,他们对于组织的评价往往产生起死回生的力量"。在企业资源不足的情况下,可邀请政府相关人士或行业协会专家学者向媒体写稿,转达企业的正面信息,增加企业意见在媒体的报道,争取品牌议题建构的机会。

3. 辟谣

企业要灵活运用媒体,在议题发展过程中依据危机类型进行辟谣。通过辟谣的形式及时主动为媒体提供信息,可有效帮助媒体掌握话语的主导权,引导议题内容及发展走向。同样,辟谣还可以帮助企业提出道德诉求。如以消费者利益为目标,制造具有新闻价值的行为,取得媒体对企业立场、态度的认同。在网络舆情危机管理中,同利益相关者开展人性化的信息和情感交流,不仅做到以理服人,还要做到以情动人,"最大限度地增强相互之间的认同感,从而达到修复和优化企业形象的目的"。

"在信息化社会里,大众传媒作为公众的主要信息来源,其在危机管理中的表现,很大程度上可以影响危机的演变和进程。""危机爆发,容易使流言产生。"在网络舆情危机管理中,人们往往会产生恐慌和焦虑心理、环境威胁、自我心理暗示,以及人们相互之间的情绪感染等都会使得恐慌和焦虑在群体中蔓延。这些都需要大众传媒及时介入并给予积极引导,合理安排信息传播工作,理性设置具体的议程,以期将危机事件带来的负面影响降低到最低程度。

由此可以看出,突发的危机事件,在一定程度上可能会对人民、对社会造成难以估量的负面影响,但其实只要坚持从实际出发,秉持科学的态度,将新闻传播理论合理运用到新闻传播的实践过程中,在面对危机时,"媒体是可以以一种成熟的姿态积极及时介入新闻报道,精准传播信息,有效引导公众舆论的。"

第二节　热门微博的舆情分析

热门微博是舆情的聚集地,也是舆情的发散地。热门微博作为微博语意体的意见领袖,为微博注入新活力的同时也影响着社会舆情走向,左右着青年的价值判断和行为方式。如何用好热门微博、掌握青年舆情并对其进行教育引导是政府和高校要研究的重要课题。高校利用微博的特点开展舆情管控,各级团组织和团干部主动贴近青年网络话语体系和表达方式,通过原创发布、转发点评、微直播和微访谈等多种形式,与学生网民进行直接、平等的交流沟通,增强共青团微博与青年的互动,努力打造微博的特色内容,把团的重点工作和活动,特别是与青年关联度高、互动性强的活动,借助微博平台予以生动呈现,使微博平台成为共青团面向青年的重要舆情中心。

一、热门微博及其舆情传播特点

热门微博一般为极具知名度的微博名人发布的有高度舆论影响力的一类微博,主要有以下三大类:一是现实生活中本身是“名人”,将现实生活中的影响力过渡到网络空间,产生“名人效应”;二是媒体型,微博用户往往掌握各种信息,自成意见领袖,如报社、电台的各类网页等;三是草根型,即微博用户为普通人,由于长期活跃于微博上,积累一定粉丝量和关注度。如今,热门微博已经成为网络舆情产生的重要来源,正在不断扩大其影响范围和影响力度,其传播特点如下。

(一)“裂变式”的传播路径

热门微博颠覆了传统媒体的线性化模式,简洁精辟的碎片语言表达更适应需求,“裂变式”的传播路径则放大了名人效应。名人往往拥有大量粉丝,通过其个性化设计的热门微博信息,一经发布往往具有高关注度,粉丝的大量关注和转发,又被其他微博大量转发,实现“裂变式”的传播。热门微博作为微博信息中的精品,大多极具个性、原创性和舆论性的特征,往往成为“第一个新闻发言人”,不管从信息言语表达还是内容价值上都具有巨大影响力。微博的“裂变式”传播相对于以往的媒体更具效率,舆论辐射范围更具广泛性。

(二)“去层级”的互动交流

微博作为全新交互式的社会化媒体,具有平民化、大众化的特征。热门微博的高度关注度,除了本身的名人效应外,更离不开网络这一特殊的“去层级”传播方式。热门微博为普通网民提供了解社会的便捷平台,零距离的交流使名人信息更易获得,省去传统媒体这一中间层级的过滤和筛选,这种“越级”的交流方式在传播学上解释为“大众传播”趋向“人际传播”,是传播体制的重大突破。热门微博由本人撰写,信息通过网络直达受众,这种“去层级”传播方式使信息的互动和反馈更及时有效,使网民逐渐摆脱了对大众媒体的依赖。

(三)“导向性”的名人舆论场

意见领袖是指在信息传递和人际互动过程中少数具有某种影响力的中介角色。作为一种社会现象,意见领袖也存在于微博之中,我们将其称为微博名人。在微博平台的信息传播中,由于话语权上的差异,处于话语权中心的微博名人对于信息传播的规模、走向以及相应的意见等都会引起注意、强化事物、扩大影响的效应,这就是所谓的"热门微博效应"。热门微博作为意见领袖,聚合网络民意,参与公共议题,表达自我诉求,在微博网络语境中圈出一方磁力强大的"意见场",甚至引导网络舆情的走向,在微博平台的使用中占据不可或缺的重要地位。

二、热门微博的舆情调查

针对1 400个浙江微博用户2012年8月份到9月份的数据进行初步统计,按照粉丝量筛选出媒体、运动员、官员、组织部门等10个领域内50个热门微博用户,在此基础上,采用SPSS 19.0 for windows工具对样本进行定量统计、定性分析,揭示热门微博的特点、关注因素、触发和传播机制等,现将有关统计结果与分析如下。

(一)热门微博舆论所涉及领域情况

鉴于热门微博的舆论影响力,绝大部分热门微博的博文趋向于慎重与理性,越来越偏向于传播正面舆论。由图4-1可见,当下微博关注的领域极其广泛且具有一定偏向性,热门微博在微博言论中偏向理性慎重,微博质量较高,关注领域也相对广泛,其舆论主要偏向于社会民生、政治时事、情感人生、哲理杂谈等较高层次的舆论热点,热门微博用户的社会责任意识普遍较强,微博舆论贴近实际、贴近生活、贴近群众,并逐渐得到越来越多博友们的认同。

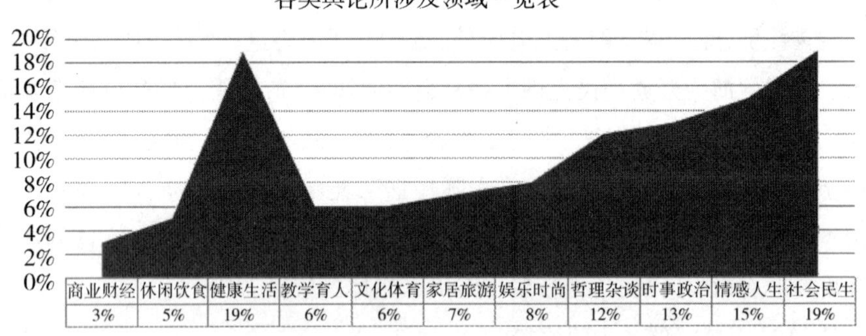

商业财经	休闲饮食	健康生活	教学育人	文化体育	家居旅游	娱乐时尚	哲理杂谈	时事政治	情感人生	社会民生
3%	5%	19%	6%	6%	7%	8%	12%	13%	15%	19%

图4-1 各类舆论所涉及领域

(二)热门微博舆论关注度的因素分析

为了更具体地剖析问题,本调查以2012年8月份到9月为时间节点进行统计处理,分析一周的平均指标情况。如下对四个与舆论关注度有关的因素作相关性分析的双侧检验,结果详见表4－1。由表4－1可见在0.05显著性水平下,平均粉丝量(即所调查的十大领域中每一领域所调查的若干样本粉丝量的平均值来代表这一领域的粉丝量)与每条平均转播量间的Pearson相关系数为0.752,平均粉丝量与每条平均转播量间的Pearson相关系数0.710,每周平均转播量与每条平均转播量间的Pearson相关系数为0.874,并且各组的双侧检验的伴随概率分别为0.012、0.021、0.001,且均小于0.05,故认为每周平均转播评论量与平均粉丝量,每条平均转播评论量间与平均粉丝量之间都存在着显著的线性关系。

表4－1　各因素之间的相关性分析表

		平均粉丝量	平均活跃度平均一周	平均转播评论量平均一周	平均转播评论量每条
平均粉丝量	Pearson相关性	1	－0.107	0.752	0.710
	显著性(双侧)		0.768	0.012	0.021
	N	10	10	10	10
平均活跃度平均一周	Pearson相关性	－0.107	1	0.019	－0.275
	显著性(双侧)	0.768		0.958	0.041
	N	10	10	10	10
平均转播量平均一周	Pearson相关性	0.752	0.019	1	0.874
	显著性(双侧)	0.012	0.958		0.001
	N	10	10	10	10

续表

		平均粉丝量	平均活跃度平均一周	平均转播评论量平均一周	平均转播评论量每条
平均转播量每条	Pearson相关性	0.710	-0.275	0.874	1
	显著性（双侧）	0.021	0.441	0.001	
	N	10	10	10	10

根据上述分析，进一步挖掘存在接近线性关系的各因素之间的关系情况，得出如下（图4-2）关系图。由图可见，平均粉丝量与每条平均转播量之间存在着正相关的关系，可以用一条正线性相关趋势线来表示。在上榜的热门微博中，当平均粉丝量不多（如图小于460万）时，每增加一单位粉丝量增加的平均转播评论数不多，关注度始终处于平稳的状态；当平均粉丝量达到一定数量，即名人效应达到爆发点（如图500万是一个爆发点），每增加一单位粉丝量引起转播评论数大量上升，即社会舆论高度认可，关注度急剧上升。

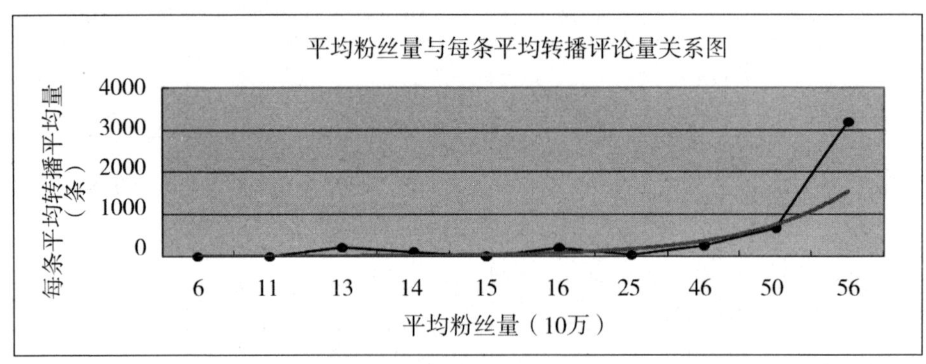

图4-2　平均粉丝量与每条平均转播评论量关系图

（三）热门微博舆情态度

微博舆情引领网络舆情和新闻宣传的走势。总体上来讲，热门微博的舆情态度以正面为主。以"保钓"为例，如图4-3所示，名人微博发布后，网民评论在"保钓"事件的舆论态度中，激进态度占主流。由于热门微博的影响，从专家到草根的全民理性爱国思想的呼吁,网民的舆论态度呈现总体上理性态度上升,激进态度下降,消极态度逐渐消失的趋势;在不受其他政治突发事件的干扰下,社会舆论将趋向一致缓和,预计理性爱国思想将成为主流舆论导向。这充分说明热门微博作为舆论信息的"把关者",对网民的思想观起到引导和矫正的作用。

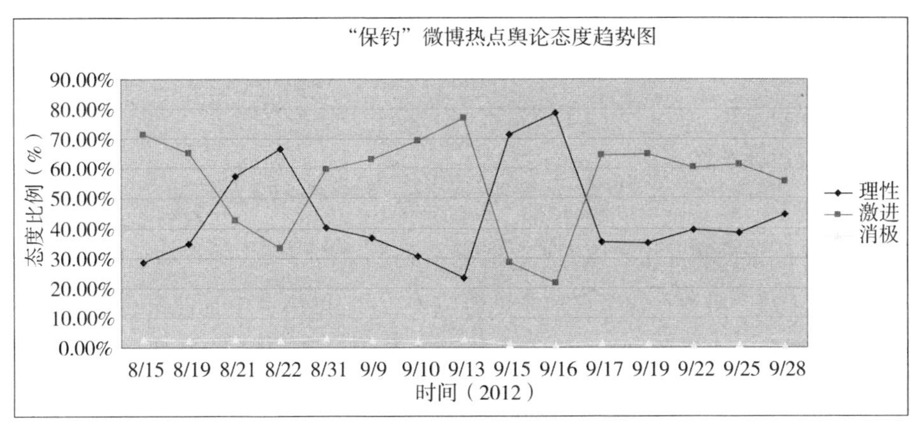

图 4-3 "保钓"微博热点舆情态度走势图

(四)热门微博的舆情参与度情况

以调查月份的热点事件"保钓"为例,根据空间和时间为轴线梳理"保钓"微博热点的舆情辐射范围及持续时间情况,以分析节点热门微博的舆情参与度情况。调查显示保钓微博更贴频率快、平均评论数多、辐射范围广。在发帖人身份调查中,大多数以名人为主,是舆论热化的焦点。而回复和浏览的绝大部分为青年学生,有思想而义愤填膺。保钓微博舆论持续时间很长,至今高温不减,有待进一步挖掘未来舆论走势。可见"保钓"事件在微博舆论中已然成为关键节点之一,极大调动了网民特别是广大青年参与社会舆论的积极性,提高社会责任感。

(五)热门微博用户的重要关注点和影响人群结构

热门微博的舆论影响力与自身的关注点有关,而同时关注点又直接作用于影响人群结构。调查显示,网络青年热衷于关注热门微博,在调查样本的前 50 个热门微博的影响人群中,青年群体占 63.8%。根据关注点,说明无论是官方还是民间,都普遍关注社会事务,拥有极强的社会责任感与历史担当感。微博作为一个信息平台和交互手段,正发挥着越来越重要的作用,逐渐辐射到多个领域,微博用户关注的内容更是包罗万象。

三、热门微博舆情生成及对青年的影响

毋庸置疑，微博受到越来越多青年追捧，而热点事件借助微博，能够迅速地传播到大江南北，微博的“名人效应”越发明显。该文针对浙江省公务员、事业单位、浙商群体、学生、外来务工人员、农村人员以及企业员工等青年群体采用抽样调查的方式进行调研，结果显示：70.9% 青年在使用微博，不少团干部和青年工作者甚至将微博作为工作平台。热门微博作为一个群体的意见领袖，其对青年的影响力远远超过普通微博客。

热门微博的影响力在于对社会产生一定效应。一方面，热门微博可以借助微博快速便捷的特性和网络媒体“把关人”的疏松迅速传播个人观点和公共信息；另一方面，由于热门微博在这个群体中的影响力，使其微博言论迅速呈现病毒式的扩散，在网络的去中心化讨论中构建一个中心议题，并逐渐形成较为一致的网络舆论。

微博舆情的触发可能存在着几个关键的“节点”，当用户转发评论积累到某个点的时候（也称作引爆点），舆论关注度会从一个缓慢的增长曲线一跃成为指数级的增长趋势，达到快速增长阶段，形成典型的“蒲公英式”传播模式。通过对各个重大微博事件的调查分析，总结其传播规律并建立了“热门微博网络的触发及传播机制”模型，见图 4－4。

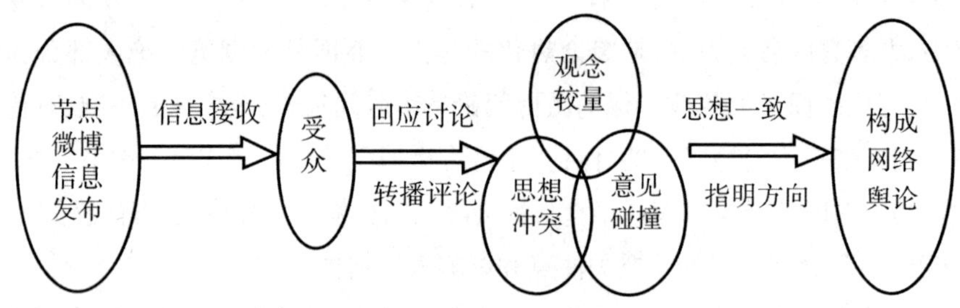

图 4－4　热门微博网络的触发及传播机制

一般情况下，热门微博舆论生成的路径分为如下四个阶段。

1. 舆情萌芽阶段。微博名人通过思路整理，将个人观念、生活琐事、公共事件态度发布在微博中，产生信息来源，这就是最初的舆情形成阶段。这阶段是微博

用户影响舆论的载体及基础，也是议程设置的开始。

2. 舆情爆发阶段。热门微博言论一经发布，由于“热门微博效应”，随即引起大量评论和转发，病毒传播模式使很多热门微博用户的个人观点、态度或者对当今时事的看法引发了粉丝的讨论，正是由于讨论使热门微博信息得到空前的扩展。当很多博客选择了一个主题或者开始跟踪一条新闻时，便可形成博客蜂，博客蜂群是舆论风暴酝酿的早期症候[2]。

3. 舆情扩散阶段。当一条热门微博被炒热到一定态势，舆情达到一定高潮，往往造成观念较量，思想冲突，意见碰撞，甚至蔓延到其他网络空间，形成网络舆论圈，使微博本身得到扩散并融入人们日常生活。这时的任务就是尽可能激活这条舆论“长尾”，建立与现实的联系，为更稳定的舆论导向做准备。

4. 舆论最终阶段。当网络舆论升温到一定程度，广大受众通过网络平台和现实空间发表言论，进行正确的舆论引导，引来大众媒体的大肆关注挖掘，形成最终舆论，造成社会影响。反之，对时事态势捕捉不够的低价值微博将慢慢退出舆论场，当涉及政治敏感或危险言论时，甚至可能被制止。

资料显示，截至 2012 年 6 月底，浙江省共青团系统以组织名义开通微博 169 个，团干部个人开通微博 547 个，形成了一个初具规模的微博方阵。团省委官方微博“浙江共青团”拥有听众 35 余万，对青年的影响正在日益扩大。作为一种青年现象，微博对青年的影响是显而易见的。特别是在热门微博潜移默化的影响下，青年的价值观和行为方式也随之发生相应的变化，主要表现为以下几点。

1. 热门微博舆情传播的“涵化效应”推动青年参与社会舆论，引导青年树立正确的价值观。在快餐化的信息时代，青年希望积极融入社会、体现自我价值，而微博无疑已成为多数青年网络信息获取的主要渠道之一。热门微博涵盖社会各界各阶级，信息包罗万象，关注社会热点问题，以其信息的及时性、专业性、典型性引起高度关注，青年转播、评论、分享热门微博内容，对各种社会议题的自由讨论形成互动上升的舆论“螺旋”，扩大舆论的传播范围，提高青年社会参与度与思辨能力。热门微博发布的许多内容源于对人性的追问与对自我价值和存在的关怀，形成一种健康和积极的文化形态，青年的价值观必会受到影响和熏陶，这也正验证了“涵化效应”的力量。

2. 热门微博舆情导向的“集聚效应”提供了青年自我展示平台，引导青年扩宽人际圈。青年根据自己感兴趣的领域有选择性地关注热门微博,在对共同议题的互动讨论中形成各个舆论“蜂窝”,持相似观点的人易聚合形成舆论小圈子,有利于青年在这个平台中寻找志同道合的朋友,扩大人际交往圈。专家和草根同台参与的自由言论模式,让普通微博客有机会与社会高层人士直接沟通交流,给人们一个展示自我、表达诉求的平台。一些媒体等注册的官方微博,提供了大量的生活资讯和新闻,让青年可以利用零碎的时间了解最新动态,并在互动传播中第一时间解读并表达自己对世界的理解。比如,微博上既有姚晨、王菲这样的娱乐明星,又有李开复、潘石屹等创业明星,也有新周刊、每日经济新闻等新闻媒体,这些热门微博都有各自的大量粉丝并对其施加影响,形成大大小小的“言论生态圈”。

3. 热门微博言论植入的“微博营销”引导青年改变消费观念,激发青年自主创业热情。从企业角度来说,利用热门微博做企业推广或销售广告是一种高效、及时的网络营销模式;从消费者角度讲,热门微博利用微博粉丝的信任与关注度,通过直接代言或隐性植入的广告信息对特定消费者产生刺激,影响其消费行为与选择;对青年来说,除了热门微博对其消费行为的影响,更重要的是热门微博的商业化及创业信息启发青年自主创业意识,更多的青年加入微博营销的开发及运营工作中,甚至以此成为热门微博。

热门微博让大量信息展露在受众眼前,耳濡目染中广大青年网民深受观念熏陶,甚至影响其日常生活方式及行为模式。个别青年可能存在较强的从众心理和附庸风雅的现象,盲目信奉热门微博言论易导致思想外控,缺失自我认同甚至行为偏激。但热门微博所发布的微博也并非都是真实的,由于热门微博的巨大影响力,加上微博病毒式的转发,使得信息失真现象肆意蔓延,从而成为谣言,扰乱视听,严重者甚至影响社会稳定。而过多的广告植入影响青年正常的信息获取,信息准入制度管理不善易导致网络欺诈、作假等不法行为,损害青年消费者权益。

四、规范热门微博使用的对策

热门微博成为“自媒体”时代的一种“重要的媒体”,潜移默化中影响青年传统的价值观念和行为方式,这实际上就是使微博在运行及管理上面临着前所未有的“人造风险”。该文主要从政府、用户、运营商等三个角度来规范热门微博使用。

（一）政府角度：完善体制机制，制度保驾护航

1. 完善领导管理体制。进一步发挥政府网络宣传管理工作领导小组的作用，加强对青年热衷的网络现象进行研究。各级党政部门要积极入驻微博，带头建设公信有效的官方微博，积极扶植一批取信于民、为民所用的热门微博，打通官方、民间“两个舆论场”，让主流权威、真实可靠的声音占领青年意见市场。要遵循微博传播的特点和规律，不断创新管理制度和工作机制，舆情管理要从偏重管制、控制、防范向更加重视人性化、服务型、疏导型管理思路转变。政务微博要建立精干的“微博主持人团队”，轮流做客主持与网民进行在线交流，听取广大民众的声音，加大政策指导和组织力度，提高微博的活跃度和影响力，从而更好地影响和引领青年。

2. 建立舆情监测机制。政府部门要把握正确的舆论导向，关注热门微博的动态走向，借助多媒体数据共享、互联网搜索、统计分析、数据仓库和数据挖掘以及人工智能等领域和技术，多渠道收集网上舆情信息，对网络事件进行精确的分析与预警，建立和完善网络舆情预警体系和紧急应对措施。不仅要把握对敏感时事、重大事件和突发事件等时间节点，对热门微博博主及关键事件信息进行重点监控，还要注意搜集带有前瞻性的舆情信息，加强预测、防患于未然。监测工作应采取寓堵于疏的策略，要专业的微博舆情监控团队，建立“微博舆情工作机构”，培训“微博舆情分析师”，及时公开发布权威信息，建立舆情疏通的渠道。鼓励网民检举舆论和虚假消息，开放微博私信通道。

高校要加强新媒体及其舆情监督和管理，营造青年成长成才的良好氛围，以“五有”的要求加强微博管理。进一步规范微博管理，做到“有专人负责、有专人管理、有内容更新、有舆情监测、有广泛影响”。各学生组织负责人为微博建设第一责任人，各级微博有专人管理，微博内容要每日更新，有专人负责微博内容上传的把关和微博评论的监测。集中对校内主要微博进行认证，并构建了腾讯教育网“微博圈”，构建团学干部微博组织动员体系。

3. 加强网络法律监管。完善法律监管，有利于规范网络舆论，微博的监督、管理也应在法律所允许的范围之内。目前我国尚且没有专门的针对微博的管理机构，更没有相应的法律规范。政府相关部门要把握微博发展的特点和规律，出台关于微博监管的法律法规，制定行业管理规章制度，促进形成恰当的新媒体时代

网民的行为准则。要建立网络诚信制度,制定"实名认证机制"的法律规范。对热门微博强制实行实名认证,通过其对普通用户的正确引导,推进实名认证的执行进度。为运营商开发更安全稳定的信息管理系统软件,通过业务流程再造技术及电子信息加密技术,为用户个人信息的安全保管提供专业技术支持,推动实名认证机制的完全化战略实施。

(二)用户角度:加强微博引导,培育媒介素养

1. 加强热门微博博主的用博自觉。热门微博的博主要更多地承担建立微博媒介公信力的责任,时刻注意在微博中的言论导向,杜绝传播不科学、无依据、非立场的言论。加强对青年新媒介素养教育,提高青年参与言论的社会责任感,对不熟悉的领域慎言,如所发信息有误时,应及时澄清,并承担责任。在微博使用中要提高青年辨别舆论信息的眼力,敏锐辨别信息真伪,重视官方信息源,用理性审视微博。要加强审美培养,引导青年在微博使用过程中避开低俗的"耽美"文化、"迷"文化以及对娱乐八卦的沉迷,降低微博的娱乐性。加强心理辅导,在心理上给予帮助、启发、引导和教育,真正扫除青年"网络成瘾""微博控"的障碍。

2. 注重微博"意见领袖"的培养。在网络把关人缺失的自媒体时代,言论自由最大化的舆论平台需要充分培养"意见领袖"。要利用好热门微博的深度报道和网络评论的功能,发挥其"名人意见场"强大功能,把重大决策宣传到位,对青年关注的热点问题引导到位,使其能够在热门话题和事件出现时主动承担起澄清事实、揭露真相的责任,引导网民理性、科学地看待舆情事件。

3. 促成微博与文化教育的互动格局。运用微博等新媒体手段吸引和凝聚青年已经成为共青团工作的共识。作为共青团组织要借助共青团微博组织动员体系,把各类组织载体和流动青年融入"微博网格",在微博上推介一批青年热衷、体现主流价值观的文化产品。比如在青年人普遍接受的"网言网语"中"植入"一些潮流因子,增加时事热点、娱乐性活动信息、图片视频分享等在校青年感兴趣的内容,构建一个青春时尚、充满智慧与挑战的思想引导舞台。在高校教育体系中,积极开设"校长微博""教授微博",普及"微课堂",实现教学互动模式多元化。作为青年,要积极参与其中。

(三)运营商角度:完善平台管理,提高运营能力

1. 规范热门微博的议程设置。关键议程设置对热门微博传播极具推动作用,

这就要求运营商高度关注其热点话题,警惕其中的消极恶劣的议题,矫正微博舆论的方向,净化舆论环境。把握微博议程设置的精髓,加强对青年喜闻乐见、健康向上的话题的强调程度,利用媒体"环境再构成作业"的功能,创造有价值的信息源和影响源。积极联合热门微博举办有益活动,捕捉青年的注意力,提高微博议题的思想度。建立"微博辟谣机制",提倡热门微博公众议题的原创性与真实性,提高热门微博的网络舆论引导能力和矛盾化解能力。

2. 严行微博"奖惩与监控"。规范有序的微博运行环境是净化微博舆情的平台保障。这就要求运营商建立严格的奖惩与监控体系,以规范管理、净化微博言论。根据微博 KPI(关键绩效指标),统计特定时段的热门微博对受众的影响程度,通过网民投票评出各领域的优秀精品微博,定时给予适当的奖励。同时,要加强对微博用户所发微博的监控力度,营造良好的微博氛围,引导正确的文化走向,对于发布不实信息以及不良内容的微博博主给予相应的惩罚。如运营商可以开发"微博智能机器人"软件,运用限定禁用关键词等技术,通过定期巡逻,清理微博言论中的不实不良信息,对用户实行"降级"、禁评和禁号等惩罚措施。

3. 推进"微博营销"。微博需要营销。热门微博更是如此。如不用心经营,热门微博将成为普通微博,其粉丝数将逐渐流失,影响力也将下降。作为运营商,如何整合拥有的海量信息资源及商家资源,最大化其商业价值、提升品牌效应是运营商们普遍关注的焦点。运营商要走"热门微博营销"战略,培育热门微博团队,获取社会资源,传播第一手信息,实现信息共享。在实名认证的基础上,运营商可通过剖析用户用博习惯,将用户进行分组管理,对用户投放"精准信息",并提供给相应企业,实现双赢。鼓励青年参与"微博营销",搭建"青年微博创业"平台,培养新一代"微人才"。

第三节 热门微信的舆情管控

伴随着微信的快速发展,微信正取代微博,成为网络舆论最集中的平台。网络舆论下沉到相对更私密的微信,看似封闭的微信圈舆情实际上"暗潮涌动"。如何利用热门微信掌握青年舆情并对青年受众进行正确引导,是政府和高校急需研究解决的重要课题。

一、热门微信的概念及舆情特征

本书对微信舆情的概念界定为:个体或组织由于各种事件刺激产生,通过微信传播的对于事件的认知、态度、情感和倾向性意见的集合,将热门微信分为热门微信公众号、热门个人微信号和热门微信群三大类。热门微信构建了人际传播和大众传播的通道,对大众传播模式具有颠覆性、深远的影响,使得其就像一只"看不见的手"发挥着舆情风向标的作用。热门微信之所以能产生大的影响力,主要与其四点特征分不开。

(一)"紧密型"人际情报网络,信息扩散程度高

微信不同于微博虚拟性较强、陌生人居多的"弱连接",手机通讯录与微信用户的相互转换实现了"真实身份""真实自我"前提下的"强关系"。微信是"更加封闭的一对一的交流形式","局限于个体对个体、个体与群体的传播",几乎变成了一个网络社交的"私人会所"。微信的私密性特点,使得微信用户更愿意、更无顾虑地在微博朋友圈发布原创内容、进行事件评论、转发关注内容,并进行畅所欲言、无所顾忌地评论及发表意见,在朋友圈中进行舆情表达几乎成了"家常饭"。

(二)"去匿名化"的舆论场,受众接受程度高

网络密度与网络效果相关,闭合性网络有利于形成有影响力的规则,并且导致信任的产生,网络中心度越高,对中心人物的依赖越严重。完全没有人知道你是谁,没有人知晓你的种族和性别。这种肤色盲和性别盲,对很多人具有积极意义,因而大受欢迎,但是在实际的管理中,却是弊大于利。[23]"去匿名化"的微信舆论场促使传者在相对闭合的传播空间回归个人特质,并提高了受者的信息接受程度,深远影响受众行为。微信舆论场中传者个人特质的回归主观上源于"真我"场域里品味、教养、身份的塑造及传递,对参与传播每条信息的真实性、价值和效果进行自发评估,并追加"评论"传递强烈的个人态度。

(三)"私人订制"的受众群体,信息传播速度快

微信公众号一般都拥有庞大的用户量,他们能在第一时间发布最新的热门事件、时事政治、财经资讯、文化娱乐等青年关注的内容。比如"天价鱼"事件一出,新华网等微信公众号就快速发布了消息并进行了评论,在朋友圈内广泛传播。同

时，其在对不良信息的传播扩散上的影响力不容忽视。特别是面对负面信息、突发事件时，容易造成大范围的扩散和曝光。微信可以对不同用户群体进行后台分组，细分不同的用户群体，提高传播的针对性与可控性，提升传播的精准度与效果。

（四）“情景建构”的话语形态，信息传播有效性高

热门微信的传播者和被传播者都是集信息的接受者、传播者和信息发布者于一体的。微信通过发送语音短信、视频和文字，支持多人群聊的方式，发布信息形成议程设置达到解释沟通的目的。微信在技术设计上，整合了 QQ、微博、离线消息的接收等功能，只要用户在线，就能够对信息快速接收和反馈。这种建于虚拟社区之上的不断外延的信息流动循环圈，具有更强的用户黏性和沟通感觉，可以更真实地反映社会意见。热门微信的图片、文字、视频、音频等多样化的表现形式往往能吸引广大青年的兴趣。

二、热门微信舆情调查与传播分析

本书以浙江省青年为重点调查对象，采用网络调查和问卷调查的方式，通过全省高校青年的朋友圈发送调查问卷 2 000 份，深入了解浙江省青年关注的热门微信及其重点舆情领域、参与热门微信转发评论情况、舆情传播与推动要素、舆情生成情况、传播影响力、议程设置等内容。有效回收率为 90.8%。本书通过海量的网络调查，中国新媒体大数据平台、《中国社交媒体影响报告》调查数据、人民日报舆情网、浙江舆情网等发布的微信影响力排名等权威数据，对有关数据进行整理分析如下。

（一）热门微信舆情涉及领域贴近生活

本课题组以国内第一个开放“两微一端”的中国新媒体指数平台网站的数据资源作为样本框，进行样本热门微信公众号的抽取，采用等距抽样法，抽取了 2016 年 2 月 15 日到 2016 年 2 月 21 日一周时间段内排名前 50 位的热门公众号，同时结合问卷调查结果，调查得出浙江省青年关注前 15 名微信公众号（见表 4－2）。

表 4－2 浙江省青年关注热门微信排行(2016 年 2 月 15 日－21 日)

排名	公众号	总阅读数	最高阅读数	总点赞数	WCI
1	人民日报	9 700 097	10W＋	356144	1739. 18
2	冷兔	3 700 037	10W＋	342177	1684. 69
3	任真天	5 600 056	10W＋	189342	1671. 13
4	卡娃微卡	5 500 055	10W＋	154870	1 664. 62
5	读悦文摘	5 315 161	10W＋	116893	1 643. 6
6	点点星光	5 201 041	10W＋	60591	1 607. 34
7	果壳网	3 230 139	10W＋	31136	1 498. 59
8	成功智慧	4 193 868	10W＋	7469	1 465. 6
9	环球旅行	1 693 418	10W＋	13599	1 400. 76
10	Angelababy	142 301	10W＋	4135	1 266. 49
11	青春浙江	201 576	28365	2801	1 031. 13
12	教育之江	24 102	69302	2098	892. 4
13	浙江大学	23 215	21541	272	865. 05
14	头条新闻	55 056	22612	142	843. 68
15	浙江发布	8 068	5252	61	604. 66

WCI:清华大学新闻与传播学院沈阳教授首次提出微信传播指数 WCI(WeChat Communication Index),是指通过微信公众号推送文章的传播度、覆盖度及账号的成熟度和影响力,来反映微信整体热度和公众号的发展走势。

调查发现,当下浙江省青年关注的热门微信领域广泛且具有一定偏向性,主要偏向于关注政治时事、社会民生、情感人生、哲理杂谈等具有较高层次舆论热点的微信公众号,这些热门公众号往往能及时为广大青年提供更丰富的社会舆情资讯和休闲娱乐信息。本课题组在中国新媒体指数平台以同样的方式抽取了 2016 年 2 月 1 日到 2016 年 2 月 24 日近一个月时间段内排名前 50 个的热门微信文章,同时结合问卷调查结果,调查得出浙江省青年在这个时间段内关注的前 15 个热门微信文章(见表 4－3)。

表 4-3 浙江省青年关注热门微信文章排行(2016 年 2 月 1 日-24 日)

序号	文章标题	来源	阅读量	点赞量
1	重大消息！找到了！失踪近 72 小时的 3 个孩子一切平安！她们到底去哪了？	FM93 交通之声	10W+	13 278
2	我骄傲！浙江这 9 个市区县太美了,已挂牌“全国示范”！	杭州潮生活	10W+	1 001
3	这辆车竟能占小区 4 个停车位？全中国仅此一辆！看完之后不得不跪啊！	微信路况	10W+	958
4	浙江这是要上天啊！全国小城镇房价排行榜出炉,简直要把榜单承包了.	FM93 交通之声	10W+	1 336
5	从浙 A 吃到浙 L,快来收藏,浙江 11 个地市的美食抢先看！	民生 66	53 059	290
6	24 岁小伙突然心梗,他的错误我们都犯了！快过年了,这些提醒正及时！	健康时报	41 458	468
7	三个孩子失联已超过 48 小时！水里、山里…全城搜索！你见过他们吗？快帮扩散！	私家车第一广播	41 229	1 256
8	唯有跑步与读书不能辜负	浙江大学	40 486	494
9	看过了这 40 张图片,你就看遍了最美的浙江	浙江旅游	30 847	286
10	猴王一句“俺老孙来也!”瞬间 10W+眼泪掉下来!	青春浙江	19 684	344
11	浙江产妇除夕夜突发羊水栓塞惊心动魄两小时——生死大抢救!	钱江晚报	18 181	1 364
12	中纪委连续通报,浙江有 22 起问题被点名,有你熟悉的人吗?	交通 91.8	13 985	1 222
13	浙江卫视携跑男团、那英、Rain、林志玲等群星给您拜年啦！快来查收吧…	浙江卫视中国蓝	13 985	1 222
14	为什么要拉黑朋友圈的穷人?	青春浙江	13 684	399
15	《王牌对王牌》综艺天团大比拼郑恺秀舞技精彩不停	郑恺	12 968	775

调查发现,浙江省青年关注微信热门文章的领域与关注热门微信公众号有一定的统一性,主要偏向于社会民生、政法新闻、情感人生、娱乐休闲、旅游养生、教育励志等,体现出微信热门文章舆论贴近实际、贴近心灵、贴近生活的趋向。

(二)浙江省青年的热门微信参与度高于其他群体

调查结果显示,青年对热门微信信息的参与度高于其他群体,具体涉及关注度、信息辨析能力以及个人感受。热门微信是青年的主体信息源,85.6%的青年表示信任热门微信信息,大部分青年是热门微信受众,并积极参与转发和互动(见图4-5)。

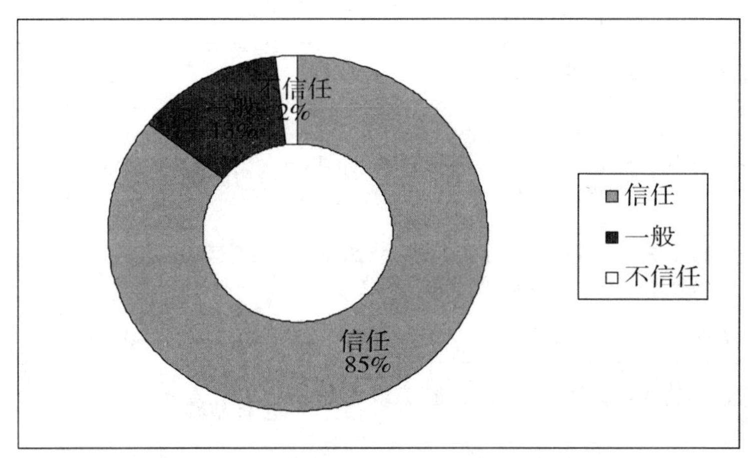

图4-5 浙江省青年对热门微信的信任度调查一览图

从青年受众参与热门微信的行为调查来看,47.8%的青年表示只看不参与,40.3%的青年表示“一般会转发”,11.9%的青年表示会“转发并积极参与评论”(见图4-6)。从单条热门微信青年参与度来看,青年受众往往更加热衷与热门微信内容价值度直接关联、贴近娱乐和生活的微信内容,并积极参与转播评论。

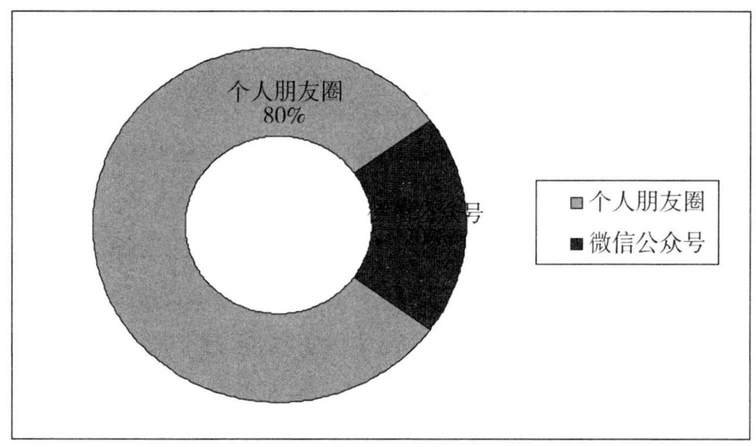

图4-6 浙江青年受众参与热门微信的行为调查一览图

（三）热门微信舆情来源呈现圈群化结构

调查发现，当下浙江省青年从关注的热门微信中得到的舆情内容有80%来源于朋友圈里传播的内容，20%来源于微信公众号传播的内容（见图4-7）。

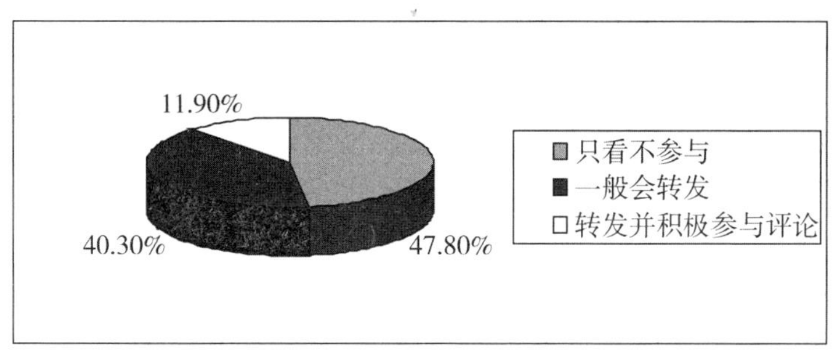

图4-7 浙江省青年从热门微信得到舆情的来源调查一览图

可见，热门微信的传播主要依赖于个人的朋友圈，微信朋友圈是舆论的主要源头。个人微信朋友圈往往是现实世界中的人际关系在虚拟世界的延伸，是熟人之间形成的具有高度私密性的社交"圈子"。虽然仅就个体而言，其朋友圈可能是封闭的，但社会关系网络和朋友圈之间的互信消除了陌生人之间信息传播的障碍，使得朋友圈之间信息的交汇极其容易。朋友圈之间的交叉性，主要表现为不同朋友圈之间以及朋友圈与公众号、公众号与公众号之间立体多元的信息交汇和环环相扣。正是通过这种不同的链式传播和彼此之间的交互强化使得微信舆情传播具有了几何级裂变、聚变的可能。

从浙江省青年在微信朋友圈发布消息的选择标准看，有 65.23% 青年的转发选择是“对‘圈子’里部分人有帮助的内容”，40.12% 的青年转发选择“对自己有帮助的内容”，25.81% 的青年的转发选择是“近期社会热议话题”（见图 4－8）。

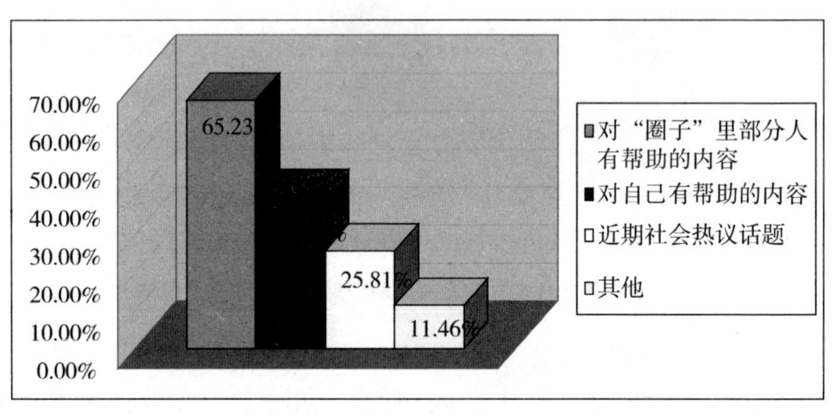

图 4－8 浙江省青年在朋友圈发布信息的选择标准调查一览图

可见，微信用户的圈子既“多元”又“统一”，微信用户之间往往具有较高的共识度，他们的喜好、关注点都有一定的统一性，微信用户在自己朋友圈转发热门微信内容后，往往能引起圈内朋友的参与转发，热门微信的舆情影响力也随之蔓延式的扩散。

调查也发现，微信群的活跃度影响舆情传播速度。100 人以下的群活跃程度较高，群成员情感连接较为密切，成员在 20～40 人的群用户黏性更高，成员关系也更为密切。相反，在曾经加入过 500 人的大群里，78.5% 的调查者承认自己曾饱受广告和刷屏困扰而选择退出该群。进一步调查研究发现，人数过多或过少都会对群成员的团体凝聚力产生不良影响。微信群成员的在线率、理性程度是决定群活跃程度的主要因素。通过统计分析也发现，群间活跃度越大，舆情信息传播速度呈几何级数影响。如果群间活跃度很大，只要经过几个步长，其传播覆盖面就可以达到很大比例（见图 4－9）。

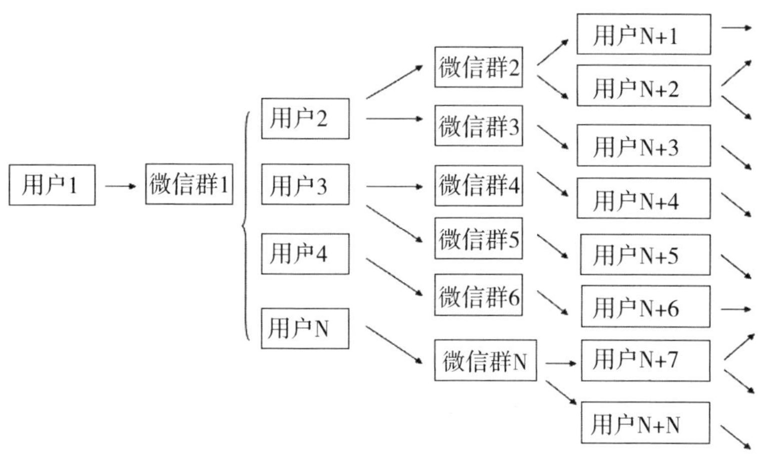

图 4－9　微信群活跃度影响舆情传播示意图

（四）热门微信传播的信息良莠不齐

首先是浙江青年受众对热门微信影响力评价。调查显示，46.3%的青年受众认为热门微信传播的信息褒贬兼有，不良信息对青年影响较大；41.3%的青年受众认为偶尔会受不良影响；只有12.4%的青年受众表示没有负面影响（见图4－10）。数据表明，热门微信信息内容的价值良莠不齐，超过八成的青年认为有必要对微信采取额外的管制措施，以控制其信息的发布和影响。此外，微信的广泛参与度使传统媒体逐渐呈疲软态势，这也暗示是否应该转变传统媒体的传播方式，在青年群体中构建现代化网络舆论传播机制，提高传播效率、引导社会舆论、塑造共同价值。

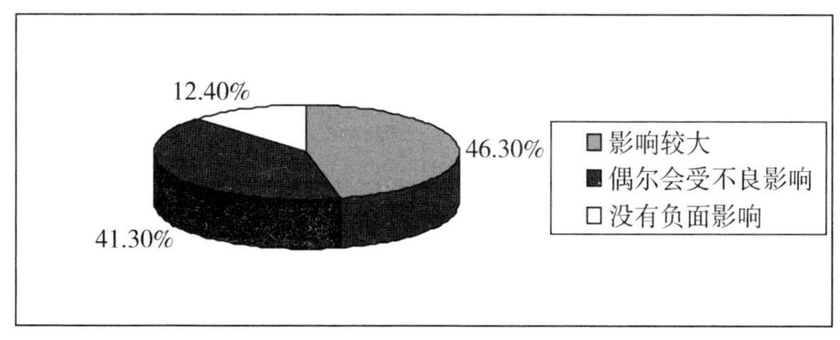

图 4－10　浙江青年受众对热门微信影响力评价一览图

其次是传播影响力分析。所谓的传播影响力是指传播主体调动自身传播资源,通过传播行为吸引受众注意,并对受众观念、行为产生影响的能力。这里引入了清华大学沈阳教授的“WCI 传播指数”作为微信传播影响力评价指标。在“内容为王”的微信平台,影响力很大程度上取决于内容。调查发现,娱乐搞笑类内容、动人故事、正能量等文章相对容易获得阅读量。标题的凝练也很大程度地决定了文章的打开率和阅读量。小标题式分点叙述、图文的合理搭配等,都符合了快速阅读、轻松阅读的受众体验,自然赢得青年受众的青睐。

(五)热门微信拥有的“粉丝”促使舆情生成

热门微信拥有的大量“粉丝”使得微信舆论场具有了一定的规模效应,在舆论场中起到“放大器”的作用。青年微信用户参与传播过程,推动了舆情生成进度。以“浦江三少年失联”为例,网络调查发现,该事件的舆情源头来自浦江人的微信朋友圈以及本地各微信公众号、地方微博及地方网站(见表 4 -4)。舆情发布后,人民网、澎湃新闻等相关媒体纷纷报道转载,数量超过了 2500 篇;相关微博发布超过了 3 万条,相关话题阅读量达到了 410 万。应该讲,微信舆情辐射带动其他自媒体的参与,最终形成社会性的舆情事件。

表 4 -4 浙江浦江 3 名失联事件舆情源头情况

发布源头	时间	内容
浦江人微信朋友圈以及本地微信公众号	2 月 16 日 11 时	“寻人启事:你看见过这三个浦江的孩子吗? 请帮忙转发……”
浦江发布(微博)	2 月 16 日 22 时	【寻人启事】:陈 × ×,女,12 岁;陈 × ×,男,7 岁;陈 × ×,女,8 岁。三小孩中午在 × × × ×走失,请大家帮忙,若发现请及时联系 137 × × ×、137 × × ×
金华新闻网(网站)	02 月 17 日 9 时	浦江全城搜寻三名失联儿童多地力量驰援

(六)热门微信的舆情传播在思想碰撞后形成统一声音

在舆情传播过程中,在某篇精彩文章或舆情热点在朋友圈里引发热议时,各种真知灼见和奇谈怪论将变得唾手可得,在一场场公共讨论中,微信用户们很容易在朋友圈内找到与自己的立场和品味相契的文章和观点,动两下手指就能直接转发扩散到朋友圈内。这些现成的见解也很大程度上引导着微信用户的观点,往往引导着舆情观点的统一。通过对 2015 年热门微信的热点事件进行研究分析后,总结出热门微信舆情的传播规矩,并通过图表的形式建立了“热门微信舆情触发及传播机制”模型(如图4-11),即热门微信信息发布后,订阅用户或关注用户在信息接收后结合个人取向进行回应讨论及转发扩散,在这个过程中产生了用户之间的观念冲突和思想碰撞,最终在朋友圈或微信群中形成统一的声音,形成了舆情导向。

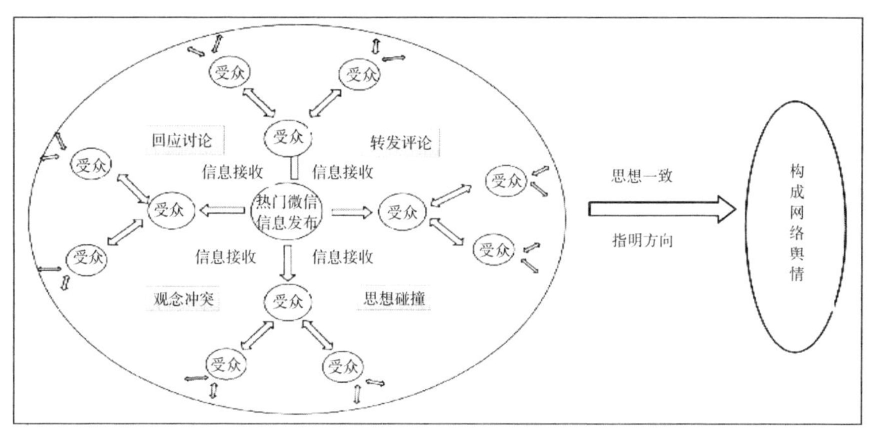

图4-11 热门微博舆情传播与推动机制一览图

在微信群舆情信息传播过程中,群内的理性讨论程度越高,越能够识别舆情信息,从而促使负面信息转化为正面信息,将舆情引导为理想的结果。反之,很有可能演变成网络公共危机事件。在现实世界中,群内成员的理性讨论一方面来自于群内成员的信息意识的成熟,另一方面需要受到外界因素的影响,比如官方媒体对事件真相的公开等。

三、热门微信对浙江青年受众影响分析

热门微信的影响力在于其对舆情引导的“领头羊”作用。它善于利用青年网民对自己的关注,通过特定的言语媒介符号,在舆情传播过程中使用断言、重复等手段构建中心议题,暗示受众保持与自身趋同的舆论态度,引导青年在互动参与中唤醒其共同情感和价值观,引导社会舆情走向,产生对社会文化的涵化影响。

热门微信公众号以订阅的方式定期推送信息,受众通过阅读、点赞、转发等实现信息传播。这种微阅读方式实际上适应了当前青年网络时代短阅读、碎片化的

习惯,借助微信作为镶入式发布和互动平台,打破传统媒体的议程设置,将其改造成人人均可发声的公共平台,实现了知识的再整合功能,提高了信息的展露度和可获得性。热门政务微信如浙江发布、浙江在线、青春浙江等,其平台上有社会民生、时事政治、商业财经,也有情感人生、哲理杂谈,更有休闲娱乐、旅游文化等海量信息,一般通过发布、转发新闻、个人评论、图片报道甚至"现场直播"的形式传播,加速了青年受众的知识更新,拓宽了青年知识获取途径。另外一方面,微信使用的移动环境和碎片时间导致深阅读难以接受,浅显、速成、功利的浅阅读形成漫不经心、不假思索的信息接收"浅思维"。

热门微信敏锐捕捉热点事件,通过断言、煽动和重复等手段对青年的舆情态度进行情景暗示,唤醒其共同情感与价值观,引导青年群体思维向自身态度靠近。对青年群体的正向舆论引导有利于提高青年的思辨能力,形成一种健康积极的文化思潮。伴随着微信影响力的扩大,越来越多的专家学者、社会名人和热点事件当事人通过微信公众号和个人微信号发言并传播,有关重大热点事件的关键词总能占据微信话题榜前列。微信舆情的"三度"式蝴蝶效应的传播特点和"热点事件"的结合,提高了热门微信舆论热度和传播效率。据浙江在线舆情中心统计,2016 年浙江省两会短短五天时间,涉及两会相关舆情信息超过 1.5 万条。经济、治霾、科技创新、法治等话题得到了广大网民的热议,相关议题通过热门媒体公众微信公众号发布后,引发网民的激烈讨论思考,形成了对社会的涵化影响。

青年群体的文化特质存在"后现代主义"的倾向,在网络舆论行为上表现为追求言论的当下快感,采取消费与娱乐倾向。调查显示:腾讯微博、新浪微博中最受欢迎的是各类调侃式段子;微信朋友圈的状态因为其隐私性的特点,娱乐性和社交性较强,多与"吃喝玩乐"有关;娱乐类热门微信位列前茅,而学术专业类微信却鲜有关注。青年在参与热门微信舆论过程中,绝大多数只停留在浅层状态,缺少深入思考,围观、八卦、恶搞、取悦等低俗文化在微信语意中滋生蔓延。青年热衷于带着娱乐色彩、时尚元素的内容,对一些严肃的话题往往不感兴趣。这种娱乐化趋势滋生青年亚文化。这种亚文化的背后是缺乏正能量以及被扭曲的价值观,对青年塑造正确世界观、人生观、价值观,提高明辨是非的能力等都会造成一定的影响。

微博、微信的广泛使用也催生了一种以更简洁化、碎片化、生动化、时尚化为特征的微信语言形式——“微博体”“微信体”已然成为高效便捷的话语路径之一。这种短小易懂的话语形式具有较高的易接受性、趣味性，体现了多样性，甚至在对一些事件的传播中呈现符号化的固式特征。热门微博和微信是生产“微博体”“微信体”的领头羊，其影响青年的话语路径主要有以下两方面：打动人心的词语组合和词语背后贴近社会现实的隐喻，它以其简易精炼、奇特新颖的特点，以广大青年喜闻乐见的趣味形式，引领青年丰富其话语表达。但是过分的无约束语言环境也会对青年思想品德、行为方式、话语形态等产生不良影响。

微信圈群的封闭结构导致外部信息极难置入，时间、空间双重维度上信息的“自我更正”无法实现。以微信群为代表，强关系圈群中个人倾向深远影响群体倾向，容易诱发“群体极化”现象，群内理性讨论的程度越高，造成负面舆情事件的可能性越小，反之亦然。

四、热门微信舆情引导及管理的对策

热门微信对青年价值判断和行为方式的影响毋庸置疑，针对热门微信的舆情传播规律，加强对其舆情引导及管理工作无疑是重要的。从热门微信舆情的控制要素角度出发，规范热门微信使用应具体从政府、用户、运营商等三方面展开。

（一）加强政府部门宏观管理

1. 加速“政务微信”建设，抢占舆论高地。受众多少决定微信平台的影响力大小。可借鉴全国首个微信办事大厅——“广东发布”政务微信的做法，完善政务服务体系和内容建设，通过受众关心关注的生活民生、新闻发布、软文美文等把受众吸引过来，粘合起来。要控制政务报道、硬性新闻的发布比例在50%以下，提高图说、图文的信息比例。

2. 建立“网上新闻发言人”机制，引导舆论方向。要明确省内最权威的微信平台，让政务系统的新闻发言人走上网络微信平台，建立微信新闻发布会机制，联合其他热门微信发表舆情公告，消除网络虚假言论，促进舆情良性传播。要注重发布权威信息，要确保信息来源的准确性和真实性，保证了第一手信息资料的独有性和推送内容的权威性。发布或转发信息要注意博主身份和内容出处，信息内容要客观权威，以理服人，避免信息观点被误读。要把握受教育者和网络受众的利益诉求，积极地回应网络上的“热点事件”，在舆情爆发点，要实行24小时在线值勤,让受教育者和受众对热门的网络话语议题形成客观正确的分析,避免因受教育者的"无知、不知情"诱发不理智的行为,影响受教育者、受众的价值观形成和个体健康成长。

3. 加强法律制度监管,规范网络行为。要建立微信行业协会、微信用户协会,将政府管理部门、微信运营商、用户三方力量整合,搜集各方建议和问题反馈,针对不同视角全方位完善热门微信监管和相关法律法规,制定行业管理规章制度,促成适宜的微信网民行为准则。同时也可通过听证会、网络议题等新旧形式结合定期开展讨论会,根据微信环境的变化创新性地提出相应规则。可以考虑在完善现有互联网信息服务管理办法的基础上,以法律或者行政性法规的形式,建立权责对应的微信管理法律体系。

(二)加强微信运营商技术维护

1. 开发舆情"预警系统",提高预判能力。引入"滴灌策略",借鉴"今日头条"手机应用软件的做法,当受众阅读某一条信息后都会被自动记载,然后根据受众的阅读内容和阅读次数,推荐同类阅读和相应栏目,打造个性化的微信应用平台,确保对用户投放"精准信息",对青年用户投放适合其年龄的微信内容。借鉴微博监控的思路,建立微信平台的舆情监测体系,创建热门微信公众号池,定期分类、抓取、搜索、检测,依托新媒体指数平台实现了批量导入、公号分组、多指标排行等功能,从服务终端实时监测朋友圈。加强"资源整合力",加快开发微信舆情预警监测系统核心技术、多媒体信息规则挖掘技术、多媒体理解与分类技术,实现热门微信舆情变化的实时跟踪、检测,并起到预警预防的功能。

2. 升级"过滤技术",净化微信圈内环境。微信中的网络水军和虚假信息现象,要求运营商升级自身的信息过滤技术,以规范热门微信管理、时刻监测其发布言论及信息内容,为青年微信使用创造一个良好的环境。通过相关软件进行信息比对,建立谣言库,自发对比发现等进行过滤。由于目前过滤技术只是根据所存在的字词作为筛选的标准,很容易将健康有用信息一同删除,因此需加强多特征、多层次内容识别与监控技术的研究、智能信息分析技术的提高。同时,要加强对所发微信内容的监控力度,将发布违法、虚假和不良信息的用户编制成黑名单,对该用户实行定时封号、永久封号等惩罚措施,矫正微信舆论的方向,净化舆论环境。

3. 规范“举报机制”,矫正舆论方向。加强热门微信的认证和管理,在功能开发设置公众讨论栏目,给受众释放网络话语的空间,让受众充分发表其意见。积极采取措施,规范举报机制。设立微信行业协会,制定行业规范,建立先进的技术标准与评估体系;同时模仿欧盟设置市民热线,供普通市民及时向微信协会举报违法、不良的热门微信信息;积极联合热门微信举办“线上”“线下”活动,加强对青年喜闻乐见、健康向上的话题的曝光程度,以名博和政府微信的公信力引导其广泛关注和讨论;切实提高名博信息归类分析能力,提倡其公众议题的原创性与真实性,提高其网络舆论引导能力和矛盾化解能力。

（三）加强传播者与青年受众的新媒体素养

1. 提倡青年理性使用微信,加强思想引导。加强网络德育,引导理性使用观念。青年对公共事件的态度和对校园舆情的看法往往会表现在朋友圈状态,相关舆情态度表达的真实性较高。教育者要充分利用这一功能了解学生对舆情动态,便于对学生的错误的思想舆论、非主流的舆论导向进行及时引导。培养青年独立自主的思考精神,对出处不明信息要加以辨别和警惕,谨慎转发,提高青年言论意识和社会责任感,多关注优秀的个人微信号和热门微信公众号,提升自身的政治素养和社会责任感。要引导他们正确掌握和认识微信,提高行为自觉,让微信成为学习和生活的工具,拒绝成为“微信控”。

2. 注重微信“舆情领袖”培养,提高自身素养。要建立基于社会网络和偏好排序的舆情分析方法,克服微信相对封闭的圈群特性增加了意见领袖识别困难与失真的问题。使用社会网络分析方法识别在舆情网络中扮演重要角色的节点,建立使用偏好排序模型对识别出的“重要节点”和舆情领袖。要充分利用自身公信力和权威性,发挥其“领袖意见场”强大功能,在重大新闻宣传和虚假信息披露上发挥作用,对网民特别是青年群体引导到位,主动承担起澄清事实、揭露真相的责任。培养青年网军队伍,鼓励党员干部、教师、思政工作者和团干部开通微信、微博等,在朋友圈、微信群等传播正能量,在各种突发事件出现时,能够积极参与时事评论转播,维护网络的正能量。

3. 着力推进线上线下联动,形成教育互动格局。要依托微信网络工具和高校教育体制,实现教学模式的多元化,普及“微课堂”教学,线上线下,双线教育互动。要鼓励和引导青年参与健康微信文化活动,举办微征文、微影像等主题活动,构建一个青春时尚,绿色健康的思想引导舞台。借助共青团的社会公信力,利用微信平台向青年推荐影视、动漫、图书等青年热衷、体现主流价值观的文化产品,引导校园主流思想。要重视热门微信公众号和微信平台的建设和管理,尤其要重视内容建设和话语传播方式的创新,最大程度提供给青年网友真实、积极、原创的信息源,多使用平民语言和网络语言进行沟通交流,使之成为"有温度"的社交平台、学习平台和交流平台,着力推进解决青年在日常阅读过程中遭遇的信息失真和泛娱乐化倾向。

02

下篇

第五章

青年社会化概述

第一节　青年社会化的内涵

一、青年社会化的内容

社会化指的是个体学习知识文化、社会技能、法律规范，培养世界观、人生观、价值观，成为符合社会所期许的社会个体的过程。如果将社会化分开来说，那么社会化有四个阶段，“儿童社会化、青年社会化、继续社会化、再社会化”。关于青年社会化，目前学术界主要有三种观点：一是青年社会化是继续儿童社会化的过程；二是青年社会化是另一新的自我认识的过程；三是青年社会化是个体进行劳动之前的社会化过程。综合以上观点，本书认为青年社会化是儿童社会化的下一阶段，相较于儿童社会化，青年社会化更注重参与社会生活，并且在这一阶段中，青年从被动接受的角色转换为了主动吸收的角色。它应该具有如下特征。

青年社会化是儿童社会化的升级和提高。上文说到，社会化是使个体达到社会期许，而社会对于不同年龄段的个体的期许是不同的，对于青年的要求和其他年龄段的要求也是不一样的。所以青年社会化与其他阶段的社会化类型是不一样的。青年社会化的重点是参与社会生活。儿童社会化只是作为一个被抚养者，单纯地接受他人的灌输教育，而儿童基本是无法参加社会活动（对社会起到作用的活动）的。这一时期，个体作为一个旁观者的角度用眼睛了解并且观察社会环境。而青年则已经产生了参与社会的意愿,他们会通过自己的方式去理解社会环境,并且对社会做出一定的贡献。青年社会化对社会属性充分发展。相较于儿童时期,青年时期与社会的接触手段变得更多,接触方式越来越复杂。青年的交往领域变得更加丰满,对其社会属性基本定型,随后的社会化阶段是对青年社会化的补充和调整。

社会化的作用就是教导生活技能、学习法律规范、培养人生价值观、养成社会角色,而社会化的内容就是人类社会里的这些文化成果。在青年社会化中,不但包括这些一般社会化内容,而且由于青年参与社会生活的这一点特征,其内容有与其他阶段社会化内容有一些不同。

(一)社会角色转换的社会化

社会化的成果是培养出一个符合社会所期许,并在社会中担当了一定角色的社会成员。社会对于每一个进入青年期的个人的要求相较于之前又大有不同,这就使青年从之前所扮演的社会角色蜕变成新的社会角色。首先,青年从一个被动受教育者的角色变成了一个主动学习的角色。儿童的社会化基本上都是靠家长、老师等成人进行教育,他们给儿童灌输思想,并且手把手地教导必要的生活技能。而从儿童进入青年时期,青年逐渐脱离成人的干预,青年对社会进行自我意识的思考,并且主动从别人身上学习必要的社会技能。其次,青年从一个完全被成人所帮助生活的角色慢慢变成一个能够独立生存的角色。青年需要学习社会技能,汲取社会经验,使身心茁壮成长,直到能够独立在社会上生存,自己养活自己,并且为社会创造价值财富。再次,青年从一个无须对外界负责的角色变成了需要向外界承担责任的角色。这一点我们从法律的角度便可见一斑,《中华人民共和国刑法》规定,14 岁以下的人犯罪无须承担刑事责任,14 岁以上 16 岁以下的人按规定需要承担刑事责任的罪行则承担刑事责任,而 16 岁以上的人犯罪需完全承担刑事责任。最后,从无性意识的角色逐渐变成有性意识的角色。儿童对于性知识是没有了解的,而到了青年时期,青年则需要了解性知识,并被鼓励了解性知识,也由此逐渐产生了性的意识。性意识带给了青年在人的生命进程方面一定程度的了解,并且影响着青年的社会观、人生观、伦理观等方面。

(二)环境转换的社会化

儿童时期进入到青年时期,不但身体成长了,而且周边的社会环境也发生了变化,旧学校里出来进入了新学校,认识了更多的朋友,之前的初级社会环境变得更加复杂,这需要青年能够适应新环境,并且具备在新环境中生存的能力。首先,青年从外界帮助的环境来到了自力更生的环境。这就是青年从之前儿童时期被动接受外界的帮助与教导,变成了主动接触外界,参与外界活动,并且为外界做出贡献。其次,青年从单纯玩乐的环境进入了利益相互的环境。儿童时期圈子是没有功利心的,单纯是因为玩乐相互聚集在了一起。而青年圈子并不单单是相同的兴趣、说话能投机就可以组成一个圈子,其中有很多利益相互影响的关系。最后,从固定的交往变成了选择性的交往。我们一生下来,就有许多与生俱来的社会关系,比如说父母。儿童时期仅仅只是与这些与生俱来的社会关系进行交互,等到进入了青年时期,我们更多的交往会变得有所选择。青年可以选择保持关系、放弃关系、添加新关系等一系列的对于自己交往圈子的操作。

(三)文化转换的社会化

首先,儿童时期的人尚处于懵懂无知的状态,成人们给儿童所灌输的知识,儿童照单全收,不能进行自我思维的辩证。而青年时期,青年已经有了基本的思维能力,对于所接触的知识进行思维上的辨识、加工、分析、选择,汲取对自己成长有利的东西进行吸收。其次,把知识灵活地运用到生活中。儿童对于知识只能是一味地储存,对于知识并不能完全地理解运用。而青年社会化更注重的是让青年能把知识灵活地运用到生活当中。最后,从适应到改变。儿童对于社会文化只能做到接受,灌输给儿童什么文化,儿童便学习什么文化,适应这种文化。而青年则更需要对文化进行自我的改进,符合时代脚步的留下,被时代脚步远远甩开的文化则需摒弃。

二、青年社会化的过程

社会化这一概念在社会学中的意义是指社会个体在经过不断的社会互动之后,逐渐达到社会所要求的标准,从自然人变成社会人的过程。社会化是一条贯穿人生的线,从生命的开始到生命的结束都是社会化过程。其中,青年社会化是每一个青年个体学习文化知识、掌握社会技能、学习法律规范、确立人身价值观念、维系和延续社会文化和社会结构的重要时期。这一时期,青年不但要达到社会所提出的要求标准,并且还要推动社会的进步,承担自己的社会职责。

早期的家庭教育是青年社会化的主要场所。目前我国一般家庭中大多都是独生子女,而独生子女的教育问题越来越明显,一般家长的教育观念与教育行为都存在很多错误。独生子女的教育中最主要突出的一个问题就是溺爱过度。家长们过于追求在物质上满足孩子,甚至在心理上也对孩子百依百顺,这往往给予了孩子们过多的关爱。但是与此同时,家长与孩子之间的心灵交流几乎为零,这导致了孩子的内心变得孤独自闭,造成心理上的问题。部分特殊家庭中,由于家庭结构的不完整,或者家庭矛盾带给孩子成长道路中极为巨大的负面影响。尤其是孩子还在小的时候,心理尚未成熟,孩子的心理很容易留下伤疤,对他们的一生都产生不利的影响。当然不正当的教育方式同样带给孩子巨大的影响。有的家长对于孩子不讲原则的退让,而有些家长对待孩子就非常凶悍,经常体罚打骂孩子。这一系列的行为很容易让孩子产生自卑心理,在一定的程度上阻挡了他们的社会化进程。

学校是每个青年社会化的必经之路,学校是学习文化知识的好地方,但却同样在一定程度上阻挡了社会化的进程。首先学校重视的是传输文化知识,主要是将知识灌输到每一个个体的脑子里。但同时,学校的传输方式忽略了培养青年的思想道德、动手能力、行为观念、审美观念等方面的塑造。这使一些学生无法正确地认识自己,也影响了一些学生在主动学习社会文化的同时走偏路。其次对于德育工作千篇一律,缺乏以人为本个性化发展。我们营造了一个良好的德育环境,这种德育环境下的德育工作普遍性高于个性,我们不断地抓德育工作,让青年个体在学习生活中、参与活动时获得社会化升华。但是目前的德育工作忽略的每一个青年个体的差异,没有抓住他们的不同与个性。青年德育工作要落实到每一个青年的心坎里,要去倾听每一个青年心灵发出的声音,对那些需要帮助的青年提供恰到好处的帮助。对心理有问题的青年做到及时疏导,那些偏离正轨的学生要及时把他们拉回正轨。而且对于学校的一些规章制度,常常是说到做不到。既然制定了规矩就是要用来执行的,这些规范是用来牵制青年社会化在正常轨道中运行的。只有切实地落实了各方面的规定规范,才能为青年社会化保驾护航。

不论是家庭还是学校,都来自于社会这个大环境中,每个人的生活都逃不开社会大环境的笼罩。现如今的社会环境都会直接或者间接地影响这青年社会化的过程。市场经济负面影响使青年价值观判断带有功利性。市场经济飞速发展,人们都多多少少被市场机制所牵扯感染，在主观判断和思维方式中，多多少少带有功利心理。这使得青年的自我价值观跟社会主流社会观有一些脱节。随着大众媒介传播方式的诞生，互联网的飞速发展，新媒体传播方式产生，信息进行着不断的交换，无数种文化思潮蓬勃而出，多元文化冲击着青年的脑海。同时一些色情、暴力等不好的信息也钻了空子，进入到了青年的视线里。而青年正在处于主动学习接纳信息的时期，各种媒体百花绽放，海量的信息爆炸式地来袭，许多青年也就丧失了选择和判断信息优良的能力。还有就是社会上存在的一些不公平因素，这影响着青年身心的健康发展。比如说社会随处可见的“裙带关系”，依靠自己和上司的亲戚关系达到升官发财的目的。

每个青年个体对自我的认知还不够，容易出现心理失衡的状况。青年时期正处于叛逆的时候，心理容易产生极端化的情绪，并且容易冲动，加上社会多元文化互相碰撞冲击，理想世界对自己的期望较高，但是现实社会中能力不足，经验尚浅，容易产生落差。自我认同度单一，不能理性地对待胜败与得失。青年对于自我认识不够，容易对他们所犯的错误而耿耿于怀。同时面对那些青年自身无法解决的问题时，青年个体经常不会寻求帮助，这样容易让他们产生孤独、自闭的状态。

三、青年社会化的目标

每个自然人都有一个社会化的过程，这个社会化的过程就是指个人通过学习文化知识、掌握社会技能、树立人生观和价值观、了解法律规范等逐渐成为一个符合社会要求的社会成员。青年逐渐拥有了社会人的全部特征，这个时期是人的一个重要时期，在这个时期内，青年会逐渐发挥作为一个社会主体的作用，同时为社会做出自己不可磨灭的贡献。在不同的环境下，不同国家、不同民族对自己的青年有着它们不同的要求与期许，同时也在培养青年。在我国一般是采取德育工作来进行青年社会化教育的，这是社会继续延续的一种重要方式。我们为了完成社会期待，必须要社会各界、民族、政党、各种社会团体来为青年保驾护航。青年社会化分为政治社会化、道德社会化、法律社会化等方面。所谓青年社会化的目标就是通过各项学习和积极地参加社会实践活动来使青年的思维方式、行为方式符合社会期许，达到社会要求。

青年社会化的目标具有向导性、层次性和激励性。向导性是带领事情往某个所希望的方向发展的特征。青年社会化目标具有明确的向导性，青年社会化目标在青年社会化的过程中起着无比重要的保障作用，有了青年社会化目标，在青年社会化的过程中就不会走偏方向。同时青年社会化的目标贯穿了青年社会化过程的始终，对青年社会化的内容起到了指导和支配的作用。层次性。我们可以将青年社会化的目标分为几个层次，比如说先定一个小目标，分出几个具体目标和一个根本目标，只有一步一步完成具体目标，最终达成根本目标，才能完整有效地完成青年社会化的过程。加之每个青年个体之间存在的差异，他们的思想状况、价值观念、社会技能不同，不能一概而论，而要为他们制定分层次的青年社会化目标。激励性。从心理学的角度来讲，青年社会化的目标是诱因，而诱因诱发的是青年社会化的动机，最后再由青年社会化的过程达成目标，这一过程就叫激励过程。

青年社会化的目标引发的青年对于青年社会化的行为动机，青年在受到目标的激发、鼓励下能够充分地主动地进行青年社会化过程。青年社会化是一个漫长的过程，经过家庭、学校、工作单位、交往圈子等不同的环境共同作用下，才能实现青年社会化的目标。在青年社会化这一过程中，环境产生了推动作用，也存在着一些制约因素。政治、文化等社会宏观因素对青年社会化的影响不可低估。

家庭、学校、朋友、工作单位、社区还有大众传播媒体影响着青年社会化的目标。家庭作为每一个个体出生就要面对的社会化环境，通常具有重大的意义。在青年社会化过程中，家庭教育方式中有着惩罚严厉、高拒绝否认的两大特点。学校是作为家庭教育的延续和补充。学校多去给青年输出价值观和知识文化，主要以灌输的方式，青年被动接受。在这一过程中，学校更加的井然有序，有着一套完整流程，全面发展了青年的德智体美劳。它引导着青年让他们形成对于世界的态度的雏形，让青年初步产生了自己的思维方式以及思维高度。朋友是青年自己的交往圈子，这个圈子内基本都是和自己年龄差不多有着共同爱好、兴趣或者说有相互利益往来的人。这个圈子对于青年自身的影响甚至远超于家庭与学校，在圈子里青年个体与他人互相交流，在交流中逐渐成熟了自己的思维方式，锻炼了自己的交往能力，同时补充自己空缺的知识文化。

圈子里的感情依托能帮助青年更快地脱离成年人的扶持，独立于社会。工作单位是离开学校后,进入的一个全新的社会环境。这个环境更加复杂,首先需要去适应工作环境,只有适应了工作环境才能继续在这个环境中生存下去。其次还需要学会处理复杂的人际关系,工作单位的人际关系更加的复杂,有领导关系、管理关系、指导关系等。而社区是以居区域成为一个圈子,这里面有形形色色的人,不再单单局限于某一种人。这里的人行为方式和思维方式都是不一样的,青年需要去应对各种不同的情况,并且积极参与到社区生活中去。

第二节 青年社会化的网络媒介

一、网络环境下的青年社会化

社会化是物种存在的一种重要方式,随着人类前进的步伐,社会化的形式也逐渐变得丰富。伴着互联网时代到来,计算机技术、移动终端的发展还有各种社交软件的兴起,青年社会化形式拓展到了网络。

(一)网络环境下青年社会化特征

在网络环境中构建起适于青年进行社会互动的平台中,“微信”作为一款社交APP是最受欢迎且充分发挥了其在网络上进行良性社会互动的积极意义,该软件的典型特征是界面设计干净简洁,方便人们的交流;实时显示出对方的状态——“对方正在输入……”;甚至把现实生活中的“面对面”的社会互动形式搬到了网络上,通过文字沟通、表情达意、语音通话、视频通话等多种方式搭建了人与人之间的互动关系。在传统和网络时代的青年社会互动方式比较中,可以发现新的青年社会互动对象、范围都得到了极大的突破:既是小众的熟悉人之间的互动突破为广泛地与陌生人之间的互动,也是面对面的互动形式扩展到跨空间和时间的互动。网络环境下,青年社会化呈现出以下几个特征。

1. 信息交换。通过网络浏览终端进行社会互动的过程中,符号所承载的信息经过转码和译码达到信息交换的目的。传统意义上的信息交换非常烦琐,例如写信,互联网极大提升了信息交换的效率,无论是信息的发布人还是信息的接收人,通过社交软件或者是媒体进行传播都是方便且快捷的。

2. 合作。合作是网络青年社会化中的一大特色,没有合作的网络青年社会化是毫无意义的。网络信息传播速度快,通常容易造成大规模的轰动效应,网络青年们一呼百应,一起完成某项事情即是网络青年社会互动合作的根本。像前一段时间网上流行的"人肉搜索"即是集众人之力通过互联网快速找到特定的人物,这种方式风靡一时,让坏人无可遁迹,也对普通人产生不小的困扰。

3. 冲突。互联网是多元化的,受到多种因素影响而呈现出各具特色的思想浪潮势必会因为成分组成的不同,在相互碰撞中产生冲突。再加之互联网上都是以虚拟身份示人,道德约束相对现实社会较低,能够放大网络社会个体的阴暗面,有甚者在网上进行侮辱谩骂诋毁,致使网络上的冲突也就愈演愈烈。

(二)网络环境下青年社会化的功能作用

网络青年社会互动对青年而言有着毋庸置疑的重大意义,针对青年类型不同,有着不同的功能作用。

1. 针对个人而言。网络端的互动形式成为青年群体日常交流的重要模块,随着移动端技术的不断进步,每个人可以随时随地上网,网络社会互动几乎随时随地发生着。青年个体的网络互动的碎片整合后,不难发现网络社交已经渐趋成为青年社交的主要途径之一,不断地更新着朋友圈、刷微博,每一天都以自己为中心产生着巨量的信息交换。针对青年个人而言,网络社会互动可以更加方便地建立和维护自己的人际交往圈子,慢慢通过网络将自己的圈子扩大。同时也在网络社会互动的同时收获了自己需要的信息。但是网络社会互动带给青年个人好处的同时,弊端也随之显露,如现实生活中的交往变少,这与网络社会互动发展的初衷相违背。

2. 站在社会的角度看。网络社会互动推进着青年社会化,巨量的信息交换充斥着各式各样的网络平台。以网络作为媒介的社会互动在获取信息时速度快,横跨大洋的两国之间交换信息也只不过是以秒计时。同时通过互联网技术还可以行之有效地进行民主监督,通过网络监督有效地减少社会不公平现象,维护了正常的社会公义。但是在网络社会互动的约束上,我国还缺少法律进行约束。一些不怀好意的人通过网络,利用网络信息传播速度快和隐蔽性强的特点大肆给青年灌输不良思想。

网络环境下,青年社会化有着鲜明的特点。在其发挥积极功能的同时也存在着不良使用带来的弊端,时代背景下社会互动通过网络途径得到实现,需要警惕改变网络社会互动的弊端,还是要以人为本,从提升青年综合素质着手。

二、网络在社会化中的角色

社会化是指个体在特定的社会文化环境下,学习和掌握知识、技能、语言、规范、价值观等社会行为方式和人格特征,适应社会并积极作用于社会、创造新文化的过程。它是人和社会相互作用的结果。通过社会化,个体学习社会中的标准、规范,价值和所期望的行为。个体的社会化是一种持续终身的经验。社会化是每个人都将经历的,由自然人到社会人的转变过程,每个人必须经过社会化才能使外在于自己的社会行为规范、准则内化为自己的行为标准,这是社会交往的基础,并且社会化是人类特有的行为,是只有在人类社会中才能实现的。社会化涉及两个方面:一是社会对个体进行教化的过程;二是与其他社会成员互动,成为合格的社会成员的过程。

网络构建了一个虚拟的世界,这个虚拟世界里面通过文字、图片、声音、视频等元素构建了网络社会活动的基本框架。人与人的互动不再有明确的社会关系,甚至素未谋面,彼此都不知道姓名。社会化过程在现实向网络空间拓展的进程中,青年群体的主动性得到了极大的强化,这和青年的生理、心理尚不成熟有着密不可分的联系。在世界观、人生观、社会价值观尚未完全形成的时候,他们对于网络上的讯息无法做出正确的认知,这些讯息会充分利用青年群体对相关知识的匮乏和好奇的共性,促使青年群体进一步挖掘信息的相关拓展内容,并以此为时尚,引发让他们对于这些讯息的学习、模仿行为。网络上每天都会有大批量的身份未定者披着自我定义的网络身份进行互动、信息互换,直接促使网络的工具性质凸显,成为青年社会化的“交通工具”。网络社会化呈现着如下特点。

(一)网络社会化的开放性

以前青年社会化场景主要是学校和家庭,空间范围小,而且封闭,有一定的局限性。学校教育受到一些局限性的制约,难免会出现相应的缺陷。在家庭社会化中,每一个家庭都是不一样的,家庭成员的文化水平还有社会化程度都会有所区别。所以每一个不同家庭环境下的青年,他们的社会化程度都是参差不齐的。家庭社会化只能在青年社会化中起到基础的作用。

在网络中,首先,从空间上来讲网络是无边无际的虚拟空间。无论身处哪里,通过网络都能得到来自天南海北的消息,真正做到了足不出户知天下,甚至那些你从来没有去过的地方都能通过网络上的图片、视频、文字描写看到遥远的景象。其次,网络上的资源也是丰富的,互联网上爆炸的信息交换使得知识还有资源的传播非常的快。大数据的兴起更是使人类生活的一点一滴都被记录在互联网络上,可以说"互联网"上知天文下知地理,博古通今无所不晓。最后就是网络上的个体都是以虚拟身份出现的,互联网的属性让每一个人都是平等的地位,同时任何人都可以使用网络,没有任何门槛。

(二)网络社会化的多样性

这里的多样性指的是网络社会化的方式多样。互联网技术的发达让网络社会互动变得更加丰富,通过即时通讯、远程教育等手段进行社会互动。同时打破时间、空间的壁垒,使得不同阶级的个体在网络的媒介下互动。青年在网络中角色扮演能力提高,角色学习能力增强,从而可以精准地把握到社会期望,快速向社会所期许的观念和角色转化。

(三)网络社会化的虚拟性

网络时代的来临推动着人类文明的进步,传统文化资源逐渐向线上转变,网络资源逐渐占据人们的生活。青年思想观念还有现实生活的意识产生巨变,社会规范尚未健全,青年在社会失范的状况下,自发地走向网络,企图在网络中寻求心灵上的慰藉。而网络世界以其宽广的性质包容着一切,网络的虚拟性也为青年提供了新的身份,让网络成为青年群体逃避社会现状的一个港湾陷阱。网游、网恋、网络家庭等等网络世界的产物充斥着青年的生活,而青年在网络自由自在的空气里畅快淋漓。网络逐渐成为青年的第二个社会,青年也在虚拟的网络社会里进行着社会化。

传统青年社会化会让青年被动接受社会化,而青年心理方面所呈现出来的叛逆、不受约束的特征会与传统青年社会化产生剧烈的冲突。而网络世界中,青年社会化的强制性被摘除,网络世界的角色平等自由,没人可以强制青年个体进行社会化。青年个体在网络世界中会主动去浏览丰富多样的网络信息,主动进行着自我的社会化,利用网络文化资源充实自己。这样的网络社会化更加有利于青年社会成员的个人发展,保证青年社会成员的个性品质健全。

在传统青年社会化中,社会化过程要分为四个步骤:熟悉环境、适应环境、学习掌握新环境、扮演新角色。而在网络青年社会化中,社会化被简单变成两个步骤:学习新环境文化、扮演新角色。缩短再社会化过程是网络应用于社会化后带来的巨大益处。网络是一个大环境,在这个环境中包含了所有现实社会的各种文化知识,只要青年适应了网络环境,就可以在网络中学习现实社会中不同环境下的不同知识。并且网络的包容使得非主流文化的小众文化得到关注,弥补了传统社会化中的不完全社会化,这有利于社会多元化发展。

网络在青年社会化起到积极作用的同时,也起到了一定的消极作用。网络因其具备的虚拟性导致了青年在网络中变得肆无忌惮,现实中的社会规范的权威性以及规范性都在网络社会中被削弱,网络社会变得失范而无序,那么也会限制网络在青年社会化中所发挥的作用。网络发展迅速,但是现实社会的立法规范跟不上,网络犯罪、网络越轨等事件频频发生,网络的负面影响露出了狰狞的面孔。网络的无所不包,各种非主流文化充斥着网络社会,那么一些错误的、别有用心的文化思潮也会出现在青年的视野里。

网络的这一特征助长了反社会化,一些敌对西方势力也会通过网络社会渗透到青年群体里,还有一些邪教文化侵蚀着青年的思想。在青年认知还不充足,社会化程度还不够的时候,青年“网络环境浸润”容易导致青年社会角色崩溃。尤其是在个别青年不适应现实社会,或承受不了现实社会的压力,可能导致青年沉溺于网络,渐渐分不清现实与虚拟的区别,直到自我角色崩溃。网络在青年社会化中扮演了两种角色,一种是积极的引导角色,一种是消极的破坏角色。网络的发展是不可阻挡的,当下我们最主要的事情是积极地寻找建立健全的网络机制。

三、网络媒介对青年社会化的影响

以计算机和网络技术为基础进行信息的传递、交流、利用,网络的便捷性极大地提高了信息传播速度,随着智能手机的普及,移动端技术的发展,网络也成这个时代最快捷方便的传播媒介。传统大众传播媒介包括广播、电视、报纸三个。网络不但具备传统大众传播媒介的一般功能——“及时、广泛传递信息”,同时还具备传统大众传播媒介所不具备的独特优点:网络媒介可以传播海量信息;更新、传递速度快;跨越空间能力强;可检索、方便复制等。网络逐渐渗透在全世界的各个角落,在人类思想、文化、政治、军事等方方面面发挥着巨大作用,大力推动着人类社会文明发展。想要探究当代网络媒介对青年社会化的影响,就必须先要了解当代网络媒介。

网络媒介的传播过程具有灵活性。网络传播是相当灵活的,你可以选择实时传播,这个时间发出的消息,对象同时接收到消息。你同时也可以选择今天发出的消息,接收对象明天才能接收到。并且在区域上,你可以选择跨国、跨省、跨市、跨村,也可以指定个别人群,某个类型的社会群体接收消息。就像如今在网络营销中的广告投放,通过网络收集消费者数据存储到云端,然后企业可以通过这些数据筛选出来他们想要的精准客户进行广告投放。比如说你在一周内的大部分消费都是购买某品牌的衣服,那么这个品牌就可以通过你的消费习惯知道你是这个品牌的粉丝。等到该品牌推出新款衣服的时候,通过网络向你的手机投放一条广告,那么你就会有极大的概率购买。而通过传统大众传播手段来投放广告则做不到这一点,你无法指定谁去买这份报纸,无法强迫谁在哪个时间点看一个电视节目或者听广播,同样你也无法得知谁在看你的广告,这些人看了你的广告也许根本没有任何兴趣。

网络媒介的传播过程具有双向性。传统大众传播手段只能做到单方面的信息灌输,无法做到跟你所传播的对象进行互动。这就像闭门造船,永远无法掌握你所针对的传播对象的心里想法。而网络传播则不一样,譬如你发了一条新闻,那么被传播者看到了这条新闻可以在文后评论,这样你就可以通过他们的评论知道他们是否喜欢看这一类型的新闻。这决定了你今后再发新闻时选择哪一种新闻会更容易得到认同。被传播者如果喜欢,也可以转载你的文章,这样他们就成了传播者。你还可以去回复他们的评论,跟他们进行互动,交流你们的想法,维护你们的关系。这一点是传统传播手段远远无法做到的。

网络媒介的传播过程具有综合性。从传统的大众传播手段来讲,报纸只能运用图片加文字、广播只能用声音、电视只能用声音加视频的方式进行传播。而网络则可以把文字、视频、声音、图像运用到一起,制作出内容丰富,高质量的信息。通过网络传播的信息更容易受到青年人的追捧。

网络媒介的传播过程具有全球性。由于网络传播的速度导致哪怕远在大洋彼岸的国家,他们的生活状况也可以实时转播给我们。远在天边的信息一秒钟就可以传递,这使得网络作为媒介所传播的信息是无地界限制的。网络媒介改变了我们的社会环境,在青年社会化的过程中,网络媒介也为青年社会化带来了两方面的影响。

(一)积极方面的影响

1. 海量信息让青年社会化环境更加广泛。网络技术的发达使得网络能提供极其丰富的海量信息与文化资源,这些信息可以让青年更容易学习文化知识,掌握社会技能,适应、参与社会生活。传统社会化过程局限于特定环境,青年所受到的社会化教育通常来自家庭、学校和自己的生活圈子。而网络是一个整合了大众的媒体,它没有地域性的局限,横跨边界线把世界放在网络中呈现给当代青年。青年社会化不再只受到一种文化的熏陶,突破了时间与空间的限制,以整个世界作为背景,从有限的信息容量突破到信息爆炸,把长时间的社会化学习缩短到一定程度。网络媒介以其海量的信息帮助青年,提供一个更为广泛的社会化环境,使青年社会化更具个性。

2. 交往自由拓展了青年社会关系。社会互动是社会化的一个重要方式,青年想要实现社会化,就避不开社会互动以及人际交往的过程。网络搭建的社会互动关系更为宽广,所提供的社会互动环境范围更加广泛。在网络提供的环境下,所有人都处在一个平面上平行交互,无论你来自哪里,无论你是谁,在网络上都是使用虚拟的身份。这样很多现实社会中的压力都不复存在,来自于世俗的偏见和冲突都消失不见。每一个人都可以自由地制造、传播信息。青年在网络的世界里会随着网络信息的流动,将自己融入无限的网络群体中,视野得到开拓,建立新的社会关系。

3. 网络媒介更方便青年的角色演绎。社会学家帕森斯提出:“社会化的核心内容是学会扮演社会角色。”在网络的虚拟世界中,人们都以虚拟身份出现在不同的情况下扮演着不同的虚拟角色,人们的社会参与感也会在网络世界中得到满足。青年社会化一定要多去承担多种的社会角色,扮演的社会角色不同,所承担的权利义务也就不同,在不同的身份下说的话以及做的事情也因而改变。同时社会也对其所扮演的不同角色有着不同的期许。但在现实社会中,因为每一个青年的思想观念不同,他们的价值观、人生观、世界观也不同,对同样的社会角色的理解也不同,青年不可能完全按照自己的想法来进行角色的扮演。而在网络中,一切以数据虚拟出来,青年就可以在虚拟世界中完全按照自己的想法进行角色的预演,在不断的扮演经历中总结经验,完善自己。

4. 网络帮助青年实现主动社会化。在传统社会化中,青年始终处于被动的位置,无论在学校还是家庭中,青年都是被动地接受社会化过程,他们通过自己意志所做出的选择很少。而在网络中,青年则可以得到解放,完全通过自主意志去学习,通过自身条件与程度为自己挑选自己想要得到的信息。

(二)消极方面的影响

1. 网络使青年沉溺其中。《长江日报》在2016年的调查中发现,60%参加调查的学生承认自己有“手机刷屏焦虑症”[24],由于网络的多样化和自由性,青年群体更容易受到吸引,正好这个年纪处在心里叛逆、渴望自由的时期。再加之网络信息传播所具备的丰富多彩的形式,青年尚未能做出正确的认识与判断,很容易沉溺其中。而网络沉溺则会因其青年人格出现障碍,造成青年社会化缺失,不能进行现实与虚拟的角色转换。网络搭建了一个无时间空间局限,道德上约束不足的世界,一些人在网络世界的行为陷入了非理性的状态,这其中就以青年首当其冲。他们在网络世界中逐渐迷失了自己,排斥现实世界,导致自身陷入了自我封闭的状态,对身边的事物漠不关心,不能够积极参加现实世界的群体活动,不再去维护现实世界的关系网络,也被现实生活的人所排斥,从而有了恶性循环。

2. 信息混乱而难以控制。在网络社会化的过程中,由于网络无所不包的特点,很多垃圾信息充斥着网络,虽然有相关部门监管,但是现在的垃圾信息传播手段越来越隐蔽,传播垃圾信息的成本越来越低,还是有大部分的垃圾信息堆积到了青年的视野里。青年在网络世界中就好像陷入了信息的海洋,在传统社会化过程中,青年所接受到的信息都是有心人为他们甄别挑选的,而在网络中都是由他们自主选择的。各种反动、暴力、色情的信息通过网络围绕着青年,这样势必会影响到他们的心理健康。

3. 观念迷乱影响社会化。“文字的出现改变了人们原有的时空感,跨地域的沟通成为可能,但是这种跨地域带有‘时滞’障碍,网络打破了传统媒体的这种障碍,实现了实时同步,即所谓的超时空性”[25],这使得世界各国都可以在网络扩散拉开战场并进行反击,西方网络文化对我国的网络文化主旋律产生了冲击。

4. 网络使青年社会化进程失控。传统社会化手段都是有着权威角色进行把关控制的,在校有老师,在家有家长。但是在网络空间中,则是青年完全凭借个人的价值判断进行本身和社会的接触过程,缺少行之有效的监测和控制手段,相关方面的引导也显得十分苍白乏力。网络加速了青年社会化的进程,就像一匹快马只是用草绳维系,很容易使青年社会化的进程失控。

第三节 青年社会化进程中的德育共同体的构建

一、德育共同体的理论维度

(一)德育共同体的理论阐述

共同体是指个体之间,具有某种共同的特质,通过这种特质达成某种共识而聚集在一起的特定群体。这种特质可以是共同的兴趣爱好、可以是共同参加某一种社会活动、可以是为了完成一件事情等。共同体往往都不以实体存在,它并非一个清晰的事物,而是人们根据它表现出来的种种特征为其命名为"共同体"。我们根据共同体的特质不同,可以缩小共同体的范围,具体到某一类共同体。比如"德育共同体",它是在形形色色的德育活动情境中的交往共同体。这一特定群体的参与人数、影响范围、表现出来的特征都受到本身的德育活动所影响。这一群人可以是指具有共同目标而做出某一共同行为,也可以说是不同个体之间的交互方式。我们通过区域可以再次缩小教育共同体的范围,这种"区域德育共同体"则是指在某一地区内,可以是区、可以是市、可以是县、可以是乡镇农村。这一共同体是以素质教育为基本理论指导,各个教育机构之间不再各自为政,打破封闭的格局,将教育资源整合统一。在一定的区域空间内合作、分享、互动,在德育工作上互相帮助、通力协作、快速发展的组织,从而达到了区域内德育事业的长足发展。

(二)德育共同体的历史研究

在德育共同体方面,国外并没有直接进行德育共同体这一概念界定的论述,但我们找到了很多关于“教育共同体”的论述。在杜威的《民主主义与教育》一书中,我们得到了关于道德教育与现实生活之间关系的论述,杜威认为“学校即社会”。他认为德育工作必定离不开生活,德育工作的一切源自于生活之中,最后德育工作的成果还是要作用回生活。加拿大学者马克斯·范梅南同样认为,生活世界的本质表征为个体的体验,科学系统的理论最终是要走向生活,回归生活,包括道德教育。从国内来讲,林上洪认为具有同样的道德教育目标,加上相同的道德教育信仰,在德育工作的社会实践活动中形成的精神共同体则称之为德育共同体。综合国内外的情况来看,关于德育共同体的研究都不算具体系统,依据学校、家庭、社区去论述德育共同体的文章几乎没有。

(三)德育共同体构建的研究价值

在国内外对于德育工作的研究相对较少,在实践方面主要集中在基础教育阶段。本书作者希望高校、企业乃至全社会共同参加德育工作,汲取各方资源,为德育合力提供理论模型,深入分析构建德育共同体的路径。近年,高校德育工作不断增加人力、物力的投入高校需要改变传统的教育模式,通过整合企业资源、社会资源建立开放、多元、灵活的“共同体”机制。

二、青年社会化的现实状态

互联网技术以其飞快的速度、超短的时间、无限的空间超越了传统生产、交往、生活方式。互联网的应用已经渗入到生活的各个角落,大到国家的文化、经济、政治、军事等方面,小到每一个个体的交往、学习、娱乐等方面,互联网几乎是无处不在的。青年出生在互联网时代,他们的社会化过程离不开网络,网络为他们提供帮助的同时,也为青年带来了负面影响。网络沉溺、网络成瘾对青年的精神、心理、人格等诸多方面造成了巨大危机。具体表现在:政治冷漠、亲情淡化、自我迷失、责任感缺失、道德沦丧、社会主导价值障碍。青年在虚拟世界中逐渐忘我,导致他们的时间多用于网络,而对现实世界渐渐麻痹。

网络生活方式带给了青年道德上的缺失。青年社会化的目的就是让青年逐渐养成符合社会所期望的价值观、人生观、世界观、思想道德观念,而如今的网络生活方式影响了青年的道德观念。道德是心里有所坚信的东西,这种坚信就成了生活中的一把秤杆,衡量着自身行为和看到的事物的好坏。互联网带给人们交流互动上的方便,但互联网本身具有的虚拟性使得这种方便的交流互动中的诚信度被稀释。人与人之间通过数据建立的联系往往是不牢固的,面对面的交流是自古以来最为基础的、最容易让人们相信对方的交流方式。但在互联网上,人们交流往往不需要实质的身份,甚至有时候两个人相互聊了半天还不知道对方是男是女,而展示给对方的身份也可以是自己拟造的与现实完全不符的姓名、年龄、性别、职业等。

有了这种不切实际的虚拟身份,人们交流就变得肆无忌惮,心理上没有现实生活的约束感,往往畅所欲言不计后果。一部分人在虚拟世界中为了满足自己的欲望而不择手段,虚拟世界变得混乱无序,充斥着虚假、欺骗的信息。由于青年社会经验不足,所以很容易被某些信息吸引,从而落入了这些"无法者"的陷阱,在青年的心理留下伤痕,严重者甚至影响现实生活。青年正处于模仿能力强的时期,被这些充满着恶意与欺骗的消息蒙蔽,很容易影响自己的道德观念。当这些虚拟的恶意被带入现实生活中,使人与人之间充满了不信任感,并且影响了青年对于社会的认同感,激化了社会各方面的矛盾。青年正处于道德观念养成的时候,心中所信还不坚定,容易盲从盲信,更容易受到这些网络虚假信息的欺骗,导致道德观念的动摇,阻碍青年社会化过程。当青年在虚拟社会中受到欺骗,将虚拟社会的怨气带到现实生活中来,就会造成对他人的真实性产生怀疑,对自己的真诚性严重缺乏。如果心中没有相信的事物,那么心里也就不会有道德准则。

网络生活方式带给了青年情感上的淡漠。现代社会本来就已经冷漠的城市居民关系,因为互联网而变得更加冷漠。虽然互联网没有时间和空间的局限,使人们的交流更加方便,但虚拟世界成了人们宣泄情绪的场所,让人们在现实社会中得不到的认同感和存在感在虚拟的数字化世界里得到满足。这使人们沉溺在网络社会中,我们经常会看到一个饭桌上坐着的一群人各自拿着手机刷朋友圈,互相之间偶尔语言交流几声。人们的交往从"人人"变成了"人机",互联网拓展了人们交往的广度和深度,却不能缩短人们心理和情感上的距离。这使人与人之间出现了情感上的隔阂。

不难发现,有相当一部分的青年在网络中"叱咤风云",而在现实社会中与人交往时变得很为难。网络中,青年在个人的存在感得到满足的同时,交往状态也变成了漂浮的、零碎的。人类社会是一个集体社会,青年无法在虚拟世界中得到集体生活的锻炼,就会与现实世界格格不入,从而变得疏远现实社会,对现实社会的人和事都变得漠不关心。每每在现实世界时,心里都无比渴望回到网络世界找寻自己心灵的寄托,但网络世界的人们都带着数字组成的面具,他们接触不到交往对方的真实心灵,久而久之就会变得抱怨社会,对自己的未来和生活失去信心。

网络生活方式带给青年价值观念上的无所适从。网络是一个信息泛滥的地方,飞快的信息传播速度还有无视空间限制造成了网络世界的多元文化并存,相互之间碰撞的局面。在不同的文化体系下,相同的动作可能代表不同的意义,甚至所代表的意义可能截然相反,面对这种情形,青年在主动思想观念中变得不知所措。网络促进了不同的文化价值之间的交流,提供了一个广大的平台,各民族各区域的文化在这里共享,小众文化得到发扬。畅通无阻的渠道、无门槛的接受造成了网络上价值观念缤纷复杂、良莠难辨的现状。这其中不乏暴力、色情、反社会等完全错误的思想出现。青年正处于思想价值观念激烈动荡的时期,他们的是非观尚未养成,思想理论薄弱,社会经验不足。在虚拟网络世界中,面对如此之多的价值观念体系,青年往往会被表象迷惑,被错误的思想价值观念乘虚而入,侵蚀着青年原本健康的思想。青年在建立自己价值观念的时候,容易在互联网中迷失自我,盲目地吸收驳杂的价值观,造成思想价值脱离主流,而产生与社会极度不适的感觉。

显然,在网络生活方式带给青年社会化过程极大的便利的同时,网络生活方式也会给青年社会化带来不小的阻碍。完善网络生活方式,健全网络体制,才能推动网络青年社会化的脚步,加快网络青年社会化的进程。

三、青年社会化的环境承载体

青年是互联网信息传播以及互联网互动的主力军,他们作为网络世界的一分子,共同构建了网络文化,同时也被网络文化反哺,影响了他们的世界观、人生观、价值观、行为思维方式等。网络文化对于青年社会化来讲有着不容小觑的作用,如何建设符合社会需要,能够完成社会期许,推动青年社会化进程的网络文化是一个必须得到关注的问题。

网络世界源于现实世界，却又作用于现实世界，网络文化来自于现实生活，同样反过来影响着现实生活。网络文化是一种新型媒介文化，是网络媒介传播活动和它所带来的产物。比如说我们在工作的时候，互联网就改变了我们的工作方式。同一个公司的员工建立公司内部的员工微信群，员工通过微信群来汇报工作，不但快，而且同一时间内大家都能知道公司的任何一点微小的改变。不同地区的员工通过“微信对讲机”来开会，节省了把大家聚在一起的时间成本，随时随地都可以操作。这就是网络文化的一部分，我们在现实里面做的事情，放在网络上进行交流。

网络帮助了青年树立人生观，价值观。社区文化是网络文化中的一个重要组成部分，也是青年交往方式中的重中之重。例如微信朋友圈、微博、天涯、百度贴吧等社区平台，都是青年群体喜爱的“网络地带”。信息在网络社区中传播速度很快，青年也更容易在网络社区中受到感染，网络社区也是社会价值观、人生观的一个重要载体。社区文化必须要传承社会主流的价值观、人生观，才能良好地作用于青年，影响现实社会。

网络是当代青年获取信息的主要途径，一个良好稳定的网络氛围能够推动青年社会化有条不紊地进行。网络文化环境一定要理性、民主、有责任意识，只有这样的网络文化环境才可以帮助青年健康成长。不少网络平台都会发表针对青年的文章、视频等节目发挥了以上的作用。比如爱奇艺中播放的青课（青年网络公开课），是团中央宣传部力邀中国青年网络智库的各专业学者专家为青年讲述时政、外交、人文等主题课程。聆听大师讲述，闻道，授业，解惑，帮助青年走好人生道路。

青年群体的生理、心理尚未成熟，思想认知、价值观念、情感个性还处于发展中状态。他们需要不断地社会化来成就自己的人生观、价值观、世界观，养成自己的自主人格，达到社会所期许所要求的程度，适应社会生活。传统的社会化过程多在学校和家庭中进行，都是老师或者家长进行培养。而21世纪的今天，互联网搭建的虚拟世界则成了青年社会化的另一个去处。网络给青年提供了一个崭新的、广泛的、特殊的环境，在这个环境中，青年不再是被动社会化，而是主动地去社会化。网络是一把双刃剑，在推动青年社会化的同时也起到了不小的阻碍作用，上文提到网络的虚拟性使青年道德的缺失、网络让青年感情淡漠、网络的多元化使青年的价值观无所适从。为了使青年社会化正常的进行,网络文化建设与网络文化管理的提升迫在眉睫。

我们要营造良好的网络德育环境。要关注青年"网络浸润"的现实,充分发挥网络信息传播快、信息量大的优势,加强网络内容建设和平台建设,策划好网络主题宣传和实践活动,形成积极健康的网络文化。要培养网络意见领袖,建立政治立场坚定、有责任、有担当的网络评论员队伍,在网络上展开网络舆论引导工作,预防青年在网络中情绪化、非理性的行为发生。加强网络信息监控,过滤不良网络信息,避免不良信息侵害青年思想。还要发挥网络民主监督,培养青年责任性、政治观。网络民主监督已经发挥了不容小觑的作用,很大程度上影响了国家政治风气。青年要充分利用互联网,提升自己的政治参与度,使青年对社会产生责任感,形成理性的民主监督和政治参与观念。

网络带给人们最基本的便利就是交流的便利。互联网给青年提供了虚拟的身份,可以在网络上匿名发言,使得网络社交平台成为匿名性下的个人"宣泄"空间。[26]这样青年就可以在网络中毫无顾忌地自由发言,他们对社会制度、社会现状的想法建议就能得到表达。听取他们的建议适当进行调整,可以维护现实社会的稳定。现如今互联网规范的不健全是很多互联网弊端的根本,网络并不是一个可以不负责任的场所,也决不能当作一个规避法律约束的平台。不能让青年产生一种在网络中就可以为所欲为的心理,要大力规范网络行为,净化网络环境,维护网络秩序。网络信息共享的特点要充分发挥,通过网络建立网络知识资源库,让青年可以在网络上学习知识,并且建立网络学术交流平台,让青年在网络上与其他人探讨切磋,激发青年学习的兴趣,培养青年与他人协作的能力,形成一种积极向上的氛围。

四、网络德育共同体构建

在传统观念中,共同体是指拥有血缘、地缘、精神等共同点的特定群体,而在当代,共同体的概念更为广泛,它可以泛指有着共同身份、地位、观念、任务、目标等特征的特定群体。具体到德育工作领域,德育共同体主要的任务就是对个体进行个人道德教育,推动个人思想道德观念的养成,为个体提供心理、思想上的支持与指导。德育共同体通过整合包括德育机构、社会各行各业、各类型组织和个人的资源进行优势互补,以此来提升德育工作的效率。学校、家庭、社区是高校学生主要的生活区域,在学校外的环境中,德育工作相对薄弱,而网络则是一条明显贯穿了学校、家庭、社区的线路。我们要通过建立网络德育共同体,整合学校、家庭、社区的各方面德育资源,进行全方位无死角的德育工作。

每一个青年群体的思想观念都是不同的,他们在思想浪潮相互碰撞的过程中,很容易冲击到网络德育工作。因此我们要加以引导,建造一个网络德育共同体。我们要大力弘扬网络先进文化,以马克思主义为指导,用符合中国特色社会主义价值观念的文化思想覆盖网络阵地。加强网络上青年的集体主义、爱国主义、社会主义等积极的思想价值观念。充分挖掘带有中国元素的网络文化资源,打造充满中国特色的网络青年德育阵地。倾听青年的诉求,了解他们的所思所想,抓住青年的思维方式,并问他们落实解决问题。

建立网络德育共同体要重视网络德育主体共同体建设。学校、家庭、社区中,学生所反映的情况都是通过不同的方面所折射出来的,它们所能判断学生的个人状况都是不一样的。在学校主体、家庭主体、社区主体之间没有联系交流的情况下,是无法全面把握德育工作对象的全面情况的,但家庭主体、社会主体往往是缺乏建立与学校主体之间的社会关系网络的。人们普遍认为德育工作都是德育机构的事情,只要给予人力物力的投入就可以让德育工作顺利地进行。但这种观念是错误的,想要德育工作进行得顺利,各主体之间就要展开交流,交换信息,整合资源。

建立网络德育共同体要着力构建共同体的体制机制。学校、家庭、社区是高校学生主要的生活区域,而网络则是一条明显贯穿了学校、家庭、社区的线路。要着眼于研究当下青年在学校德育与学校智育分离、学校德育与家庭德育疏离、学校德育与企业德育脱离、网络德育与现实教育偏离的现状以及背后的成因,整体构建有利于学生身心健康成长所需的人力、物力、财力的保障体制和可持续发展机制及育人体系,构建和完善网络育人体系,形成道德教育共同体,产生合力与正能量。

在实践构建方面,我们也是以具有德育工作经验的德育机构来发挥主要作用。我们可以通过建设网络德育平台,在网络平台上设置信息交流站点,将学校、家庭、社区的信息整合在一起,互相之间能够了解。同时开设家庭教育、社区教育的网络课堂,通过视频、文字等方式提升家庭、社区的德育水平。开设咨询站点,为学生提供帮助的同时,也可以为家庭、社区的各主体提供帮助。比如说当家长对孩子的一些教育问题就可以通过网络德育平台来向德育机构进行咨询。网络使学生德育工作不好控制。传统德育工作手段都是有着权威角色进行把关控制的,在学校有老师,在家里有家长。在网络中,学生则是完全凭着自己的意愿进行自我的学习,这个过程中没法进行有效的控制。网络加速了德育工作的进程,就像一匹快马,但是如果没有缰绳的控制,很容易使德育工作脱缰而驰。这一方面就需要家庭、社区、学校多方面紧密联合起来,在网络德育平台上开设交流反馈站点,及时反映学生情况。网络德育共同体需要去整合社会更多的资源,探索更多的网络德育工作方式方法,构建一个具有德育氛围的组织来。

党的十八大以来,习近平总书记多次在国内外重要场合用“命运共同体”一词。这个概念是一种基于整体思维的大智慧,对于我们构建学校、家庭、社区的德育共同体,提升思想政治教育效果具有理论指导和实践的价值。学校、家庭、社区是高校学生主要的生活区域,网络是一条明显贯穿了学校、家庭、社区的线路。我们要建立网络德育共同体,就是要改变传统的教育模式,整合学校、家庭、社区的各方面德育资源,增加在人力、物力、财力方面的投入,建立开放、多元、灵活的“共同体”机制。

第六章

青年组织动员

第一节　青年自组织

近年来，伴随着社会结构和社会组织形式的深刻变化，网络空间给个性青年提供了一个认识陌生和进行集体活动的环境[27]，青年群体的独立性、选择性、差异性显著增强，青年自组织应运而生、蓬勃发展，已成为一个不容忽视的社会青年现象。据初步统计，浙江省直属机关现有青年自组织 200 余个，共有骨干会员 2 500 多名，活动覆盖青年在 5 万人以上。青年自组织是青年自发成立、自主发展、自我运作，对青年和社会的影响力不断加强的青年组织，高度关注其成长发展趋势，引导其科学健康发展成为新时期共青团面临的新的课题。

一、共青团的历史使命

中共中央总书记习近平同团中央新一届领导班子成员集体谈话时强调："代表广大青年，赢得广大青年，依靠广大青年，是我们党不断从胜利走向胜利的重要保证。共青团要紧跟党走在时代前列、走在青年前列，紧紧围绕党和国家工作大局找准工作切入点、结合点、着力点，充分发挥广大青年生力军作用，团结带领广大青年在实现中华民族伟大复兴的征途中续写新的光荣。"共青团要在网络思想政治教育中充分发挥导向功能、组织功能、教育功能、评价功能和实践功能。[28]引导青年自组织的科学发展是共青团协助政府管理青年事务的重要内容，是巩固党执政的青年群众基础的迫切要求，也是共青团推动科学发展、构建和谐社会的有效途径。

（一）共青团协助政府管理青年事务

近年来，伴随着我国行政管理体制改革步伐不断加快，政府把越来越多的社会事务交给人民团体和社会组织来承担，特别是在社会管理和公共服务领域。早在1999年，胡锦涛同志在纪念五四运动八十周年大会上明确要求"共青团要发挥作为国家政权的重要社会支柱作用，积极协助政府管理好青年事务"。2003年，团十五大首次把"积极协助政府管理青年事务"写入《团章》。共青团在全团及全社会都已经达成共识的情况下，继续协助政府管理青年事务。青年自组织是以青年的诉求为基本诉求而自发成立的民间组织。以满足青年身心健康、个人成长、事业发展、社会参与和权利表达等需求为主要内容，以青年为骨干，面向青少年开展工作，引导青年自组织的科学发展属于共青团协助政府管理青年事务的范畴。政府需要共青团组织协助政府管理青年事务，共青团组织也完全能够在引导青年自组织科学发展的过程中有所作为。

（二）共青团巩固党的青年执政基础要求

中国共青团第十六次全国代表大会明确指出："共青团作为党领导的先进青年的群众组织，在新的历史条件下，必须不断巩固和扩大党执政的青年群众基础，团结带领青年为实现中华民族伟大复兴而奋斗"。共青团作为党的助手和后备军，作为党联系青年的桥梁和纽带，其根本职责在于巩固党的青年执政基础。青年自组织为青年提供了社交机会，同时为青年提供了丰富业余生活的活动，还帮助青年解决了现实及心理等一系列的问题。最后在青年群体中起到了主流引导作用。如果共青团对其引导不力，可能会使得青年自组织与共青团教育、服务、团结青年的方向背道而驰，甚至可能成为与共青团争夺青年群众的强大力量。此外，如果青年自组织对青年群体的影响和引导，发生指导方向上的偏差，与党对青年和青年工作的要求背道而驰，甚至成为国内外敌对势力与我争夺青年的工具，存在与党争取青年群众的危险，将会严重危及党的青年执政基础。只有通过联系、培育、扶持、合作、规范青年自组织发展，推动它们的发展与成熟，为它们搭建桥梁和纽带，引导它们提供满足成员的发展性的需求和为社会提供公益性的服务，才能凝聚更广大的青年，巩固党的青年执政基础。

（三）共青团推动科学发展的有效途径。

伴随着青年自组织的迅猛发展，对青年来讲，青年自组织拥有着致命的吸引力。有些青年自组织为青年自发行为,对原有的青年组织格局(即单位青年、社区青年)是一种颠覆,不少青年自组织对团组织也具有排斥性,甚至极少数的青年自组织的理念和目标不正确、不健康。青年自组织身份处境的不确定性、成立的自发性和发展方向的盲目性等特点对共青团工作推进科学发展、构建和谐社会带来了严峻的挑战。共青团作为代表青年利益、反映青年诉求、提供青年服务、解决青年问题的先进青年组织,只有高度关注新形势下青年自组织的发展,引导青年自组织的科学发展,使其成为满足青年成长性需求,服务青年成长成材的有效载体,成为青年服务社会进步,构建和谐社会的广大舞台。

二、青年自组织科学发展的价值内涵

科学发展观作为我国经济社会发展的重要指导方针,同样是衡量青年组织是否科学发展的标尺。青年自组织是网络社会青年集聚的一种有效组织形式,是一种客观存在。作为一种非正式组织,青年自组织科学发展的价值内涵体现在:成为满足青年发展性的需求的有效载体,成为构建社会主义和谐社会的重要力量,成为青年推动社会文明进步的广阔舞台。

(一)满足青年发展性的需求

伴随着经济社会的发展,人们生活水平的提高,人们物质生活条件逐步改善的前提下,对精神文化生活的追求和实现精神文化需求的能力日益提高,希望通过一定的社会组织形式丰富生活、体现自我、实现价值。因此,青年自组织的科学发展首先要以满足青年健康的、发展性的需求为前提。从浙江省直机关青年自组织的调查情况来看,存在较多的一类是业余爱好类青年自组织,比如省安全厅的篮球活动组、省卫生厅的骑行网自行车俱乐部、省农信联社的理财俱乐部、国家海洋二所的毽子空间等。省卫生厅的"布尔桥雅"青柠会和留声读书会,它们旨在让青年交流、分享工作经验,畅谈读书体会,提高成员的业务技能和综合素质。这两种类型的青年自组织都能很好地满足青年发展性的需求,也是共青团值得关注并加以正确引导的对象。

(二)构建社会主义和谐社会的重要力量

青年自组织不仅要服务青年发展性的需求,自我实现,自我服务,还应该积极主动地参与公共事务,成为构建社会主义和谐社会的重要力量。一是青年自组织要努力协调社会公共事务、促进社会稳定。在政府和青年之间,青年自组织应该起到传达作用,将政府对于某些问题的处理意见转达给青年,对青年自身来说,青年自组织应该起到引导和教导的作用,及时对青年个人问题进行预防和诊治。二是青年自组织要主动积极地参与社会服务,这样有效地解决了政府在社会服务方面的缺乏。从目前的情况来看,青年自组织之中的青年大多数的目的是实现个人诉求,而参与公共服务的公益类青年自组织则相对较少。通过正确规范引导,青年自组织完全可以成为构建社会主义和谐社会的重要建设力量。三是青年自组织要坚持正当的利益表达途径和方法,现有不少青年自组织就是为争取自身合法权益而结成集体行动的情况,他们在向政府表达利益主张时采取的方式、方法必须在法律法规许可的范围内进行。不能以满足某个小团体的利益而影响其他社会群体的利益,更不能对社会稳定造成危害。

(三)推动社会文明进步的广阔舞台

青年自组织要弘扬宽容、团结、互助的社会精神,倡导社会文明新风尚。比如在省直机关存在较多的青年志愿者类的自组织,它们通过充分发挥省直机关的人才和业务优势,在扶贫、环保、维权、慈善、文化、中介等诸多领域实现了对政府和市场的有益补充,同时省直机关青年在参与志愿者活动中也受到了深刻的思想政治教育。这种类型的青年自组织,也正是共青团需要重点培育和正确引导的。他在组织运行上形成的平等、民主、协商、参与的机制,在先进文化建设中发挥着积极和不可替代的作用。比如在高校众多的学术社团中,无论是社科类还是自然科学类自组织,为广大青年交流学术心得、探讨学术问题、共同提升提高创造了非常好的氛围和条件,广泛地传播先进文化。

三、青年自组织科学发展的制约因素

探究制约青年自组织发展的因素,我们可以从两个点着手,一是青年自组织的外部因素,一是青年自组织的内部因素。

(一)外部因素

在法律上,并没有向青年自组织提供有效支持的条款,虽不限制也不推其进步。《社团登记管理条例》规定:凡没有找到挂靠单位的则不予以登记。业务主管单位要对青年自组织的活动负责,却很难从中受益,加之条例中并未对业务主管单位作必须审批的义务规定,所以业务主管单位很难寻找。没有通过登记与注册的青年自组织就不具有合法地位。这其中就有不少的青年自组织,虽然很受青年的喜欢,但是却处境尴尬。在没有正式法律保护情况下的青年自组织往往都是非正式的组织形态。还有一点,就是青年自组织有时候为了保证其组织的独立性,拥有相对自由的空间,有意不去登记注册。因为没有纳入在政府的管理范畴之中,因此带来了青年自组织的数量、发展水平和发展方向等情况不易掌握,给共青团协助政府做好青年自组织的引导工作带来了一定的困难。

(二)内部因素

1. 青年自组织产生的自发性和成员管理较大的自由度,导致青年自组织的发展动态不易被掌握。青年自组织多是一群有某方面爱好的青年出于相互联系和交流需要而自然形成、自发成立。绝大部分青年自组织没有建立严格的会员准入制度,门槛也比较低,成员具有较大的自由度,加入自组织的资格和参加自组织活动,视自己的兴趣和空闲状况,参与活动完全靠自觉、自愿。正是由于这种自发性和自由度,导致青年自组织数量比较多,成员流动性比较大,加上有些青年组织还具有隐藏性,青年自组织的发展动态不易被共青团组织所掌握,制约了共青团引导青年自组织的科学发展。

2. 青年自组织发展方向的不确定性和对资源的依赖性,凸显了共青团对青年自组织引导作用的极端重要性。出于法律规范的原因,青年自组织对于发展之路一筹莫展。除了一部分目的明确的青年自组织之外,绝大多数青年自组织在组合之初是没有明确目标的,而是成员在交往中提出越来越多的需求,促使自组织的功能不断扩大,组织发展的方向具有不确定性。绝大多数的青年自组织的发展方向表现盲目,如不加以正确的引导,有些自组织可能会倾向于向极端利己主义的小团体发展。另外,青年自组织跟其他社会组织一样具有资源依赖性,因为一旦进行相关活动,就需要相关的资金、场地等社会资源的支持。由于并没有正式的社团身份,自组织并不能公开募捐,经费筹集有较大难度。这些不具有合法地位的青年自组织可能会长期接受国外基金会资助的青年自组织,如不及时掌握,正确引导,将很可能被西方势力利用,危害社会稳定。

3. 青年自组织的人治模式,制约了青年自组织的可持续发展。在青年自组织当中,拥有决策权的往往是内部的最高成员,他决定着青年自组织的发展进步。

往往青年组织成员对其充满了信任感与认同感。正因为领袖人物的人格魅力和情感维系在自组织中起重要作用,一旦发生领袖人物的更迭、领袖人物组织理念兴趣的转变、参加人员变化等各种原因,就会影响组织持续发展。

四、共青团引导青年自组织科学发展的路径分析

结合青年自组织科学发展制约因素,尤其是针对青年自组织自身特点,共青团组织引导青年自组织科学发展的路径主要可以归纳为:把握动态、引导取向、搞好统战、促进合作。

(一)把握动态

青年自组织因为处于政府管理的"灰色"状态,而且由于其自身的隐蔽性和流动性、自主性比较强,所以把握青年自组织的青年发展状态难度也较大。因此要充分利用团组织覆盖面广和团员分布广泛的优势,要尽可能地把区域内的青年自组织掌握起来,作为引导青年自组织的科学发展的第一手资料。另外,青年自组织作为社会新生的事物,其产生、发展、成长过程中存在规律性,共青团组织要加强对青年自组织的研究,牢牢把握青年自组织的发展规律和发展趋势。要了解内部动因,从青年自组织内部生成逻辑的角度来了解组织需求,为制定切实可行的引导、监管、服务措施奠定基础。也可以借鉴国外对青年自组织引导的成功经验,推动青年自组织的科学发展。

(二)引导取向

青年自组织发展方向的不确定性和对资源的依赖性的特点,凸显了共青团对青年自组织引导作用的极端重要性。一是要坚持正面引导,要通过各种有效的途径,通过团组织丰富活动,引导广大青年树立正确的价值观和世界观,因此共青团要全面加强自身建设,着重在凝聚中引导。二是要坚持分类指导,要根据青年自组织的不同需求,采取不同的引导策略。对于能积极响应政府号召,主动履行社会义务的青年自组织,团组织要积极创造条件,重点突出服务的职能,主动融入,可以尝试在他们中间建立团组织;对于基于自身爱好组成的自组织和学生社团类似的联合体自组织,团组织可以适当地介入其中,突出引导功能,使他们积极向主流文化靠近;对消极型的青年自组织,要谨慎对待,防控结合,从人生观、价值观、道德观和青年人才培养的总体目标出发,改变青年自组织与正式组织不相适应的

目标与规范,使之转变为积极的、有益的青年自组织。三是要主动为发展性和公益性的青年自组织提供资金、场地、项目等方面的扶持,加强开展项目合作,建立共建关系,在服务中引导青年自组织向发展性、公益性青年自组织方向发展。

(三)搞好统战

共青团组织要善于同青年自组织处理好关系,一是要建立理性认同,应该以一种宽广的胸怀去接受青年自组织。要认识到青年自组织对共青团更好地扩大工作覆盖面和影响力方面有着积极作用,也是和谐社会建设中可以依靠的群众力量。建立理性认同是强化情感纽带的基础,也是搞好统战工作的关键一步。二是要主动融入,积极探索团组织与青年自组织联系的有效方式。要有效地贯穿青年自组织活动、青年自组织发展、青年自组织成员需求者三条主要线路。用活动的形式推动青年自组织的发展,通过发展来满足青年的诉求。三是要从青年自组织内部成员里面做干部的培养,保证干部在青年自组织中的威信,同时做好培养下一代干部的工作。通过对自组织负责人的凝聚,逐步达到对整体组织凝聚的目的。另外,也可以通过采取将一些优秀的青年自组织及其负责人吸引到共青团组织的周围的做法。

(四)促进合作

团组织可以与青年自组织开展多种有效的合作,优化资源、扩大影响、增强吸引力,更好地为青年服务。要充分的与青年之间形成良性的沟通互动,同时建立青年自组织和青年之间有效快捷的互动渠道。虽然现有少部分青年自组织自发地进行横向或跨领域的合作和交流,但毕竟是小范围的。共青团牵头组织的青年组织论坛,能够为共青团组织和青年自组织提供交流的机会,也是青年自组织与政府、民众之间交流的平台。通过采取建立自组织发展基金、为他们无偿提供活动场所、准许青年自组织的成员参与共青团组织的一些活动等形式,在与青年自组织项目共建和活动的开展中,把握青年自组织的发展动态,引导其科学发展。

第二节　杭州市青年自组织的实证调查

近年来,青年自组织发展迅速,种类繁多,逐渐成为社会上不可忽视的力量,给共青团活动的开展带来了新的机遇和挑战。因此，深入研究青年自组织，是巩固党执政的青年群众基础的迫切要求，也是共青团推动科学发展、构建和谐社会的有效途径。我们从青年自组织及其特征的研究入手，在对杭州市青年自组织的组织类型、规模、构成等进行调查的基础上，分析了杭州市青年自组织的制约因素，提出了政府有关部门要关注青年自组织管理的目标定位、共青团对青年自组织管理的引导力和新媒体对青年自组织的影响等问题，并提出了扩大组织覆盖、提供资金资源、建立良性互动、开展有效合作等路径。

一、青年自组织及其特征

近几年，我国对于青年组织的研究越来越多，该方面的理论越来越完善，青年自组织被定义成由青年组成，没有在当地民政部门注册登记，也没有在机关、团体、企事业单位登记备案的，自发组成，自主发展运作的社会青年组织。青年自组织属于非正式青年组织，不受国家、地区民政机构以及正式社会组织的管辖与管理，其特征主要表现为：自发性、自主性、隐蔽性及流动性。

（一）青年自组织具有自发性的特点

随着社会经济发展，青年多样化个性的需求日趋明显，政府职能出现的缺位也逐渐显现。青年自组织以富有新颖创意的内容，自愿参加、不设门槛的运作方式，根据兴趣、职业、地区等自发组建，涉及领域不仅包括娱乐、学术、交友等，更涉及维护城市环境卫生、支持社会公益事业等活动。自发性青年组织能够及时反映青年人的利益和诉求，是青年诉求的"显示器"和"调和器"。青年人依托网络，通过感兴趣的议题集聚起来的过程，实质上就是利益诉求表达、意见整合的过程。

（二）青年自组织具有自主性的特点

青年自组织并不像正式社会组织需要定期开展一定的符合形势要求的活动，而是根据组织本身所赋予的意义，选择在方便组织成员以及能够达到较大组织成员参与度的条件下开展各项活动，活动次数根据组织成员的具体情况而定，拥有较高的人气。组织成员都需要具有当家做主的意识，做好参与者与决策者，对于某一个问题可以自主发表自己的主观想法与客观认识，共同参与项目的可行性表决。

（三）青年自组织具有隐蔽性的特点

事实上，政府有关部门除了掌握一些跟共青团有密切联系的具有显性性质的青年自组织外,对具有隐性性质的青年自组织的了解甚少。由此可见,青年自组织的存在具有隐蔽性,我们无法从各阶层的民政部门或者正式社会组织了解到青年自组织发展的详细状况,进行全面的定量研究,只能深入群众,达到一个粗略的感性认识。特别是互联网上青年自组织,如 QQ 群、BBS 论坛等,往往隐于互联网的汪洋大海中,无法被我们一一关注。

(四)青年自组织具有流动性的特点

大多数青年自组织无需经社团登记,但有相对明确的挂靠部门,或者是无登记无主管部门,因此组织内部机制不如正式社会组织完善,没有明确的加入退出机制,进出相对自由,人员的流动性相对较大。而组织成员间大多依赖通信工具、网络等作为联系手段,缺乏某些实际的活动来交流感情,增强凝聚力,这也就会伴随着一定的人员流失。青年自己也会随着个人兴趣爱好的改变而决定是否加入该青年自组织。

二、杭州市青年自组织的发展现状

由于青年自组织的自发性、自主性、隐蔽性和流动性的特征,尤其是大量的青年自组织并不到当地民政部门登记,我们掌握的大部分只是和共青团有密切联系的比较显性的青年自组织。通过调研,我们面上对杭州市青年自组织有一个较为全面、系统的感性认识和粗略的定量研究。

(一)组织类型

从内容上看,青年自组织可以分为兴趣爱好类、公益服务类、专业技术类等。兴趣爱好类自组织,是以满足具有共同爱好的青年的个性化需求为目标,满足其对于展示自我魅力的渴望的青年自组织,如杭州的 19 楼社区、黄龙国际商圈青春社团、上城区 8008 青年社工联盟、江干区的巨星缘俱乐部等。公益服务类自组织,主要是由一群热衷于社会公益事业,愿为社会无偿做贡献的青年志愿者组成的青年组织,如杭州的爱心公社、义工联盟、第九世界杭州公益俱乐部、在杭高校普遍存在的学生环保社团、法律咨询服务点、外来务工者维权组织等。专业技术类自组织,是为了满足青年对于专业知识学习的需求,专门组成的探讨哲学、科研、技术等的青年自组织,如高校的邓小平理论研究会、浙江大学法学研究会、青年企业家协会、农村的专业合作社、地理协会等。

按性质类型划分，我们所调查的青年自组织中，比重最大的是兴趣爱好类自组织，包括老乡会、交友类、娱乐类组织，约占了青年自组织的六成；其次是公益服务类自组织，包括扶贫、维权、环保类组织，占23.1%；专业技术类的青年自组织既包括行业协会，也包括各个专业领域学习交流的组织，占14.9%。总体看来，杭州青年自组织分布广泛但发展不平衡，兴趣爱好类自组织发展快速，公益服务类和专业技术类自组织发展则相对较缓慢。

（二）组织规模

据调查，目前杭州市的青年自组织的平均规模约为170人。近一半的组织的成员数都在100人以下（含）；成员数在200人以上的较少（只占23.9%），主要以网络论坛、微博群等网络虚拟平台的形式存在。以浙江农林大学为例，在校自组织大体可以分为以下两大部分：一是社团联合会管理下的上百家大大小小的实体性的青年自组织，二是老乡会、论坛微博等网络虚拟自组织。与很多已注册登记、挂靠在政府机关及事业单位的法定民间组织相比，来自网络的青年自组织代表着一种更为纯粹的"民间"力量。

就接受调研的梵风剧社、青年志愿者协会、摄影协会、法律服务站、邓小平研究会等10家实体性的青年自组织来看，兴趣类为5家，专业类为2家，公益类为3家。这些自组织的规模较小，成员数量最少的仅有30名，多数组织成员人数在200人以下。其中，兴趣类及公益类组织规模相对较大，如梵风剧社、青年志愿者协会，人员组成具有跨专业、跨年级的特点。这些组织举办的活动较多，能为广大在校学生所熟知，具有较大的吸引力及影响力。相对而言，专业类自组织由于自身的专业性限制，只对相关专业人群产生集聚效应，加之严谨少趣的学术性特征，缺少生动有趣的活动，无法吸引多数在校青年，一般组织规模很小。

网络虚拟自组织较之实体性的组织，管理更为松散或者接近无管理状态，成员的准入低门槛和高度自由的特征导致人员的良莠不齐和高流动性。这样的一个虚拟性环境，使成员们能畅所欲言，关注讨论的问题无非围绕社交新闻、生活琐事、休闲娱乐等方面展开，有着浓浓的生活气息。总体来说，虚拟组织规模较大、人数较多，有些甚至可达到上千名注册会员，并且具有一定影响力。由此可见，青年对网络虚拟媒体有一定的依赖性，青年自组织正朝着网络虚拟化趋势发展，使得虚拟自组织的规模呈不断增长趋势，这也符合目前青年人际交往的心理诉求。

（三）组织构成

从青年自组织的人员构成情况来看，青年自组织由于其自身的自发性、隐蔽性、自主性和流动性，加之大量的网络虚拟自组织的成员在现实生活中往往不愿意以真实身份示人，所以参与青年自组织的青年的具体情况难以统计。不过从调研来看，还是可以大致总结出其规律性：越是娱乐性质的青年自组织，规模越大、人员越多、人气越足；越是专业性的组织，规模越小、人气越低、活动越少。因为多数青年自组织以兴趣、爱好为初衷，无关性别，所以参与青年在性别上并没有明显的倾向。除了高校的青年自组织外，职业和学历情况也没有十分明显的分布，年龄跨度也比较大，从18～45岁都有。不过通过一些个案，我们还是可以在一定程度上了解不同青年自组织成员的一些特征的。如上城区"8008"青年社工联盟，是155名社工于2008年成立的青年自组织，主要是由80后团员青年组成，这些团员青年是街道、社区工作中的骨干力量。

调查显示：杭州市青年自组织发展不平衡体现在组织类型方面，侧重于兴趣爱好类，而公益服务类和专业技术类较少；组织规模方面，网络上的青年自组织规模较大，一般都在上千人，甚至有上万人，其他青年自组织人数则基本上在200人以下；体现在青年自组织运行方面，除了杭州义工联盟、黄龙国际商圈青春社团等一批大型的青年自组织运行比较规范，大部分青年自组织财务制度、会员准入制度、民主选举制度等制度体系都不够完善，组织标志、宣传杂志、组织歌曲等组织文化不够健全。

三、共青团引导杭州市青年自组织发展的对策

青年自组织的蓬勃发展，是我国社会快速发展的必然结果。在网络新媒体的推动下，作为社会新兴阶层之代表的"青年自组织"群体已悄然走向台前，并且愈发壮大，越来越受到政府和社会各界的普遍关注。政府有关部门要对青年自组织发展管理的有关问题予以高度关注，深入探索引导青年自组织发展的路径。

（一）当前和今后一段时间需要关注的问题

1. 青年自组织管理的目标定位问题。青年自组织管理应该着眼于巩固党的青年执政基础，成为共青团推动科学发展、构建和谐社会的有效载体。青年自组织不但满足组织内成员的基本诉求，丰富他们的心灵世界，还要积极引导他们投

入社会中,参与社会公益活动。但其中的一些隐性负面的自组织,反映了当代某些不健康的青年群体的思想及行为,对社会主流价值观、道德伦理观提出了挑战,并发生一些危害社会的行为。如果共青团对其引导不力,可能会使得青年自组织与共青团教育、服务、团结青年的方向背道而驰。只有通过联系、培育、扶持、合作、规范青年自组织发展,推动它们的发展与成熟,为它们搭建桥梁和纽带,引导它们提供满足成员发展性的需求以及为社会提供公益性的服务,才能凝聚更广大的青年群众,巩固党的青年执政基础。

2. 新媒体对青年自组织的影响问题。截至2016年年末,中国互联网络信息中心(CNNIC)发布《第39次中国互联网络发展状况统计报告》,报告显示截止到2016年12月底,中国网民数量突破7亿,达到7.31亿,全年新增网民4299万。网民的年龄方面,在30岁以下的网民占总数的53.7%,超过3.8亿。可以想象,经常活跃在网络上的青年绝对是一支令人生畏的庞大力量。网络青年自组织中,成员之间共同的兴趣爱好、共同关注的社会主题、共同的利益需求契合点,是他们之间的强力黏合剂。如果有良好的政治参与渠道和积极引导,青年网民会通过网络积累提高民主参与能力,成为推动社会进步的有益力量。但网络平台的消极作用也不容忽视。由于一些年轻网民政治辨别能力差,易受一些不良团体和别有用心的势力的蛊惑,产生损害国家社会的行为。因此,对于年轻网民和团员青年的网络活动需要予以更多的关注及积极引导。共青团组织应当最大限度地创新覆盖方式,充分发挥青年自组织的自身优势;利用新媒体的力量,广泛调动、服务和凝聚青年力量,使之符合社会主义主流价值观导向,成为广大青年的情感归属和展现自我能力、实现自我价值的平台。

(二)共青团引导杭州市青年自组织发展的路径

结合青年自组织科学发展制约因素,尤其是针对青年自组织自身特点,共青团组织引导青年自组织科学发展的路径主要可以归纳为:扩大组织覆盖,及时掌握动态;提供资金资源,进行正面引导;结合双方所长,开展有效合作。

1. 扩大组织覆盖,及时掌握动态。青年自组织因为处于政府管理的"灰色"状态,而且由于其自身的隐蔽性和流动性、自主性比较强,所以对于把握青年自组织的青年发展状态难度也较大。一是要以更加开放、现代、理性、务实的态度,高度关注新形势下青年自组织的发展趋势,充分利用团组织覆盖面广和团员分布广泛的优势。要尽可能地把区域内的青年自组织掌握起来,作为引导青年自组织科学发展的第一手资料。共青团要主动联合,分类指导,加强服务,积极构建共青团组织与各类青年自组织合作共赢的关系,引导青年自组织的科学发展,使其成为满足青年成长性需求,服务青年成长成才的有效载体,成为青年服务社会进步,构建和谐社会的广大舞台。二是切实加强对青年自组织研究。青年自组织作为社会新生的事物,其产生、发展、成长过程中存在规律性。共青团组织要了解内部动因,从青年自组织内部生成逻辑的角度来了解组织需求,为制定切实可行的引导、监管、服务措施奠定基础。三是从管理下手,形成一套有序有效的管理办法。要对青年自组织进行“吸纳型”管理,通过吸纳骨干人才,促进良性运转的组织功能系统;也可以借鉴国外对青年自组织引导的成功经验,推动青年自组织的科学发展。如杭州市交通投资集团有限公司为了给青年们拓展交友空间、发展兴趣爱好,成立了由青年团员组成的“青年社团”,既创新了共青团组织建设的方式,使团组织吸引、服务青年的方式更加有效,又扩大了团的影响力和覆盖面。

2. 建立良性互动,培养骨干力量。共青团组织要跟青年自组织搞好团结。一是要建立理性认同,应该以一种宽广的胸怀去接受青年自组织。要认识到青年自组织对共青团更好地扩大工作覆盖面和影响力方面有着积极作用,也是和谐社会建设中可以依靠的群众力量。在工作中,要树立平等意识、服务意识,建立理性认同是强化情感纽带的基础。要把青年自组织工作纳入党的社会工作视野,通过组织相关协会、沙龙形式,对骨干人才进行统战、吸纳,实现组织管理绩效的提升;通过对自组织骨干人才的凝聚,逐步达到对整体组织凝聚的目的。二是要主动融入,要建立有效便捷的共青团组织与青年自组织之间的联系方式,并且找到二者之间的契合点,展开能够使二者产生互动的活动。三是要实行“阶梯式”的培育方法,抓骨干培养。所谓阶梯式的培育模式,是从对有意愿个体的培训开始,到尝试、孵化,再到登记、注册,最后到初期扶持性项目支持的一整套人才培育模式,这将有助于培育出一批具有一定政策敏感性、社会责任感,并能做大做强的青年自组织。可以采取将一些优秀的青年自组织及其负责人吸引到共青团组织的周围的做法,为青年自组织提供骨干培训、基金扶持、项目合作、社团落地等服务。

3. 结合双方所长,开展有效合作。团组织可以与青年自组织开展多种有效的合作,优化资源、扩大影响、增强吸引力,更好地为青年服务。一是注重项目对接。青年自组织参与社会建设是党政、企业和公共社会三方因素汇聚的结果,汇聚点即是工作交互点。因此,必须强化这三者间的对接,以使青年自组织参与社会建设实现有序化,提高青年自组织的公众参与度与社会责任感。政府可借鉴目前商业组织B2G、C2G、G2G等网络平台,为项目对接创造高效便捷的网络渠道。二是注重项目共建。通过采取建立自组织发展基金,无偿提供活动场所,准许青年自组织的成员参与共青团组织的一些活动等形式,在与青年自组织项目共建和活动的开展中,把握青年自组织的发展动态,引导其科学发展。如浙江团省委与在杭公益组织共同策划开展"为杭州评选最幸福城市加油""志愿服务新农村、淳安助学自驾行"、杭州志愿服务组织大型项目展示会等活动,就是促进青年自组织之间的合作与交流的有效形式。三是注重优势发挥。青年自组织要适时调整宗旨、目标,选择适于青年成才的内容和形式,积极开展社会动员、资源整合和项目运作,完善自我服务功能。共青团要切实加快区域整体化建设,推广"基层团组织+青年中心+青年社团联盟"的虚拟区域青年组织三层架构,增强共青团组织的凝聚力和引导力。

第三节　共青团组织动员方式创新

经过对共青团的两种组织动员方式及其制度基础的深入分析,可以得出共青团的组织动员呈现了组织化动员弱化、社会化动员强化以及两种动员方式相互融合的趋势,结合共青团的组织动员方式提出了要通过加强共青团的自身建设、创新共青团的动员机制和发挥团干部的纽带作用来构建和谐校园。

一、共青团的组织动员方式及其制度基础

作为执政党的青年组织,为党团结凝聚各个领域、各类社会组织中的青年,是共青团的一项重要任务。新时期共青团的首要工作就是要组织动员起来青年。共青团的动员分为组织化动员和社会化动员两种。国家和社会的关系是共青团组织动员方式存在的制度基础。

(一)"强国家—弱社会"社会发展模式下的共青团组织化动员

共青团组织化动员是指依托团的组织网络和体系,以集中统一、层层动员、广

泛发动为主要手段和表现形式对青年进行联系和发动。组织化动员是带有强制性的,动员者和被动员者之间往往存在着隶属关系。

从组织化动员的制度基础来看,改革开放前的中国处于“强国家—弱社会”的发展模式。采取的是高度集中的政治化,依赖组织的政治动员是这一时期社会动员的主要方式。1955 年 12 月毛泽东同志向广大知识青年发出了号召:“应当高兴地到那里去,农村是一个广阔的天地,在那里是可以大有作为的。”党有号召,团有行动,北京团市委率先发动,随后,天津、河北、湖北、山东、哈尔滨等 10 多个省市的团组织,也相继组织了 50 余批、约 37000 余人参加远征垦荒。仅 1956 年一年,在各级团组织的组织动员下全国就有近 20 万名城市青年志愿加入到了垦荒队伍中来,知识青年下乡迅速在全国呈燎原之势,足见共青团组织化动员的高效。

从我国多年来政治发展的历程来看,之所以能够长期保持政治稳定的局面,最根本的原因也在于党的组织动员的机制和体系。因此,必须注重巩固和强化共青团的组织化动员机制,通过健全团的组织体系,一级一级对青年进行联系和发动。而巩固和强化这一机制,关键在于加强团的基层组织。

(二)“强国家—强社会”社会发展模式下的共青团社会化动员

从社会化动员的制度基础来看,这一时期的中国处于“强国家—强社会”模式。随着国家权力从经济社会领域的部分退出,为市场和社会组织的发展创造了基本条件和广阔空间,市民社会得到了较好的发展,社会的动员方式也应从单纯依靠行政的力量转变成为依靠社会自身力量的社会动员。以 2010 年共青团对西南地区旱情动员为例,灾情发生后团中央借助网络、电视、报纸等公共媒体,向全国青年发出了号召,要求广大共青团员积极投身抗震抗旱救灾。在广大团员青年的引领下,短短一个月时间就募集到抗旱资金 2.1 亿元和 4.46 万吨饮用水。在云南、贵州、广西、重庆、四川等旱区的团组织组建了 9602 支“共青团送水突击队”,28 万余名送水志愿者奔波在旱区一线,为缺水群众和中小学生提供送水服务。

对于青年群体而言,伴随着组织动员的主体呈现多元化,任何一个组织和个人都能通过网络或者其他途径进行青年动员。尤其是迅速发展起来的青年自组织,他们在团结、凝聚和动员特定的青年群体方面具有很高的效率,如果引导不当则可能使这些组织成为与共青团争夺青年的强大力量,甚至进而引发危害社会稳定与正常秩序的群体性事件。

二、共青团组织动员方式变迁

伴随着青年的经济利益多样化、分散化和具体化,能够选择参与的社会组织日益增多,思想活动的独立性、选择性、多变性、差异性明显增强,给传统的组织化动员带来了巨大的挑战,组织化动员呈现了弱化趋势。同时,共青团的社会化动员日益发挥了重要作用,并且组织化动员和社会化动员呈现融合之势。

(一)共青团组织化动员呈现弱化趋势

随着时代的进步,青年的思想世界逐渐独立自主,青年之间很难保持统一的思想和价值衡量标准,这就使青年难以被动员。随着改革开放的深入,"以经济建设为中心"的观念深入人心,以经济利益为中心进行的社会动员,并不能有效激发人们的社会责任感,传统的开大会、发文件的工作方式和说教式、灌输式的组织化动员方式的作用效果逐步降低。树立一个标杆,作为激励青年精神层面的武器,为他们指路导航,这一措施却因为现代生活的瞬息万变而效果下降。一项针对高校的校园文化活动吸引力的调查显示,36.4%的青年学生十分愿意参加共青团组织的各项活动,55.9%的青年学生表示遇到自己喜欢的活动愿意参加,7.7%的青年学生表示不愿意参加或者是被强迫组织参加的。可见青年学生对共青团组织的校园文化活动越来越具有选择性,只注重动员不注重青年现实需求的校园文化活动越来越不受学生欢迎。

青年能够选择参与的组织不断增多,给团组织的凝聚力和号召力带来了挑战。依据民政部发布的《2014年社会服务发展统计公报》和《2015年社会服务发展统计公报》的相关数据,中国社会科学院研究生院与社会科学文献出版社共同发布的《中国社会组织报告(2016—2017)》(又称社会组织蓝皮书)中指出:截止到2015年底,全国共有社会组织66.2万个,比起上一年度,增长率为9.2%。除此之外,伴随着社会结构和社会组织形式的深刻变化,大量的青年自组织应运而生。在这种情况下,传统的组织化动员手段显然已经收效甚微。

(二)共青团社会化动员发挥了重要作用

在经济社会发生深刻变革的情况下,作为辅助性手段,社会化动员在促进克服共青团资源的稀缺,扩大青年的组织覆盖,巩固党执政的群众基础的过程中发挥了越来越重要的作用。在动员方式选择上,伴随着团内区域整体化工作的全面推开,高校团组织与区域内的各级团组织联系进一步加强,青年学生更加热衷于走出校园、融入社会。

利用现代化传播媒体,通过网络途径的动员方式已经成了现代团组织常用的一种动员手段。希望工程、青年志愿者、保护母亲河行动等,其动员手段都是直接面向社会,很大程度上解决了共青团的人力问题。2016 年中国杭州 G20 峰会就是面对社会招募志愿者,取得了巨大的成就。峰会卫志部志愿服务组 2015 年 12 月在 15 所高校定点开展招募,超过 2.6 万人报名。2016 年 3 月起,通过“两轮面试+三轮测试”方式选拔,截止到 2016 年 6 月 23 日已建立了 3900 人左右的预录取志愿者数据库。

(三)共青团组织化动员和社会化动员的融合

其实社会化动员手段和组织化动员手段的区别并非取决于发起人是否是组织,而是在于体系的依赖程度还有对资源的侧重程度。就目前的情况来看,对于组织依赖性越来越强,对于资源倚重越来越大,两种方式逐渐趋于融合。当前,在高校的各级团学组织、学生社团、班级团支部等有 QQ 群,QQ 群和手机网络的结合,给各级组织和广大青年学生获取信息并进行组织动员带来了极大的方便,依赖组织体系并借助网络、手机等动员载体,共青团的组织动员方式得到了前所未有的发挥。

对共青团社会化动员影响最大的就是网络、手机等现代媒体和通信工具的普及。据中国互联网络信息中心统计报告显示,截至 2016 年 12 月底,中国网民规模达到了 7.31 亿,互联网普及率达 53.2%,手机网民规模为 6.95 亿。互联网的低成本、高效率和普及性,从技术手段上打破了公共组织对大众传媒的高度垄断,广大群众有了向全世界传播思想的技术手段和发起组织动员的能力,越来越多的社会团体包括共青团和青年自组织乃至个人都可以参与到社会动员之中,成为社会动员的发起者。在对青年的信息获取渠道和动员载体的问卷中,QQ 群占受访者比例的 46.4%,论坛贴吧占受访者比例的 29.8%、短信、电子邮件等方式占受访者比例的 23.8%。由此可见,“QQ 群”式的网络动员和组织方式,已成为一种极受关注的新动员方式。

三、共青团组织动员对和谐校园建设的启示

作为社会系统中重要的组成部分,和谐校园应该成为社会主义和谐社会的重要组成部分,而和谐校园建设更需要共青团朝气蓬勃的青春力量。共青团的组织动员方式变迁以及群体性事件的动员方式为共青团组织参与和谐校园建设提供了诸多启示。

(一)加强共青团的自身建设

在经济社会深刻变革面前,吸引凝聚青年,靠先进思想,靠对青年合理利益诉求的尊重和服务,靠对青年特有兴趣的满足,靠对青年职业生涯发展所需要的社会化技能的培养,靠团干部的人格魅力和对青年的感情。因此,高校共青团要在和谐校园的建设中发挥生力军和突击队的作用,就必须切实加强自身能力建设。

1. 在服务党政工作重心中引领青年。共青团作为党的助手和后备军,从组织的职能定位上来看,就要求各级团组织要义无反顾地响应党的召唤,进一步领会党的要求和期望,在服务党政中心工作中为党分忧为民解困,把共青团无可替代的积极作用引导好,运用好,发挥好。实践证明,只有坚持服务大局,服务党政中心工作,共青团的工作领域才会不断拓宽,共青团和团员青年建功立业的天地才会无限宽广,作为一个组织的社会影响力和对青年的吸引力才会不断增强。

2. 要在完善组织体系中覆盖青年。要坚持“纵向到底,横向到边”的思路,建立健全人性化、规范化的组织制度和运行机制,让青年在组织体系内接受教育。同时要根据当前青年组织动员多元化的发展要求,在学生社团、学生聚集的网络论坛、QQ 群等建立团组织,实现团组织的全面覆盖、有效覆盖,不断巩固和扩大党执政的青年基础。要打破区域内共青团各条战线、各个领域自我封闭、相互割裂的做法,推动区域内各类团组织的共建,实现工作项目、工作资源和工作力量的整合。实践证明,面向社会和基层开展活动更加受广大青年的欢迎。

3. 要在竭诚服务青年中凝聚青年。要加强调查研究,关注青年成长中最现实、最直接的问题,找准服务青年的工作着力点。在构建和谐校园的进程中,通过各级团组织及其骨干成员与青年形成的友谊、情感和信任更好地影响青年的思想和行动,增强构建和谐校园的凝聚力。这方面,武汉大学团委有着成功的探索,他们将“角色扮演”“杀人游戏”等校园流行的活动形式引入基层团支部,融合时尚、艺术、流

行文化等元素,制作成以李雷和韩梅梅为主角的小册子——《团支部宝典》,深受80后、90后的青年学生欢迎。共青团只有服务好青年,才能更好地凝聚青年。

(二)创新共青团的动员机制

动员青年参与和谐校园建设是构建和谐社会的根本要求,也是新时期共青团肩负的历史使命。共青团作为一个群众组织,组织化动员仍然是主体,必须进一步巩固和强化,要努力实现组织化动员和社会化动员的结合,以组织化动员促进社会化动员,从而提高动员效率。

1. 要以完善的组织体系动员广大青年。作为一个全国性的组织,共青团基本的、稳定的动员力还是在于组织化动员机制,要通过健全团的组织体系,一级一级对青年进行联系和发动。要充分发挥共青团思想教育对青年价值观的塑造功能,努力让广大团员青年在团内受教育,充分发挥共青团在和谐校园文化建设中的积极作用,努力形成充满活力、健康有益的青年文化,最大限度地把青年的智慧和力量激发出来、凝聚起来。要进一步扩大团学组织在学生中的影响力,更好地发挥自我服务、自我管理、自我教育的作用。同时要加强对团属学生社团的指导服务,创新工作方式,丰富工作项目,最大限度地组织动员各个方面的青年。

2. 善于运用网络和现代传媒手段动员青年。当前,网上联络,网下聚集,已经成为青年聚集的突出特点和重要途径。要积极构建团组织、各类团属青年组织、青年自组织、网络虚拟组织以及广大团员青年的直接信息互动平台,实现资源互通共享,逐步以网络信息平台、短信平台、QQ群、视频会议等现代通信手段为纽带的现代化共青团动员体系,进而实现对更广泛团员青年的有效覆和有效联系。浙江农林大学动员团员青年充当网络评论员的做法,对于及时地了解青年学生的思想动态尤其是掌握重大群体性事件可能发生信息并及时进行研判和引导,对于维护和谐校园起到积极的作用。

3. 要运用和吸引各类社会资源动员青年。共青团社会化动员以及其与组织化动员相互结合是趋势,共青团要善于发挥共青团社会化动员的优势,拓展动员领域,深化工作内涵,更加广泛有效地动员青年、影响青年、影响社会。比如要通过加强共青团"青年就业创业见习基地"建设,为青年特别是青年就业和未来创业提供实践机会、积累工作经验。此外,共青团动员青年的效率很大程度上取决于活动对青年的旨趣吸引,比如浙江农林大学团委与当地共同举办的"全民饮茶日活动”“酷中国——全民低碳行动浙江现场活动”“社区邻居节”和“红歌下乡”等活动，得到了青年学生、社区青年和青年农民的热烈响应，活动的成功举办也提高了共青团组织的影响力和吸引力。

4. 发挥团干部的纽带作用，有效规避校园群体性事件的发生。把影响青少年群体稳定的因素努力解决在萌芽状态，积极协助学校党政预防和减少青年学生群体性事件，维护学生群体和社会政治稳定，共青团干部承担着更加重要的责任。同时通过对群体性事件组织动员的方式和机制的深入剖析，对于共青团在规避校园群体性事件发生方面提供有效的借鉴。

(1)要做到政治坚定，要有参与维护校园稳定的责任感。高校共青团干部作为学生中的骨干分子，具有较强的组织协调和动员能力，如果他们对校园群体性事件置若罔闻，甚至参与组织群体性事件，其危害性可想而知。广大团干部要切实提高思想政治素质，进一步坚定跟党走中国特色社会主义道理的理想和信念，要善于抓住维护校园安全稳定的主要矛盾，在参与维护校园安全稳定的过程中锻炼本领、增长才干，努力成为引领团员青年的和谐健康成长，维护学校的和谐安全稳定的排头兵。

(2)构建群体性事件发生的预警机制。团干部要及时了解、掌握学生成长发展的新情况、新动向，对影响学生成长发展的各种因素进行及时监测，只有深入青年，融于与广大青年的沟通、联络、交流、聚集方式，与广大青年打成一片才能准确把握舆情。与此同时，要根据监测结果，做出科学预测，加强青年群体性事件信息报告工作，充分利用现代信息技术，重点掌握学生思想动态和预警性信息，及时报送高校舆情动态。有效遏制群体性事件的发生。针对网络动员，团干部要注重发挥“舆论领袖”的作用，引导网络舆论，强化主流言论，孤立非主流言论。

(3)畅通青年利益诉求和表达渠道。要动员各种社会资源，对经济困难、学习困难和心理困难等群体进行帮扶，帮助他们解决学习、工作、生活中的实际问题，使他们充分感受到共青团的关怀。同时，要建立通畅的沟通渠道，利用各种渠道建立团组织与广大青年之间的良性互动。要把维护青年学生合法权益与引导青年的有序政治参与结合起来，把关注个案与关注普遍性的权益问题结合起来，把代表和反映学生的普遍性利益诉求与相关法律法规的贯彻落实结合起来，探索建立维护学生合法权益的制度性安排。

第七章

青年网络生活方式

“所谓的网络行为只不过是现实空间中发生的、以符合电子空间的方式所进行的活动、动作、运动、行为或行动。没有一种网络行为可以脱离现实空间中的活动而独立存在。”[29]依靠计算机与网络相关人员在一定的技术条件和网络观念引导下,所形成的满足网络使用人群进行网络生活的全部行为方式和体系。随着信息化和大数据的蓬勃发展,网络的技术条件上限不断抬升,网络生活方式也不是一个一成不变的固定模式,具有非常典型的时代性,不断地影响着网络相关者的各种网络行为及网络心理健康的发展。

第一节　网络生活方式概述

哈尔滨工业大学教授王雅林在《生活方式研究评述》一书中提到,生活方式是指社会的组成人员“在一定的社会条件制约和价值观引导下,所形成的满足自身生活需要的全部活动形式与行为特征的体系”。在这个体系中包括物质生活和精神生活两个层次,物质生活包括衣食住行、工作运动、社交活动等,而精神生活包括世界观、人生观、价值观以及与其人生观、价值观、世界观相匹配的生活模式。在生活方式的基础上进行延伸可以得出网络生活方式的基本概念。

一、网络生活方式的特点

物质生活的生产方式制约着整个社会生活政治生活和精神生活的过程,而社会生活又是包括生产活动在内的最广泛意义的人类生活活动。[30]生活环境是一个大染缸,在潜移默化之中会影响和塑造人们的思想观念、行为方式和价值判断。在第三空间的网络领域中,用户在接触各种网络信息表达方式的影响下,会在不知不觉的过程中模仿、学习网络的表达方式、行为习惯,进而养成与其相匹配的思想观念和价值判断。在这个过程中,影响网络用户的生活方式有以下几个特点。

(一)网络生活方式普遍存在

这一点得益于网络终端的普及,总部设于华盛顿特区的美国独立性民调机构——皮尤研究中心(Pew Research Center)于2016年7月发表了一份数据报告,报告上显示中国的智能手机普及率达到58%(成年人拥有的智能手机的比例),远远高于全球智能手机普及率43%。而在这58%的普及率中绝大多数智能手机拥有者都是青壮年,这就意味着,随着时间的更替,智能手机或者优于智能手机的终端必将深刻影响国民。此外还有计算机、电子阅读器等其他终端也是不可忽视的网络生活途径。在这种时代背景下不难发现,当今的社会已经和网络捆在一起,网络生活方式普遍存在。

(二)网络生活方式态度多样

网络领域包罗万象,可以基本满足所有人的不同需求,由于网络用户的个性特征,其在网络上的需求也不尽相同,进而影响他们的话语、行为和态度。在这个层面上,我们不难发现,有的人利用网络进行消费、有的人利用网络体验网游、有的人利用网络了解资讯……在这些人中,对于网络的态度各有不同,根据《青年对网络舆论的看法和态度的调查报告》和相关分析可得,大多数人对网络生活方式持中立的态度,认可网络生活便捷、丰富的特点,又肯定网络确实存在很多负面的效果,最主要的还是看个人的选择;还有部分人对网络生活方式持相对保守的态度,他们在进行网络生活行为过程中态度比较认真,对于网络上面的资讯和话语称有一定的参考价值;只有少数人觉得网络是个完全虚伪的世界,调查中相对言语比较绝对化。

(三)网络生活信息良莠不齐

网络方式的开放性和不规范性直接导致了网络信息的复杂性,这就要求用户有更高的分辨能力。和“是谁抢走了我的麦克风,没关系,我还有我的喉咙”这句歌词一样,当今时代,每个人都可以用自己的喉咙发声,“自媒体”被炒得火热。它的产生是相关的技术和群众的主体感结合的产物，满足了用户自主观察、自主讨论和自主发声的需求。所谓高手在民间，统一的声音告知已经过去。在这一过程中，大量原创的、有灵魂的内容借助网络可以被更多的人看到。同时，网络信息也存在弊病，就网络诈骗而言，2016 年搜狐科技的安全联盟共受理网友举报 152 万条，经由人工核定，有 45.6 万恶意网址被列入黑名单。其中兼职季、旅游季、开学季更是网络诈骗的高峰期。

（四）网络生活方式平等自由

网络本身并不具备识别用户本人在现实中的身份、地位和财富的能力，这就使每一个用户都有相对平等的表达个人意见的机会和权力。又由于网络身份鉴别存在着漏洞，在法律和道德的框架内，用户可以以匿名的方式出现，还可以随时更改自己的身份，也为其发声减少了后顾之忧。此外，网络的虚拟性也给网络生活的自由度提高了一个台阶。加拿大的弗兰克·凯尔奇在《信息媒介革命》中提到："人们将在虚拟的现实世界中攀登珠穆朗玛峰，跨越冰川，甚至人们可以漫游恐龙的国度，一切可感知的世界在网络中都可以塑造模型。"

（五）网络生活时间呈现规律

随着网络浏览的终端限制逐步被打破，网民参与网络生活的便利程度大大提高，可以达到"一般情况下，只要想上网就能够上网"。根据百度统计流量研究院的数据（如图 7－1）可以得出，当前网民的网络生活时间囊括一天的 24 小时，且呈现有明显的规律性。

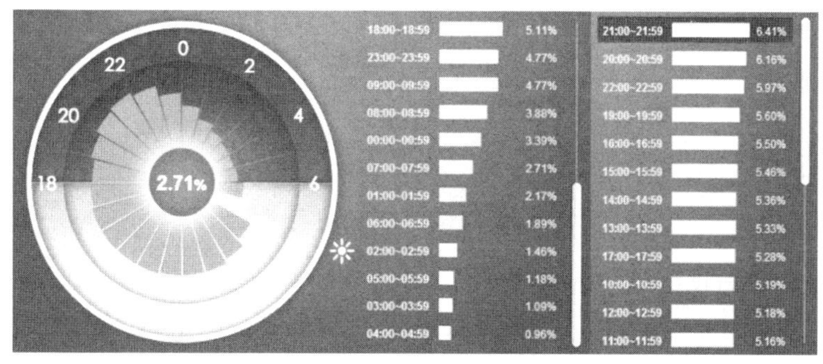

图 7－1　网络用户时间分布图

各小时上网比例的极差为 5.45%（即 21:00～21:59 时间段和 04:00～04:59

时间段之差);每天09:00~22:59网民上网时间均处于5%上下,02:00~08:00均处于1%上下,无明显峰谷;而23:00~次日01:59和06:00~08:59则呈现出一个下滑和上升的趋势。这实际上说明网民的网络生活时间分布有明显的规律可循:基本上和其生活作息相关。

二、网络生活方式的类型

在网络生活中,用户借助网络,以符号转化的编码进行转递,再经过译码传达到另一个用户的过程中,以计算机和网络技术为中介的生活习惯、行为习惯和行动理念都存在着区别。要对其网络生活进行分类,不同的角度会出现不一样的结果。但是,对于我们研究而言,最有意义的是就网络生活的目的进行分类。

(一)依托网络进行学习

网络一开始是依脱计算机发挥功能的,所以在这么多年后的今天我们还是一直提计算机与网络技术,虽然目前的社会已经说不准到底是计算机用户多还是智能手机用户多,又或者两者本来就是重合的。计算机的用途原来是作为数学计算和研究之用,所以网络也承载着学习功能。

在网络用户群体中,部分学生和中年群体用户通过计算机网络进行学习,主要有以下方式:区别于传统教学,学生通过网络平台接受课堂教学,全国各高校均开设了大批量的网络选修课作为学生备选,部分学校还对网络学习的学时作了一定的要求;通过网络进行学习性质的交流,网络学习中,师生的双主体地位都得到了尊重,都是知识传递的交流者,通过这种形式,可以在课后强化学生的知识体系,同时方便及时查漏补缺;搜索学习资料,网络是一个数据的聚集地,不占空间提取方便,高校图书馆都陆续提供数字图书馆、数字期刊以及各类数字学习资料库,还有类如中国知网等相关学术网站以及各大搜索引擎下属的百科词条库,都是网络学习资料调取的有效场所。

(二)通过网络进行休闲

网络为满足不同用户的需求,开辟出很大一块内容供给用户作为消遣娱乐的场所。网络日新月异的变化不断满足当前新一代用户对新奇事物的好奇,并将其转化为巨大的经济利益。网络在很大程度上丰富了青年的休闲生活,其内容主要为以下三大类。

网络影音。在 360 软件市场中，有 516 款视频软件、352 款音乐软件，这还是不完全统计，每个软件里都有海量的资源，这得益于网络的共享性和开放性。网络阅读，用户的阅读习惯受到了科学技术、生活习惯、社会状态等诸多方面的影响，包括阅读内容、阅读载体、阅读时间等均出现多样化的形势，一同构成相对多样化的阅读模式。内容形式从原来的文字、图像阅读转向包含文本、声音、图形图像的普通网页、各类 APP、电子出版物等，阅读者由以往的从书写、印刷符号中获取信息向从数字录入再经转码后的内容中获取信息转化。内容素材由内容提供方决定给你看什么变为阅读方决定要看什么。网络硬件的共享和阅读素材的分类为阅读者提供了更加多的选择和更加专门化的区分，阅读者根据自己的兴趣会在阅读时有偏向地进行阅读活动。

网络游戏。这种娱乐方式受到了很多人的诟病，还被部分人曲解为是年轻人的专利，其实是不然的，网络游戏的适应性也很强。中老年用户倾向于棋牌类游戏，诸如中国象棋、斗地主、双扣之类的，这一类游戏数量有限，用户比较集中，只是因为工作和生活的原因，把日常消遣的方式转移到了网络之上；以英雄联盟和王者荣耀为代表的满足青年需要的网络游戏数量庞大，发展为电子竞技这一新的奥运会运动项目，成了世界经济的一个新增长点；此外还有适应小孩子玩的消消乐、俄罗斯方块、泡泡龙等小游戏。

网络交际。用户凭借网络打破时空界限的便捷性，使用网络运营商提供的信息交流平台（AAP 类的 QQ、微信、MSN 等和论坛形式的天涯、虎扑、贴吧等以及网站形式的博客、邮箱、百合网等），网络的基础功能——信息交流功能在这一个过程中使网络转化为人际关系变化的重要渠道，网络交友、网络婚恋成了见怪不怪的事情。

（三）依托网络经济往来。社会化的今天分工越来越细化，原始社会以物易物到一般等价物的出现，进而出现货币，再就是网络之后应运而生的虚拟货币。这也让网络经济往来有了更大的可操作性。网络生活方式是现实生活方式的投影，在网络生活中出现了很多种形式的经济往来。

网络购物，具有代表性的是淘宝和京东，还有苏宁易购等网络电子商务平台，通过货币的数字化结算使得货币电子化。淘宝在步入正轨以后，逐渐摒弃了之前以假次货物增加出货量的发展方式，使得网络购物越来越值得网络用户信赖，

2016年天猫双11全球狂欢节落下帷幕，位于深圳的媒体中心数字大屏上的数字最终定格在1207亿元。

网络交易，之所以网络交易和网络购物区分开，是因为交易的商品不一定是实物，可能是服务和虚拟化商品。比较典型的是炒股，在我国80年代的中小城市，由于电话委托效率不高，那时候炒股都是去证券公司排队买卖股票，经常因此错过了股票的最佳买卖点。现在炒股软件也是层出不穷，数据通透，交易便捷。

网络求职，在当前社会，就业压力是确实存在的。2016年就业形势比较复杂、非常艰巨，今年高校毕业生是765万人，比2015年增加16万人，青年的就业群体加在一起大约有1500万左右。各大企业为了招到更需要的员工，同时也是为节约成本，就把招聘信息发布到网络上，如今已经发展为比现场招聘会、猎头公司服务、报纸杂志登刊更有效的招聘方式，这种方式也更为毕业生所青睐，毕业生可以自主选择合适的公司，发送电子简历，从而谋取合适的工作岗位。

（四）通过网络诉求政治

国民综合素质的提高有赖于整体受教育水平的提高，越来越多的青年群体对于政治有着天生的热情，网络为其提供了很多有价值的政治新闻，也为其提供了相对开放的讨论和诉求平台。随着网络的发展，政府也越来越重视网络参与的方式，基本上所有的乡镇级以上的党政机关都会开设自己的网络平台或网站或公众号，其中一般都会附上电子信箱。用户通过留言、发邮件的形式把自己的政治诉求诉诸政府，从而达到自己政治参与的目的。此外，也有部分用户并不看好这一类的诉求方式，更倾向于通过自己个人的博客和微博发文，表达自己的政治观点，进而引起其他网民的关注。

三、青年网络生活方式现状

生活方式作为人类生活总和的呈现方式，得到了很多学者的关注，马克思构建的历史唯物主义将生活方式作为人类存在和状态的一种表态，在其著述中有大量关于生活方式的思考。关于生活方式的研究，一直是社会学家不可回避的内容，随着科学技术的进步和生活常态的变化，生活方式的时代性特征日益明显，尼葛洛庞帝的《数字化生存》通过20世纪的人类生活、工作、娱乐、学习变化凸显出数字科技的冲击力。以往的生活方式已经成了当前生活方式的一部分，在网络空间中正开辟出一块越来越大的领域作为生活方式的第二战场,在网络生活方式中,以当代青年为代表的青年群体成了社会学相关研究者眼中的小白鼠,这从一个侧面凸出了网络生活方式的周知性。

(一)以美国为代表的西方国家网络生活方式

冯·诺依曼在美国发明了第一台计算机,而互联网又是美军在国防部的授意下筹建的,1969 年开始联机,可以说美国是世界上网络和计算机技术的鼻祖,也是当今世界上计算机和网络技术最发达的国家。计算机和网络技术在美国社会的普及,最早在世界上形成了相对完整的网络生活方式体系,这一现实得到了敏锐的学者的注意。唐泰普斯科特受到400 万研究基金的促使下,开展了研究对象为上万的年轻群体的现状研究,本以为会发现一批注意力分散、交际能力蜕化、傲性十足的“电子屏舔党”,却意外发现其实这批年轻人正用一种全新的思维和视角在考量世界,也尝试着用革命性的方法去应对当前的实际。

1. 网络社交挂上“年轻人”关键词。美国网络生活方式体系建立是一个渐进的过程,大致形成于 20 世纪和 21 世纪之交,以 Facebook 为代表的一批和人们生活息息相关的生活社交软件投入市场,吸引了大量美国青年,标志着美国网络生活方式体系的基本形成。马克·扎克伯格作为 Facebook 的创始人,在开始这项影响美国社交方式的项目前根本就没想过要将它作为一种“病毒”植入到美国人民的生活之中,而是因为面临艺术史的考试焦头烂额,运用自己的电脑技术建立网站,以获取其他同学的帮助。这是解决问题的一种极具特色的办法,对于计算机和网络保持着积久不退的热情甚至迷恋,在当时让很多成熟的社会人鄙夷不已,认为他们把时间和精力埋葬在一些出路狭窄的死胡同里,甚至认为这种以网络应对问题的方式是一种旁门左道,不承想时间和现实证明了一切,当今它的用户有将近 9 亿,由 Brand Finance 发布的 2017 年度全球 500 强品牌榜单中,Facebook 排名雄踞第九。

Facebook 之于美国固然影响巨大,但也不过是网络生活方式构建过程中的一部分。此后的美国年轻一代,将“人民掌权”的口号从现实的口头搬上了网络的屏幕,他们不愿意把自己束缚在传统的美国社会体制中,谋求更加自由、更加个性的生活方式。在网络这个方兴未艾的空间里,他们的诉求得到了充分的尊重,可以让他们从冷冰冰的机器上面跳下来,不作为螺丝,而作为一个鲜活的个体存在。

在网络上分享自己的观点、生活细节的同时受到年轻头脑的经历不足限制，在网络上共享了大量的隐私信息，特别是照片、私人信息和一些特殊的言论，这些都可能成为日后个人生活中的安全隐患。

2. 信息获取追求“数字化”新方式。在一份21世纪初期关于美国青年新闻阅读方式的调查中发现，大部分的美国青年舍弃了传统的纸质报纸，而执着于特色鲜明的数字报，很多人都觉得纸质报纸拥有着不可忽视的诸多弊端：其一，报纸的出报频率低下，一般的报纸一天出一刊，内容丰富程度有限；其二，纸质报纸没有方便的热点链接，很多时候在阅读过程中对于阅读内容产生突发的浓厚兴趣时，不能及时地获取到其感兴趣的内容；其三，报纸的表现形式单一，文字内容为主辅以少量的图片已经很难吸引这些尝过“外面世界精彩”的美国青年；其四，纸质报纸的阅读过程中，难免会有油墨味的逸散，这对于部分美国青年而言，是阅读的砒霜，很影响其阅读的兴致。诸多原因影响下，让他们在获取信息的时候更加追求数字化的体验，无论是博客、新闻网站或者是其他媒介，都是比纸媒更好的选择。

网络空间的信息集聚对于传统的信息载体必然产生尖锐的挑战，新生事物具有强大的生命力，符合新一代青年群体的生活诉求，是美国青年追求信息获取“数字化”的根由。这一生活方式和当前中国的形势具有相当高的相似度，近两年中国纸媒的发展确实也在面临转型期。

3. 网络生活满足“‘1’自由”高程度。自由作为美国的三大国家精神内涵之一，为广大青年所追求，但是在现实社会中，大部分的青年认为社会和家庭都在束缚其自由天性的发挥，使之自由度长期压抑在0.5及其以下，而网络生活方式的参与使他们的自由程度大大提高，甚至达到“1”自由。据英国路透社2016年5月3日的报道，美国超过半数的青少年都坦然承认自己有网络成瘾的状况，其中超过三分之一的父母也表示家里经常因为手机上网的问题发生与子女的争吵。而据美国有线电视新闻网(CNN)报道，近80%的青少年说，他们每小时都会查看手机；72%的青少年表示他们觉得有必要立即回复简讯与社交媒体讯息。这些数据都表明美国的网络普及和青年网络使用的频率密集，泰普斯科特在《数字化成长》一书中提及其14岁的女儿在被父母限制手机通话后网络使用的状态，他称在网络上，女儿妮可通过ICQ和朋友进行交流，经常在网上查星座运程、下载音乐、查资料、查电影等,而这些行为都可以规避父母的监控,这使得他们能够呼吸到更多自由的气息。在网络环境中,他可以尝试很多在现实生活中无法体验的感觉:和陌生人聊天、肆无忌惮地看电视、了解不曾踏足的未知地域、发表现实中不敢发表的言论……

实际上,这种高自由度的网络生活方式对于美国青年的现实生活已经开始产生了很明显的影响。举一个常见的例子,在择业过程中,美国的父母和中国的父母一样,都希望自己的孩子能够选择一些稳定的有发展前景的工作,比如说拿个MBA 或者法律相关的学位,以后从事相关的工作,能有一个稳定的收入和生活。然而,新一代的美国青年并不认同自己父母的观点,他们对于动不动就以数年为时间单位的工作有着天然的胆怯,他们更期望的工作状态是可以相对自由地选择工作实践和地点,甚至于允许其远程办公。

(二)中国的网络生活方式

关于网络生活方式的话题国内也有很多学者予以关注,从光远、杜任之开始,到之后的许正明、张静如、王雅林等学者都从不同的角度分析阐释了其之于中国网络生活方式的相关见解。中国的网络生活方式实际上是现实生活的一种投影,并在此基础上有所延伸,是当前中国经济发展水平、社会总体环境、网络信息技术的综合产物,带有很强烈的特色。

1. 网络购物贴上“中国风”潮标语。国人在闲聊的时候偶尔会提起“马盖茨”这么一个称呼,是对阿里巴巴集团董事局主席马云的称呼,马云和比尔·盖茨实际上存在着差距,在福布斯榜单上相差二十来名,不过因为和比尔·盖茨同为网络与计算机领域的执牛耳者,加之马云要年轻近 10 岁,所以这两个名字经常被人放在一起作比较。实际上二者涉及的领域有很大的区别,比尔·盖茨的微软主要从事系统和软件的开发,而马云的阿里巴巴则是电子商务相关。在对超过 200 名青年网购现状的问卷调查及部分同学的访谈中发现,参与调查或访谈的青年中有 97.1% 的人都有过网络购物的经历,其中 48.2% 的受调查人群有每个月至少一次的网购经历(不包括各类门店的网络支付活动)。通过这两组数据可以得出杭州地区的青年群体基本上都有过网络购物的经历,且其中有相当大的一部分学生是网络购物的铁杆粉,他们参与网络购物的方式主要有 B2C(商家到消费者)、C2C(消费者到消费者)两种。

2017 年 6 月 29 日，凤凰网在新闻端发出《火速！支付宝又拿下一座无现金城市：全国已有 4 座》的新闻稿，说的是天津和福州继杭州和武汉之后成了国内第 3、4 座无现金城市。无现金城市的出现是网络支付手段达到高水平的一个具象，从一个侧面突出了中国的网络支付为国人所接受，相关技术已经基本成熟。亚投行的副行长在 2017 年夏季的达沃斯论坛结束后也提出过长居英国和长居中国的区别——口袋里是否置放现金。在外国人眼中，中国的网络购物和移动支付已经成了中国的一个新的标签，甚至可以称之为中国新时代的四大发明之一，网络购物很多国家都有，但是网购体系完整、网付方便快捷并成为网民的网络生活一部分，已经超过其他国家良多。

2. 后喻文化成为网浏群新常态。以往，过去有很高的威望且了解过去的老年人会受到尊敬，但是这种现状已经逐渐改变。[31] 关于“后喻文化”，不是一个新的概念，2008 年由美国的社会学家格利特·米德在《文化与承诺》一书中提出，讲的是年轻人在新技术、新观念领域上有更强的接受能力，从而出现的一种年长者向年轻者学习的一种现象。在网络大发展的同时，中国的教育近十年也有大发展，最近几年，每年都有近 800 万的高校毕业生走上社会，从纵向的角度看，这些青年是国人各个年龄梯度中受教育程度最高的一代，同时也是对当前教育最缺乏耐心的一代。网络为青年提供了数量庞大的知识信息库和方便快捷的查询搜索方式，使得其可以随时随地地获得自己想要了解的内容。而相比较而言，教师和学生存在着亲和度限制，另一方面，年轻一代更趋向于更人性的“私人订制”型知识传授方式，所以在一些高校里存在这么一种情况：部分学生并不太愿意听取老师的授课，而是主动在网络上寻找自己需要的知识和信息。这些经常在网络上砸下较多时间的青年，在网络技术和计算机操作等方面有着天然的优势，使得其在家庭里逐渐演变为家人和网络信息的衔接点，面对生活中大部分的疑问，青年都可以从网络中寻求答案，这就客观上使得后喻文化成了可能。

新一代的青年在网络化和信息化的大潮中成长起来，体味过网络贫瘠期和网络发达期的区别，更坚定了其对网络求知的依赖。要想改变这一状况，损毁在网络和现实之间搭建的桥梁，把他们困在现实的此岸，才会让他们在没有第二选项的情况下继续选择相对古老的授业方式。而随着我们不断提出“互联网 +”的相关战略和政策，互联网相关行业在今后的一段时间里必定有一个相对乐观的环境供给发展,因此后喻文化将成为网络浏览群体的文化形式的一种新常态。

3. 网络自拍已变成网络大主题。“自拍”一词最早源于1984年,伴随着具备延时拍照功能的照相机的诞生就已经问世,但是随着网络发展的今天,和中国年轻一代发生接触,并和网络结缘,网络自拍成为国内青年网络生活方式重要组成部分的衍化机制,是现实社会和网络特性的产物,是阅读习惯和心理特质的结合体。一方面,“快节奏”是现代生活的一个特点,在这种相对运用的状态之下,青年们在网络生活中呈现出一种急躁的、浅层次的状态,逐渐养成了运用碎片化的时间进行信息浏览和相关内容的阅读,这就直接促使图片阅读更容易得到他们的青睐;另一方面,大多数的青年群体正处于或即将处于个人事业的发轫阶段,在这个阶段的年轻人渴望得到更多人对自己的关注,他们总是希望通过一些方式向周围人展示最好状态的自己,以期获得其他人的认可和赞扬。再加上部分年轻人希望通过这种方式看到不同角度的自己,也为方便记录生活,使得年轻群体对于网络自拍有一种略显奇特的倾向。

2016年1月20日中国青年网公布了一份App数据,这份数据是在监控了102万款App,并综合工信部电信研究院、友盟指数等数据,监测了2015全年的App数据及基础上提出的,报告中指出,自拍成为手机网民三大主题之一:在应用类App中,影音图像,下载量位列第一,摄影摄像类App平均曝光时间最长。网络自拍作为网络生活方式的重要组成部分,已经成了微信朋友圈、QQ空间、新浪微博中数量最庞大的一类动态内容。青年们通过这种方式来展示和释放自己,在获得他人认可的同时,也是一种消遣的方式,更有助于增强其自信心,随着AR、VR等技术的研发,网络自拍会有更多更有意思的变现方式,在网络生活方式中只会越来越重要。

第二节　青年社会化的网络适应

在人们大谈网络和信息技术的发展给社会和个人带来诸多便利和困扰的同时,网络已经不仅仅是一项技术、一种信息交互途径,确切地说已经成为新生代国人生活的一大部分。根据中国互联网数据咨询中心的数据,截至2016年年末,我国网民规模达到 7.31 亿,半年共计新增网民 2 132 万人,半年增长率为 3.1%,较 2015 年下半年增长率有所提升。互联网普及率为 51.7%,较 2015 年底提升 1.3 个百分点。智能网络终端手机、平板、计算机的网络应用能力增强和普及使得网民群体中 1985 年以后出生的国人基本上呈现出一个“全民皆上过网,全民皆会上网”的状况。网络使用的普及,对于国民的心理冲击日益深入,网络心理健康教育就显得尤为重要。

一、青年网络心理健康

网络心理学在传统的心理学的基础上,充分发挥了计算机和网络传统技术全面发展的红利优势,将研究的内容、手段等内容进行了补充性研究。出于网络的私密性、方便些和快捷性,网络领域的心理学研究与应用不仅仅是心理学的新阵地,更将是心理学的主阵地。

(一)网络心理学的学科特征

越来越多的学者都把目光倾注到网络相关的研究中,出现了很多诸如网络计量学、网络经济学、网络工程学等基于互联网的一些边缘交叉学科,网络心理学也是属于这一范畴。当前诸多高校在了解学生基本心理状况的过程中,基本上采用网络测评的方式,再通过计算机技术进行总的数据统计、分类和分析,可以在极短时间内完成青年心理状态的摸底工作。

除了和母体学科——心理学存在着密不可分的联系,网络心理学还和社会学、信息管理类学科存在着这样或那样的研究交叉。社会行为在网络领域延伸是网络心理学研究对象的重要对象,关于“网络成瘾”“网上恋爱”“网上犯罪”“网上交际”等一系列社会现状不仅仅是社会学的研究范畴,也是网络心理学不可回避的内容。信息与管理类学科的研究中,经常会应用到心理学的相关理论和方法作为研究,而当网络成为生活的一部分时,所有的信息咨询都成了任何单位的第一资源,网络心理学的研究与应用都需要在网罗天下的数据库中经过二次甚至三四次的信息甄选和修饰中获得有价值的素材。在此前提下发展出来的网络心理学,将对于信息与管理类学科中的网络计量学、网络信息服务、网络信息检索、网络管理等有更加针对性的指导和帮助。

从 1987 年 9 月 20 日中国接入互联网以来,三十年的时间,中国网络发展经历了研究试验阶段、起步阶段和快速增长阶段,在现今已经接近成熟阶段。但是网络心理学的研究远没有其他学科那么成熟,国内这方面的论著成果也不够丰硕。从广义上讲,网络心理学是指一切与网络相关联的心理学研究与应用;从狭义上讲,则是指在满足计算机和网络条件下、网络心理维度中,人们的行为和隐藏在其背后的心理引发、变化和发展。相对而言,学界认为广义概念内容庞杂,可以作为狭义概念佐证和补充。本章节网络心理学研究的是与网络有关的人的心理现象的科学,有一定的高校群体倾向性。

(二)网络心理学研究的网络特性基点

网络上有一种观点认为宇宙空间、信息空间、心理空间是人类的虚拟领土。实际上心理空间应当从信息空间中分离出来,作为一个独立的作战空间。随着计算机与网络的发展渐趋成熟,在这第三空间——心理空间中,划出一块专门的领地,这个可以称之为“心理空间高地”的网络领域给人们带来了很多区别于现实生活和其他空间的心理体验。

当人们打开手机、VR、计算机等智能终端,浏览新闻资讯、体验虚拟场景、进行游戏体验或者是简单的消息交流的过程中,用户通过集文字、图片、3D 呈现和增强现实等于一体的技术手段,会有意无意地进入到一个全新的世界。在这个世界中,时间与空间上的界限不会成为人与人之间交流、人在其他环境中体验的障碍。前文在网络思政教育话语变革的内容阐释中也提到了网络交互过程中,和人际交往一样,会形成相对固式的网络话语,网络语言、活动的产生和演变,成为网络信息学重要的研究对象。具体来说,心理空间下网络领域的基本心理学特性表现在如下几个方面。

1. 情感交流体验弱化。在 VR、AR 火热,作为新的网络技术发展方向的现在,普及和技术手段还没有达到一定水平,目前的网络环境下的视频与音频技术结合状况,都限制了用户的视觉的、听觉的、触觉的感官体验。最常用的键入式文字交流方式,看不到别人的微表情和肢体语言,对于音色、音量、音阶都不能有客观的认知。最难以达到的还是触感体验,尽管视频聊天变得再平常不过,但人们握手、拍肩、拥抱或是亲吻等身体语言交流的触感是目前的网络交流所不能达到的,而这些又恰好是增强情感体验交流效果的有效方式。

2. 身份辨识能力有限。键入文本的交流方式是网络用户的主流手段之一,在这种交流方式下用户的网上存在方式可以根据个人的意愿作选择，也就说有一种网络身份自定的可能性和可行性。在这种情况下，用户对另一端“人物”的辨识主要就靠本人的判断，这在很大程度上限制了用户的身份辨识能力。即使是其他主流手段：语音、视频，也存在着变声器、美颜摄像头、作假视频接入等方式限制身份辨识的展开。

3. 心态意识迁移改变。在人们打开各种终端的同时，他们的心态和意识也会随之发生改变。人们在进行交际过程中会自然而然地适应交际状态，在现实环境中，他们所处的环境就是交际状态，所以心态和意识的迁移改变并不是特别地明显，而在网络条件下，适应交际状态是从现实所处环境到交际状态的一个转换，他们的内心的想法和感官就会与现实的元素发生比较激烈的碰撞。在虚幻的网络领域里，人们甚至会不断经历着改变世界、创造世界，这个过程中虽然本身不会忽略客观世界的存在，但是它实际上是一个受一定客观干扰的类似于浅层睡眠的心态意识状态。因为网络的特性，用户拥有相对平等的发言、表现机会，会在一定程度上忽视本人在现实中的身份、地位等信息。这在一定程度上会使用户在心态上表现得相对轻松、自由，也更方便其尽可能地表现个人的个性元素。

4. 空间时间条件超越。地理位置差异导致的交流困难在绝大多数情况已经被网络攻克。现在，只要是对方也有意愿，用户可以很方便地与自己想要沟通的对象交流。很多因为兴趣、工作和一定需求的自组织的建立，为具有共同兴趣爱好与共同需求的人们提供了聚集与联系的场所。用户在交流的过程中，通过网络，他们有了同期交流和错期交流的选择可能。区别于同期进行的面对面现实交流，网络领域中，用户不需要双方都及时在线，通过错期的方式也能够实现信息的沟通。电子邮件、留言等错期交流情况下，几小时后回复、几天后回复、几星期后回复甚至不回复都是凭个人主观意愿。这实质上是创造出了一种缓冲的断层空间，在这个断层空间里，用户可以小心斟酌自己该怎么回复。

（三）网络心理学研究对象

1. 网络使用人群。在哲学里有一个观点：“人是社会发展的主体”，在网络心理学的研究对象中，网络使用人群是不可回避的研究对象。在这个群体中，有共性也有个性。共性构成群体的总体特征，个性区分群体的每个元素。在认识社会发展过程中必须关注人与个性的相关研究，网络心理学在探究本身发展的过程中也必须如此。

一是网络身份动机研究。每个用户在使用网络的过程中,任何涉及发声的内容,都会有一个自己的定位,代表着其用一个什么样的网络身份发布信息。虽然目前政府正在努力完善网络实名制体系,但是因为相关法律不健全、终端多样化、市场自发性等诸多原因,还存在很多缺乏公信力的交流。在这种既不是面对面交流又没有经过身份证实名认证的情况下,网络交流更加苛求坦诚与友善。在这个过程中,网络给人们提供了一种可以做一个自己想成为的人的机会;同时,也给人们利用网络做一些在现实社会中违背道德伦常和法律的行为,也正是这个原因,使得基于互联网的犯罪率逐年升高,这也就要求每个用户都要提高自己的分辨能力和自律能力,政府有关部门加强网络的管理。

二是网络群体类别研究。受网络身份动机的影响,用户个体在心理特性和性格特征的表现上也能体现其个性类别。相对而言青年人比中老年人对于网络交互(包括人人通过网络交互和人机直接交互)普遍存在比较欢迎的态度,他们在应对网络的事件和变化方面是最敏感的,所以研究青年人的群体特征很有必要。而男女性用户的区别和性别特征相对一致,两者在网络应用方面泾渭分明。

三是网络个性区分研究。这个与心理学的区分大致一致。根据知、情、意三者在性格中何者占优势,把人们的性格划分为理智型、情绪型和意志型;根据人的心理活动倾向于外部还是内部,把人们的性格分为外向型和内向型;根据个体独立性程度,把人们的性格划分为独立型和顺从型;根据人的社会生活方式以及由此而形成的价值观,把人们的性格类型分为理论型、经济型、审美型、社会型、权力型和宗教型。

四是网络心理健康状态研究。计算机和网络的发展是柄双刃剑这一论题得到了大多数人的认可,一方面,部分人会通过网络发泄负面情感或是逃避失败,还有网络成瘾等行为都呈现出用户的病态特征。另一方面,网络为用户提供了疏导和放松的硬件和机会,无论是影音游戏还是便捷的倾诉方式,都是缓解精神压力的有效途径。关于网络心理健康状态,一些网络心理问题的产生发展和应对,都是网络心理学的研究范畴。

2. 网络群体活动。心理在个人身上表现出来的是心理个性,而不同的心理特征通过网络活动中逐渐形成,进而表现出来心理个性碰撞磨合后的群体化产物——准心理共性,准心理共性再进行总结提炼或可产生网络心理共性。在研究社会相关的内容时,活动版块必不可少。而网络实质上也是我们所处的社会的一个独特视角投影,对网络群体活动进行研究同样很有必要。

一是网络社群活动特征研究。网络社群活动除去简单的双人交流,三人及三人以上的群体活动主要是通过自组织的方式建立作为前提,用户出于某一个共同的目的(或兴趣或其他需求)组建、寻找、加入自组织,形成大大小小、形形色色的网络社群,进而开展各种网络上的群体活动,在这些群体活动中,从组织的范式、活动的交流和相关的拓展,都有用户的参与,都有心理角度的表现,都是网络心理学研究的重要素材。

二是网络整体稳定安全研究。之所以把网络维稳放在网络群体活动这一研究内容里面,最主要原因是因为人的意念内化为思想,思想自由,无碍他人,他人无权干涉;意念外化为行动,行动有矩,妨碍公秩,自由道德和法律约束。在网络领域,网络思想和意念我们无从得知,要想维护网络秩序,还是得立足于网络社群活动进行规范。而在这一过程中最大的困难就是网络心理学的社会模块需要长时间的总结和完善,它不仅仅能对社会上可能出现的不安定现象进行理论引导,也要能处理网络领域或许爆发的特性不安稳因素。如何建立一个完整的网络心理引导体系是时代赋予网络心理学的使命。

(四)网络心理学研究方法

一般而言,常见的两大研究体系是定量研究和定性研究。两者所依赖的哲学体系并非是一致的。定量研究体系,其对象大多是客观的、有精确结果的某种客观存在物;而定性研究,研究对象大多和研究者本身有着很强的相关性,也存在着主观成分。前者是为了摸清楚研究对象的实际情况和规律,常见的诸如物理学的力学实验等。定性研究具有探索性、诊断性和预测性等特点,它并不追求精确的结论,而只是了解问题之所在,摸清情况,得出感性认识。作为社会学科,网络心理学和研究者本身不可分割,研究者们也多倾向于通过定性研究的方式开展研究。

1. 观察法。网络心理学研究借鉴心理学的研究方法,研究者通过比较全面地、不间断地观察用户在不同网络场合(聊天工具、游戏平台、影音弹幕、购物评论区等)的行为,通过行为的汇总和分析来猜测、论证用户在进行网络活动的心理过程。因为时间、精力、人员耗费的量十分大,在这个过程中要求研究者要有明确的研究方向和目标。

2. 案例法。作为最简单、成本最低的研究方法,最好的途径就是直接拿现成的经典案例进行分析,和观察法的后半阶段类似。优势明显,弊端也很突出:案例是经过处理的二次材料,在二次处理的过程中存在着这样那样,或主观或客观的原因导致的信息失真、遗漏和赘述。

3. 实验法。实验法要求研究者亲身参与到网络行为过程中,在这个过程中,研究者可以很清楚地了解到自己的心理变化过程,过程中研究者的心理微变化能最真切地直接地反馈给自己,方便记录和运用心理学内容进行解释,但同时,研究者只是用户的个案,想要通过角色转换的方式获取其他类型用户的心理状态和过程是不科学的。

4. 调查法。调查法的主要形式有组织访谈、问卷调查、心理测试等,这些形式的实质在于研究者向用户提问,提问的问题都是事先研究者就研究方向仔细考量过的,目的性明确,同时依托网络技术和市场上相关的调查公司,要做到这一点有十分便捷的条件。

网络心理健康教育是网络时代中高校在进行素质教育的过程中不能够缺少的一个环节,是培养青年健全人格的重要工程。青年群体是否拥有一个相对健康的网络心理健康素质,直接关系到其是否能正确分辨网络信息,是否能科学使用网络、是否能科学地养成网络生活方式。在高校网络心理健康教育方法的研究过程中,关于网络成瘾、网络犯罪、网恋等网络问题和进行引导调试的内容是不可回避的。

二、青年社会化的网络适应标准

“人的心理是思想品德的基础,任何人的思想品德都是在一定心理因素的基础上形成的。”[32] 青年群体在社会化的过程中,受到网络环境的影响日渐加深,社会上促使青年群体适应网络健康发展的呼声日益高涨。网络环境以一种渐进的、隐蔽的、长期的过程深度改造青年群体的生活习惯、心理特质,促使其适应当前社会环境,由此引出对于“青年社会化的网络适应标准”评判标准的讨论,并由此延伸至如何使青年群体合理地被网络社会化,是本节的主体内容。

(一)网络适应的"双刃剑"属性

在了解网络生活方式的基本概念之后,不难发现计算机和网络的蓬勃发展,在给正处于时代前沿的青年群体带来或优或劣的影响。在对于"网络是一柄双刃剑"的命题上,爱因斯坦曾提过相似的说法,他称科学是一种强有力的工具,在使用的过程中,是幸福是灾难全取决于人民的选择,而非工具。[33] 在研究科学网络生活方式养成的过程中,我们先要认识到其对青年心理群体的双重影响。

1. 正常适应网络社会化的积极影响

在当前网络生活方式普遍存在的现状下,网络生活形式多样、内容丰富。在信息高度共享过程中,通过正常适应网络社会化,对于青年知识体系和心理健康水平的益处极大。也因为网络对时空界限的突破,对于青年人际交流提供了很大的便利,这也在客观上促进了其与学生群体、社会群体之间的沟通和交流。总体而言,科学合理地使用网络,并通过系统化整合成正常适应网络社会化的过程,对于青年心理健康水平会有比较大的提升。

扩大青年认知广度,完善青年认知结构。青年群体处于一个精力、体力、智力迅速发展的黄金时期,这个阶段的典型特征是求知欲强、能快速接受新事物。网络打破了过去青年获取信息的渠道狭窄的限制,在信息的源头给青年群体敞开了一扇门,这就直接决定了青年可以充分接触到自己想要接触的信息,青年可以足不出户,而尽知天下事。这实际上是课堂学习的一种补充,是资源,是肥料,是营养,从而能够培养创新意识和全球意识,完善青年知识理论建构。

创造青年交际机会,增加青年情感体验。在"自然人"向"社会人"过渡的过程中,需要通过社会化,获得社会的认可。青年群体是校园这个小社会的重要组成部分,其正逐步向真正的社会迈进。由于网络对时空界限的突破和网络身份的不明朗,网络为其交际提供了平台和机会,方便其适应社会人际交往、了解社会规范等,在交流中逐渐认识自我,提高其社会化水平。伴随着合理的聊天交际,往往会有一定的情感交流,或许是亲情、友情、爱情的发酵。这些情感体验对于其心理体验的完善发挥着积极的填补作用。

2. 异常适应网络社会化的消极作用

互联网每天都帮助数亿人之间保持着联系,通过信息的上传、整合、管理和共享,每个人都能通过网络学习到对自己有助益的知识。然而,在网络发挥其巨大作用的同时,也造成了很多不容忽视的弊端。在异常适应网络社会化过程中进行网络互动,会对青年的心理健康造成不同程度的损害,不利于其健全人格的发展。

利用青年人格特点,不利青年人格培养。在长期的社会实践过程中,人们会形成相对稳定的世界观、人生观和价值观,而人格是人生观、价值观、世界观的集中提炼。因为其形成的渐进性,在培养过程中会受到环境和人格主体的双方面影响。青年这一群体处于自我意识的萌发期,相对而言,对于自我人性的解放有更明显的倾向性。网络客观上带来用户的平等,能够强化青年的自我意识,在网络上缺乏一个大的价值框架引导,会直接导致青年将自我摆在一个过于高、过于上的位置。而网络的虚拟性、身份的难辨识性,以及网络尚存在漏洞,放大了青年在网络行为上的随意,缺乏约束地爆粗,做一些与其青年身份不符、有违传统道德的行为。与此同时,他们也在接受来自他人的负能量,这都不利于他们健康人格的培养。

网络角色频繁切换,促使青年心理变态。在网络的身份自定的前提和网络游戏制作水平的基础上,青年的心理健康受到了损害。因为网络身份的自动和随时的可更替,使得图新鲜的青年在网络间、网络与现实间出现多重角色和环境的频繁切换,有很大一部分青年都尝试过在网络中模拟一个和现实中的自己截然不同的角色,年龄、性格与现实反差巨大,甚至性别也是相反的。长期的这种行为会导致青年群体对于网络和现实界限的认知模糊化,处于一个似梦似幻的状态中,有引发精神分裂的潜在危机。

增加青年认知压力,弱化青年感知能力。在心理学上有一个“适应”的概念,说的是人们在长期地接触同类事物后,会对这一类事物的兴趣降低,对其的感知能力下降。在无节制的网络浏览下,会消磨青年群体对于咨询的兴趣,降低对各类信息感知、了解的敏感度,这实际上是对学习能力的一种损耗。网络信息数据库庞大,适量浏览有助认知结构优化,但是过度上网必然导致感知的麻痹。

(二)青年社会化的网络适应标准

网络生活方式之于青年群体的影响主要作用在其心理层面的效应,之于网络适应的研究主要建立在相应的心理健康标准研究之上。在人的基础心理条件之上,经过后天的教育、环境、实践等元素的影响,逐步发展成的心理素质,是人的整体素质的组成部分。“个体对环境中独立于主体之外的人或事物的认知系统、情绪反应以及行为倾向”[35]就是网络适应的表征。在网络环境中引导各类网络行为所附带的情绪和心理状态,使之呈现出一个健康的状态是适应网络的应有之意。

1. 心理健康标准的相关研究。国际层面关于心理健康的标准,是作为健康的一个子标准体系内部而提出的。世界卫生组织提出健康不仅仅是身体无碍,更是身体上、心理上、社会上的完好状态。1982 年又在 1948 年的基础上,给出十项健康标准的同时,将身体、心理、社会三方面细化为生理健康、心理健康、社会适应良好以及能够比较从容地应对压力。世界部分国家也有其他的诠释和标准,基本上是在 1946 年第三届国际心理大会上提出的健康标准这一基础上衍生出来的更加具体的标准。比较有代表性的有美国马斯洛和米特尔曼提出的“自我实现”的十条标准、奥尔波特的“成熟”七条标准、罗杰斯的“充分发挥”五条标准,以及德国的“创发”四方面标准等。

我国学者对于心理健康的标准也做过很多的讨论,并根据时代的变化对标准进行修改。从许又新的体验、操作、发展三大标准,到冯国斌、黄希庭、郑日昌等专家对青年心理健康各有不同的标准。目前比较通行的国内青年心理健康标准包括:智力表现正常、情绪积极向上、意志健全、反应时间程度合适、有明确的自我意识、人际关系稳定和谐、社会生活适应性强。结合青年心理的具体实际,进而延伸出青年网络心理健康标准,青年的心理健康应该在原有的心理健康标准之外附加一些适应网络现状的标准。

2. 网络适应标准。根据心理健康的定义——网络领域内用户基本心理活动和行为方式一致(包括认识层面、情感层面、意志层面、行为层面、人格层面),进行青年的网络适应标准需要重新界定。结合当前网络应用实际和用户体验,对网络适应标准进行整合和补充说明。

(1)智力表现正常,观念符合客观。由于我国人口数量庞大、地域经济发展不均及出于对平等人格的尊重,我国尚缺乏大规模的智力普测,要对青年智力水平进行评估,主要是看其能否适应大学的学习生活,是否具有比较独立的学习和生活能力。在网络上的表现,一是能否正确把握网络只是作为一种工具,具有“双刃剑”的双重属性;二是具备对网络信息有一定的鉴别能力。

(2)网络现实分明,线上线下统一。人格健全是心理健康的重要标准,一个人的人格是人生观、价值观、世界观的集中体现，而人生观、价值观、世界观的构成是多层次的复杂结构。针对网络对青年的消极影响，人格统一不可忽略。在网络生活方式方面需要注意的，一是青年能否顺利、圆润地在网络和现实之间切换，并对网络和现实有明确的界限区分；二是青年的网络身份和行为与现实的身份和行为是否一致。

(3)网络使用合理，网络助益现实。青年在日常活动中的意志健全这一点在网络层面上的细化，应当是青年处理网络和现实关系所呈现出的精神品质。青年能够正确处理网络和现实的关系，可以直接了解其是否具备自制性、自觉性等意志特质。其标准主要有，一是正确使用网络，是否目的性明确，有助于适应现实生活和提高个人综合素质；二是能有一个合理使用网络的时间安排。

(4)情绪保持良好，状态倾向积极。一个青年的情绪是否积极向上，是其生活方式健康与否的重要标准。对于一个青年而言，无论是心智、身体还是其他方面，整个人是处在一个上升的过程中，在心理的情绪表现方面应当与其状态相匹配。在网络方面的表现，一是能够恰当运用网络，在休闲娱乐或者沟通交流过程中进行情绪的调整；二是线上线下对自己的情绪都有一定的把控，对于负面情绪有一定的制止和排遣；三是心理的主导情绪应当是积极的、愉快的、乐观的、向上的，整体状态也应当始终积极多于消极；四是离开网络时没有明显的心态焦虑等负面情绪，身体无明显不适。

(5)人际关系和谐，社会适应迅速。人际关系稳定和谐向来就是衡量一个人是否具备一个积极物质生活和向上精神生活的综合性外显因素，在网络时代的今天，人际关系不只是涉及现实生活中的来往，还涉及和网友及网络中不知名的人交际，同时适应社会延伸到网络领域，也能适应网络生态的要求。其主要表现为经常在网络上和他人沟通，并不弱化其现实中的交际能力；在网络交往中能够有足够的自律和自觉，不失素质与品性；面对网络明显攻击和过度调侃的言论能平静面对；能适应网络生态环境，包括网络文化、网络秩序等。

(三)青年群体合理地被网络社会化

科学是一种强有力的工具，在使用的过程中，是幸福是灾难全取决于人民的选择，而非工具。根据爱因斯坦的论述，网络的使用是否科学，并不取决于网络本身，而是网络的使用者。而要养成正常适应网络，除了依靠社会、学校、家长提供帮助外,更重要的是青年本身需要发挥主观能动性,更应该有针对性地、有方向性地进行一定的努力,只有这样才能正确使用网络,使网络的行为与生活健康向上。

1. 了解心理健康,科学调整心态。青年正处在社会化的关键阶段,他们即将踏入社会,在学业上、生活中、就业方面都或多或少有一些迷茫。正是出于迷茫,没有一个比较清晰的方向,其在行为上会有徘徊和踌躇,容易萎靡不思进取,进而导致其网络利用不合适。针对这一现象,青年自身应该主动学习心理健康相关的知识,让他们正视自己遇到的压力和迷惑,同时掌握一些必要的手段和方法调整心态,进而对自我情况进行分析,不断完善个人发展规划。

2. 合理利用网络,控制上网频次。网络虽然已经逐渐在人们的生活中占据一个很大的比重,或许将来网络领域也会并入其他两大空间,成为现实的一部分。但是在此之前,现实和网络还是存在很明显的边界线的。而个人的时间和精力是有限的,康斯坦丁在《助益,互联网带来的五大弊端》一文中称"80%花在网络上的时间全是浪费",所以青年在人生的上升阶段更应该将自己的黄金时期的黄金精力和时间花在努力提高个人综合素养的行动中。而要把控个人利用网络,只能从出发点出主意,在上网之前先想清楚自己要干什么,要用多少时间,使个人的网络行为更有针对性。

3. 树正确交友观,建和谐人际圈。当代大部分青年的交际圈实际上受到了网络交际的负圈定,很多学生都表明,平时交流最多的还是室友,此外就算是同学,也不过是统一到一个地方参加集会的熟悉的陌生人,有些毕业生经常感慨大学四年还有几个喊不上名字的同学。青年群体其实与他人仍然存在着沟通的需求。这个群体都来自五湖四海,都希望在没有亲人在侧的环境中,能够有可以推心置腹交流的人,拥有一个和谐的人际圈。在这个过程中,尊重他人和自己的差异,学会欣赏和包容,设身处地地着想,无论是和谐的现实交际圈,还是和谐的网络交际圈都能够有所建树。

4. 培养专业兴趣,培植业余爱好。英国教育家纽曼曾经说过:"大学的职责是提供智能、理性和思考的练习环境。让年轻人凭借自身所具有的敏锐、坦荡、同情力、观察力在共同的学习、生活、自由交谈和辩论中,得到受益一生的思维训练。"培养兴趣爱好是一种精力转移的过程,通过这种方式,让青年们找到爱好和个人价值可以同时得到发展的契机,就会有努力的动力和方向。

三、青年社会化的网络不适应行为

和传统的青年社会化略有区别,很多时候心智尚未发育健全的年轻群体缺少过渡的德育阶段。通过网络直接或间接地和社会化现象发生接触,部分尖锐的社会现象和青年的早年生活发生不可调和的冲突,致使其在心理层面上出现难以调和的情况,表现出一种不健康的心理状态,比较典型的有网络成瘾、网络恋爱、网络犯罪和网络社交困难等。

(一)网络成瘾

网络成瘾一词简称“网瘾”,早已被世人周知。然而这个词作为一个病症,是在1995年,美国的伊万·戈登伯格精神科医生将其认定为精神疾病。同时还为这个病症确定了7条判定标准。由这个事件作为发端,引发了学界关于网瘾是否应当归结于一种精神类别疾病的争论。在当前高校中,网络成为在校青年无法脱离的介质,直接影响到了正常的教学工作,网络成瘾已经是一个相当严肃的话题。

1. 网络成瘾概述。在伊万医生的定性之后,美国精神病学界就此进行了大量的学术研究,后金伯利·杨提出网络成瘾并不是一种新的精神疾病,而只是冲动控制障碍症的一种在网络层面的表现。因为与网络进行了长期的接触,在心理上存在着不同程度的依赖,只能说是一种心理问题,而不能称为是疾病。因此,在1995年以后很长一段时间医学界一直没有公认将网络成瘾列为精神病症。直到北京的陶然团队制定了《网络成瘾临床诊断标准》,并成为国内第一个获国际认可的疾病诊断标准,2013年5月国内媒体对此进行报道,网络成瘾是否为精神疾病又在网络上引起了广泛的讨论。

到目前为止,网络成瘾症还是没有作为一种精神疾病被国内外的医学界所承认,但是网络成瘾作为一种精神问题已经成了当今国内外的共识,特别是随着网络和相关终端的发展,不论是合适或者不合适,在各种公共场合上网似乎已经是最主流的消磨时间方式,青年在课堂上玩手机似乎已经成了中国很多高校的公灾。对此,很多高校也就此问题作过一些讨论和研究。

从定义上看,网络成瘾是指网络用户耗费大量的时间精力沉浸在网络领域,并对此产生了习惯性的依赖,甚至是达到了难以割舍的一种行为状态和心理状态。按照北京军区总医院制定的《网络成瘾临床诊断标准》中的说法,网络成瘾表现为强烈渴求使用网络;减少上网会引发焦躁等负面情绪以及精神不集中的状况。此外必定满足以下五条症状之一:为获得满足感,加大上网频率和强度;在各阶段多次尝试中止上网未能成功;明显感觉到网络的危害性,仍然持续使用网络;使用网络放弃其他休闲活动;通过上网来排解不良情绪或逃避问题。

2. 青年网络成瘾的分类。网络成瘾是一个比较宽泛的概念,主要是指和网络相关的冲动难以抑制的行为。这也是为什么网络成瘾症无法从冲动抑制障碍症中独立出来的原因,它只是在冲动障碍症的大圆中画了一个小圈,并没有对这个大圆有所突破。根据这一情况,通过对青年网络生活方式分类和网络领域需求,将青年网络成瘾主要分为以下几类。

(1)网络娱乐型。提供娱乐是网络媒体的重要功能,获取娱乐信息、得到休闲娱乐也是广大网民对网络媒体的主要期望。[36]这一类的网络成瘾群体主要是沉浸在网络娱乐中无法自拔影响现实生活的情况,主要有沉迷网络游戏和网络小说等。根据各方做的调查发现,高校群体中特别是男生接触网络游戏的比例相当高,达到60% ~70%。其中,时下最热门的英雄联盟、王者荣耀、守望先锋,基本上所有的学生都有所耳闻。这一类群体是对网络最难割舍的群体,一旦染上网络游戏或是网络小说的瘾,他们会不分昼夜地从这种形式的娱乐中寻求满足感。很多游戏上瘾的青少年可以泡在网吧几天几夜不出来,吃喝拉撒都在网吧解决;而网络小说上瘾的同学虽然没这么夸张,但是整天抱着手机,到深夜还可以看到其床位还有明亮的光源。

面临学业、就业等压力,也受到了当前我国转型期社会现状的影响,部分对压力调节机制略差的青年就会选择逃避,而网络游戏和网络小说通过其特有的魅力,将这些青年捆在其中,使他们暂时忘记压力。每个人都有自己的精神需求和兴趣,在网络出现之前,是没有这样一个无所不包的集体能够完全满足所有这些需求和兴趣的,致使现在的青少年全身心投入到网络娱乐中。[37]同时,青年的职业规划并没有得到很好地落实,高校课程相对偏理论而实践和操作课程设置不足,高校文化活动吸引力不够以及青年群体处于思维活跃接受新事物快也有很大的关系。

(2)网络情感型。这一类成瘾群体主要是通过QQ、微信、陌陌等软件进行网上交际与另一方结成非正式会面性质的网友、恋人等关系,在他们眼中,这种非正式的关系很值得认同,甚至把这类关系看得比同学、室友和亲人更重要。出于这一种想法,往往会使这一类成瘾者对于现实人际关系的处理缺乏时间、耐心和诚心,导致人际圈比较狭窄且偏冷淡。

他们有些人是因为家庭教育比较严肃、个人身体存在一定的缺陷或是其他一些原因,导致其本身在人格方面缺乏必要的自信,缺少和朋友、异性之间的沟通,更羞于表达或缺少相关技巧,使得其现实生活中社交面比较狭窄。借助网络聊天互动性、匿名性和自由性的特点,在网络上寻找到合适的对象发泄自己心中的苦闷和焦虑等负面情绪。也因为青年群体伴随着生理成熟和自我意识的苏醒,内心有强大的希望被理解的渴望,他们自认为通过这种方式,他们找到了认可自己、可以谈心并相互亲近的对象,比现实中更加温暖和自由,进而不想离开网络。

(3)网络信息型。这一类的成瘾者和前两类主体为男性不同,这一类成瘾者没有明显的性别区分。他们主要表现为两小类:一是每隔一段时间就要看一下自己的网络通信工具,看看有没有他人传递过来的信息;二是通过网络进行工作和学习,一旦远离网络,效率会大大降低。他们主要是因为学习工作的需要致使其习惯了这种长期和信息打交道的生活,无法脱离网络,一旦离开了总感觉自己的学习工作或许会存在很多的漏洞,从而导致其缺乏必要的安全感。

除此之外,还有少数学生的网络成瘾属于网络色情成瘾、网络犯罪成瘾等,但是多只是个例。在所有的网络成瘾中,网络娱乐型和网络情感型的人数占了网络成瘾总人数的80%以上,同时网络成瘾类型之间也未必是泾渭分明的,部分患者可能同时存在以上两种或两种以上的成瘾症状。

(二)网络犯罪

计算机和网络技术的发展已经是冲溃大堤的浪潮,对当今时代和社会产生了不可阻挡的影响。深处浪潮之中的新生代青年,每天的生活都和网络息息相关。受到种种因素的影响,青年涉及了犯罪领域,并通过网络手段进以实施,对社会及个人产生或深或浅的不良影响,引起社会各界,特别是教育界本身的广泛关注。

1. 网络犯罪概述。网络犯罪,简单来说就是人通过计算机和网络进行犯罪,其中的犯罪内容可能是攻击网络系统或信息,以及其他通过网络进行操作犯罪的总和。青年群体很容易掌握网络犯罪手段,加之其人生观、价值观、世界观正在形成过程中,很容易受到错误的引导和蛊惑,使得其成为网络犯罪的一大主体。

我国第一起高校网络犯罪发生在1994年,从青年张男的电子邮件诈骗案为开端到2008年这十四年间,我国立案侦查利用计算机网络犯罪案已超过10万件,其中青少年犯罪占社会刑事犯罪案件的70%以上,在这70%中青年犯罪约占17%,且呈上升趋势。而距2008年近十年的今天更是以几何倍的方式上涨。

在高校网络犯罪的案例分析中,我们不难发现这些高校网络犯罪的共性,这些案例犯罪主体都是高校在读青年,甚至是硕博研究生,犯罪主体的智商和知识水平和其他犯罪案件比起来要高很多;其次,因为网络的开放性和身份的匿名性,导致了犯罪方式的复杂性和犯罪手段的隐蔽性;再有,就是犯罪群体呈现出一个不断增加、犯罪领域逐步扩大、犯罪破坏越来越严重的现实。

2. 高校学生网络犯罪的常见类型。目前,根据网络犯罪的定义一般可以把高校网络犯罪分为以计算机网络直接犯罪行为和通过计算机网络间接实施的其他犯罪行为两大类型。

(1)计算机网络直接犯罪行为。这一类犯罪的技术水平要求比较多,多为计算机和网络相关专业的在校高年级本科生和研究生。其中比较具有代表性的就是非法侵入,其犯罪的主要行为是,在未经许可的情况下进入对方的计算机系统或网站,情节较轻的是删除或者修改计算机和网站数据,情节重的甚至破坏系统功能导致其无法正常运转也就是我们常说的黑客入侵;还有就是制造和传播计算机病毒等具有一定破坏性程序,计算机病毒具有潜伏性、隐蔽性、传染性等特征,通过网络传播对计算机信息系统安全造成极大破坏。

(2)窃取和诈骗他人财物,比如黑入他人电脑,盗取他人银行卡、游戏等账号信息,再进一步进而盗取他人的财物。2016年12月初,荔城警方在茂名市官渡街道一出租屋内成功端掉"莆田12580惠生活"微信公众号被盗案的犯罪嫌疑人窝点。犯罪嫌疑人以非法手段盗取"莆田12580惠生活"微信公众号的使用权,并向粉丝发送伪装信息以牟取不正当利益。网络诈骗就是我们常说的"非接触性诈骗"中的主体形式。通过网络虚构一个事件骗取受害人财物的行为,比如说谎称游戏装备交易进行诈骗、利用谎报亲人发生事故进行诈骗、利用网购反馈进行诈骗。2017年第一季度,360公司出品的猎网平台共接到来自全国各地的网络诈骗举报6257起,涉案总金额高达5579.8万元,人均损失8918元。虚假兼职诈骗依然是举报数量最多的类型,共举报1080例,占比17.3%,诈骗金额为500.7万元,占涉案总金额9%。从涉案总金额来看,金融理财类诈骗和赌博博彩诈骗是人均损失最高的网络诈骗类型。此外,青年通过网络进行的敲诈勒索案件也时常发生。有些青年通过其掌握对方某些隐私为要挟,对他人进行恐吓敲诈。此前传得沸沸扬扬的裸贷性质和这种犯罪行为类似。

(3)网络涉黄犯罪和网络反动犯罪。前者主要是通过网站、APP、共享素材地址传播淫秽物品(涉黄小说、视频等),这两年呈现出上涨趋势,其中甚至还有很多当事人并不清楚自己从事的就是犯罪行为。

(4)网络恐吓及影响人身健康与安全犯罪。通过网络发布信息,影响他人心理状态,间接造成他人人身健康受损甚至死亡的犯罪行为。

(三)网络恋情

网络的迅速发酵,成了爱情新的载体,逐渐发展出了"网恋"这个名词。网恋是指网络用户通过网络经历相识、相知、相恋的与网络对象情感互动的一个过程。其产生的网络平台通常有即时性信息交流平台(QQ、微信、MSN等)、网页式信息互动平台(天涯论坛、百度贴吧等)。网恋本身并不可怕,但是网恋带来的链发性危害值得高校警惕。

1. 网络恋情概述。爱情在各个年龄段均有产生,但是相对而言集中爆发在青壮年时代。青年群体一般为18~25岁,正处于爱情的爆发期,很多青年都正处在或曾经历过爱情,甚至不止一段。

和传统恋爱相比,网恋是一种相对较新的恋爱方式,同时也被挂上虚拟、快捷、神秘等标签。这从侧面就体现了网恋的特点:虚拟性,由于网络的匿名性特点,网络用户有身份自定属性,在网络中与你交流的人未必就是现实存在的样子,难免给人以虚拟感;自由性,网络用户数量庞大,可选择空间大,和什么样的人谈恋爱,怎么谈恋爱不受社会环境制约;轻率性,由于距离遥远,同时交互过程中一般仅发生情感交流,这就致使感情破裂双方承担的责任较小,导致网恋行为比较轻率。

2. 青年网恋产生的原因及类型。

美国的心理学家克里斯托对爱情的产生做过研究,得出的结论是爱情是人体内分泌的化学物质作用的产物。在人际交往中,如果对方身上分泌出一种无色的名为费洛蒙(pheromone)的化学物质,会散发特殊的气味传达到你的脑部,进而腹侧被盖区会分泌大量多巴胺,给人以短暂的愉悦。在人体的综合作用下,这种感觉会被写入尾状核,导致这种感觉难以忘怀,促使爱情的产生。而网恋缺乏现实中的接触,无法通过物理方式获取恋爱的化学反应,只能够通过心理互动产生情感联系,从网恋产生原因分析,主要可以归纳为四个原因。

(1)青年情感表达的需要,青年在现实生活中情感生活的追求和渴望无法得到满足,内心表现为空虚状态,在这种情况下,经过长时间的网络接触,很容易为网络领域发生的情感互动所触动。

(2)青年二次加工的结果,在网络领域中青年的网络人际交往对象众多,且存在可以交换秘密的网络对象在,因为网络人际交往的特殊模式,大学学生对网络对象的实际情况并不了解,就会把自己对于伴侣的理想状态附加到网络对象身上进行二次处理。

(3)青年心理特性的推动。随着年龄的增长,青年的社会阅历和交往体验越来越丰富。特别是青年心理的纯粹和社会的复杂发生尖锐冲突的时候,会促使青年倾向于网络人际交往,并从中寻找到认可自己、欣赏自己的网络存在。

(4)青年面对未知的猎奇。网络人际交往的方式和契机和现实中有很大的区别,能够充分尊重青年觉醒的自我意识,很多在现实中不受欢迎的理念在网络上可以找到共鸣,出于对新形式的恋爱方式的好奇会促使其考虑网恋。

为更好地了解网恋,针对网恋的触发因素,可以将青年网恋作简单的分类。轻率网恋,这是网恋人数最多的一种网恋类型,大多数是因为猎奇心理和轻责任性发生的网络恋情,这种网恋往往是抱着试试的态度,实际上感情的投入十分有限;纯洁网恋,这种网恋形式有点类似于“柏拉图”式的爱情,把性完全摒弃在爱情之外,对于当前现实社会谋求的失败,转而利用网络难以触摸的特点,使之成为纯洁网恋发生的温床;精简网恋,青年都有感情方面的需求,但是部分青年又对现实恋情中的追求、约会、矛盾等烦琐内容存在一种厌恶情绪,转而在网络上寻找这种无须过多时间、精力、经济投入的恋爱方式;游戏网恋,因为网络游戏或其他平台,为吸引用户出台了婚恋功能,通过数据的形式缔结不成文的契约。此外还有特别小众的从众网恋和恶意网恋等。

3. 网恋对青年的负面影响。

虽然各种数据都表明,相信并尝试网恋的青年只是占极少数,但是在对网恋个案的分析时不难发现他们在对网恋的执着程度上很容易走上极端，到一种偏执的地步，对于青年个人的成长和经济产生极为恶劣的影响。

（1）网恋可能导致青年现实中的挫败。陷入网恋的青年，对于网络和网络终端的依赖性大大增强，而且一旦有网络人际交往的条件在，其意念会出现比较明显的分散。这对于青年的学业和日常生活造成影响，进而导致成绩下滑、工作状态不稳定等现实挫败。同时，长时间的网络情感互动占用了大量的运动和休息时间，对于人体健康的损害极其明显，大部分网恋程度高的群体会呈现出明显的精神状态和视力水平欠佳。

（2）网恋可能促使青年恋爱观的异变。率性网恋抱着游戏的心态去尝试网络恋情，大多持有不太认真的感情态度，可能同一时间段和多人进行着这种形式的恋情存在，专一忠诚在他们的眼中只不过是笑话和愚蠢的代名词。

（3）网恋可能造成青年世界观的扭曲。生理和认知的发展促使青年群体的自我意识逐步觉醒，在这个阶段，自我认知会受到外部环境的影响，网恋过程中，出于情感的维系，青年的个人意志会得到网恋对象的高度认同，加之网络行为的高度自由，容易使其对自我的认知发生偏差。同时，这种高度的个人主义往往带来集体意识的淡薄，影响现实人际关系，对正确的世界观教育会产生抵触。

（4）网恋可能恶化青年心理上的状态。长期通过网络进行交流的年轻青年，注意力、反应速度和肢体情感表达会受到影响。在远离网络的情况下会产生焦躁不安和魂不守舍的心理状态，是网络成瘾症的一种表现。而且如果还有网恋的失败经历，会使其心理产生更大的挫败感，进而变得孤僻、自卑、封闭，表现为一个心理的亚健康状态，甚至长期酝酿引发一些心理疾病。

（四）网络人际

人际关系，简单来说，就是指人与人之间的交往。人与人之间的交往会造成一种相互理解信任、友爱、关怀的心理环境，在这种环境下，个体心理会得到健康、合理的发展。[38]计算机网络的蓬勃发展，将现实生活经过一定缩放投射到网络领域中，现实社会中的人际关系也在一定程度上拓印进网络环境。在网络心理学的研究中，强调的是在网络环境中，人与人之间进行交际过程中的心理状态和心理联系。用户在使用网络过程中彼此之间进行联系沟通，人际关系限定出一个由疏远到亲近的区间。

1. 网络人际概述。网络人际交往是指人类借助网络技术,将想要表达的信息通过编译码的形式在网络两端或多方的人与人或人群之间的互动。网络人际交往在青年群体的生活中占了一个很大的比重,由于受到现实因素的限制和影响,青年群体在现实人际交往中,经常无法充分、自然地表现出自己的精神特质,加之其本身具有这方面需求,也得益于当前计算机和移动终端的普及,他们有条件随时随地通过网络进行人际交往。在其人际交往过程中,呈现出几个明显的特征。

高度自由。当前我国仍然处于社会的重要转型期间,功利主义、奢靡主义、浮躁之气等不良风气影响着人际交往。在这种社会背景下,很多时候的人际交往被扭曲和异化,人与人之间的交往往往带着明确的目的性,这个过程中虽然看似每个人都是作为独立个体在比较自由地进行交流,但是因为自己这样或那样的目的诉求,导致其交往会受到身份地位利益的影响。而网络环境下,在双方互不了解的情况下,青年群体摆脱了这些心理负担,全身心地投入到独立人格的展现过程中,在这个过程中的人际交往呈现出一个高度自由的特征。

全新规则。青年群体通过网络交际,除了必要的信息交流之外,主要是谋求心理上的相互理解。为达到这个目的,在网络交往中形成了约定俗成的相对稳定的全新规则。其主要表现,一是全新的语言表达规则,和现实中的面对面交流、书面化的语言模式有所区别,网络人际交往过程中的语言表达是多元素组合的产物,通常情况下是由文字符号、图形(表情)符号、一定量的音像符号组合完成用户的信息交流和情感传达;二是有网络时代特征的道德规则,比如在网络沟通中对于传播病毒是深恶痛绝的,用户自身清楚传播病毒会给计算机系统和经济利益造成什么损害,所以在人际交往过程中这是坚决不被接受的,这些共识逐渐形成了网络道德规则,时代特征明显。

此外,还有强交互性、超时空性等特征。但是这些特征都是充分展现人性的附属品,实际上,包括网络人际交往在内的网络生活方式中的各种网络行为,都可以在人性的沃土上找到对应的根茎。网络提供了一个没有太多条条框框限制的平台,为人性的发挥提供了便利。人在网络人际交往中,青年群体得到了充分的尊重,得到了足够的满足感。

2. 高校网络人际交往对青年的影响。网络人际关系关乎人的个体的网络身心健康,网络和网络化的交际方式吸引了大量的网络用户,构建了一个区别于现实的新型社交网络。在新型的社交形式作用下,新型社交网络成员最大限度地突破时空界限进行交流,接触人群的扩大和接触个性的多样赋予了网络人际交往更大的魅力。在青年使用网络进行人际交往的过程中,网络承载的信息和网络活动中的元素也在潜移默化之中影响着这些个性和人生观、价值观、世界观尚未完全定型的人群。在讨论网络人际交往对青年群体的影响中,还是需要以一分为二的观点来看待。

(1)网络人际交往对青年发展有积极作用。有助于青年心理健康。拥有良好的网络人际关系是网络心理健康的标准之一,网络人际交往是青年群体发泄不良情绪的一个新方式。根据心理学的研究,在现实生活中,出于对个人形象、利益的维护,每个人或多或少地需要一定程度的"修饰""撒谎"或"隐瞒",换句话说,就是每个人都为自己戴上了一个自我定制的面具。这个面具是由其所扮演的社会角色所决定的,掺杂着人性其他特质。而长期的真我不能得到释放,会加大心理负担,增加心理压力,部分青年缺乏科学的排压方式,不利于心理健康。而中国人对于接受心理咨询所持的态度是比较消极的,青年在遇到心理障碍时,除非他方敦促,否则不会主动去找心理医生进行沟通。在这个方面上,网络确实为其提供了一个方便快捷且没有过多顾虑的平台,有助于青年的心理健康。

有助于青年观念革新。网络空间有着丰富的文件资料,在网络交际中青年群体能够接触到来自各个地域、各个领域的人群,这是一种接受新思想、新文化的有效途径。一个人的观念是在人生早期经过长期适应生活所在地的生活方式、文化特质、风土人情等环境基础上建立的,在个人观念基本构架以后,只能通过学习积累知识、接触新的事物和观念,进行新一轮的观念革新。在网络交往中青年群体会不自觉地对交流语言中蕴含的信息作甄别作判断,对于优秀的特质会主动吸收,这是在交流过程中的自我完善。与现实交流相比,青年群体的现实交际圈同质化明显,而网络交际的圈子更大,多样性、层次性特征更加明显,其对于青年群体的观念革新具有更加有力的推动作用。

有助于青年创新创造。青年群体不仅仅只是网络多元文化的接受者和选择者,他们更是新文化新事物的创造者。在网络交往中约定俗成的网络表达规则在构造上与现实的表达方式有着明显的区别,符号的多样性特征明显,加上网络领域的知识和交往过程中接触的文化背景,都成为青年创新创造的素材来源。在网络交流中对于青年个性的尊重和高度自由自信，给青年创新创造提供底气。网络社交与网络媒体交叉的网络平台，比如网络直播、H5 制作等，都为青年创新创造提供了发展机会和平台。总的来说，网络平台在一定方面对于青年创新创造的培育方面发挥着巨大力量。

（2）网络人际交往对青年发展有消极作用。可能导致青年沉溺网络。网络交往方式的内容丰富性和形式的多样性扩大了青年的选择区间，与此同时，也让他们成功“落网”，更加依附在网络领域里。如果青年在网络人际交往过程中不能认识到网络人际交往只是为了让现实中的自己更完美的话，就容易网络交际成瘾，他们沉浸在网络社交中无法自拔。截至 2016 年末，我国网民数量已达 7.31 亿人，而据中国青少年网络协会第三次网瘾调查研究报告显示，我国城市青少年网民中网瘾青少年约占 14.1%，约有 2404 余万人。甚至有个别极端案例中的主人公，宁愿与网络领域中的朋友腻在一起，而和自己的亲人保持着疏远的距离，并荒废自己的学业事业。

可能导致青年隐私泄露。隐私权是公民生来享有的权利，也是人类文明发展到一定阶段的成果体现，合理的隐私受到世界各国的保护。我国的法律明文规定，只有专门机关在必要的情况下才会对犯罪嫌疑人进行隐私范围内的调查和取证。在实际操作中，现实社会很多数据和信息并不是很直接地呈现在他人面前，隐私得到了相对比较合适的保护，而在网络中，私人信息数字化数据化，加上数据的集群化，也直接导致了个人信息的集中和可窥探。而且大数据时代下 cookies 会自动记录人们的浏览记录和表单密码等私人数据，并为人所利用。

可能导致青年适应困难。包括网络文化在内的网络交往有一个典型的特征就是有全新的规则体系，与现实生活有着很大的区别。如果长期吸附在网络交往中，青年会不自觉地将网络交往的元素应用到现实生活中，同时对于现实的价值判断产生怀疑，不利于其适应现实社会。这样的青年群体对自己和现实社会缺乏客观认识，缺少必要的现实沟通能力，对于其适应社会学习工作生活带来重重困难。

第三节 青年社会化的网络调试

一、青年网络成瘾的防治

青年网络成瘾的防治是一个长期性、系统性的工作，需要政府、学校、家庭、个人的多方配合才能达到最好的防治效果。下面的防治仅从体制和手段两个方向提供网络成瘾的防治。

（一）多方配合，分级防治

在网络成瘾防治过程中，政府应支撑起学校周边网吧的规范化管理，限制学生上网时长；家庭协助好高校，做好学生心理疏导工作。除此之外，在学生个人积极配合的基础上，高校系统是属于其中的主力，需要积极构建学校心理辅导站—院系心理辅导站—各班级心理委员—寝室心理观察员四级防治体系。

在网络成瘾的预防过程中只能以教育为主，毕竟网络作为时代产物，存在即是合理，是利大于弊的，不能够从网络的源头来取缔。学校的心理辅导站通过广泛地开展网络心理健康知识的宣传、教育和咨询活动，形式上除了课程之外，规范职业生涯计划工作，还可以选办比较多样、轻松活泼一些的心理活动，在整个校园范围内形成“养成健康网络生活方式，摆脱网络成瘾魔手控制”的良好氛围，在大方向上引导青年科学使用网络；学院心理辅导站统一部署、系统培训各班级心理委员，并针对学生网络成瘾程度的不同及时处理；班级心理委员了解班级学生网络心理状态，串联好各寝室心理观察员和学院心理辅导站的联系；而寝室心理观察员主要是立足寝室，把有网络成瘾潜在的和现有的情况及时上报给班级心理委员，并配合心理委员进行防治活动。

（二）特情特办，对症下药

在治疗网络成瘾的过程中，方式方法特别重要，否则可能造成适得其反的效果。最重要的一定是要对症下药，针对不同程度的成瘾，有不同的处理方式，轻度的网络成瘾通过班级心理委员和辅导员的谈心谈话，组织开展一些有意义的活动，就可以解决；中度的青年网络成瘾需要接受专业的、长期的、系统的心理咨询，也可以通过组织建立心理互助团体进行团体辅导;重度的网络成瘾患者建议直接转介到专门的精神类医疗机构进行专业的心理治疗。在学校内部的心理辅导过程中,可以借鉴国际国内比较系统的手段。

二、青年网恋心理的引导

网恋在青年群体中属于小范围的特殊个例,对于这种情况无须进行大规模的疏导,仅就有需要的同学进行适当的心理引导即可。而除了极少数已经因为网恋达到偏执的情况,应当及时送到专业的心理疗养机构进行诊治。接下来就中轻度青年网恋心理的引导问题进行讨论。网恋固然会有诸多弊端引得社会对其评论多为消极,但是并不是说青年网恋只有消极影响,其实对于青年情感诉求的满足、青年个人形象的优化等也能发挥一定的作用。积极消极的关键在于一个科学的引导。

(一)引导树立健康的网恋观

一个健康的网恋观念由手段观念、安全观念和优化观念组成。手段观念是指,通过网络建立的恋情在建立和发展过程中,网络所起的作用只不过是工具和手段的作用,最后无论如何都需要经受现实的丈量;安全观念要求陷入网络爱河的青年要有敏锐的自我保护意识,包括个人隐私信息、财产信息,以及与网恋对象见面的人身安全、性安全等;优化观念是指网恋过程中,青年自身要注意自身的优化,包括正进行有效的时间管理、心态管理,使其能够在网恋和现实之中保持一个平衡。

(二)引导做好足够的恋爱准备

青年在性生理心理方面发展不成熟,追求网恋无可厚非,但因此造成的困惑和不良倾向需要帮助。灌输恋爱和性知识,让青年了解恋爱的发生机制和人类生理发展的客观规律。包括恋爱的产生发展机制、性生理心理、新伦理道德等内容。其目的在于引导其认识恋爱对青年影响的双重性,并对性问题保持一个严肃冷静的态度,由性责任观引出异性交往方式教育,这实际上是在为其做好恋爱的心理准备。

(三)引导排解网恋的差情绪

由于网恋的自由性和轻率性,网恋的失败即网络失恋是一件很平常的事情,受此影响,大部分网络失恋的青年(特别是女性)会陷入一个糟糕的心理环境,应该得到积极的引导。首先要让网络失恋的青年正确认识网络失恋是一件很正常的事情,现实恋情的分合都是很正常的事情更别说网络恋情了。其次是引导其迅速地情感排解,一方面通过心理暗示,将网络失恋的原因归结于网络的虚拟性和自由性;另一方面通过倾诉、旅游、饮食等方式或宣泄或转移网络失恋的差情绪。

三、青年网络人际干预

当青年在没有引导的情况下,依靠本能的价值尺度去使用网络,进行网络交际,难免会有因为网络和技术的发展带来的实际或潜在的负面影响,所以对青年网络人际关系进行调试。以下主要从网络人际交往的动机、认知、素养三个方面说明。

(一)端正青年网络人际交往的动机

在哲学的基本问题中,"我要去哪里"是一个困扰了多个时代的命题,对于很多的工作和研究都有指导意义。青年利用网络是为了什么?我们对于计算机和网络的分类,是定性为工具的,是作为改善人们生活、提高人的综合素质的工具。引导青年了解网络的本质,树立正确的网络交际观念,明确网络交际动机。在这个过程中主要有两个方向,一是引导青年通过网络人际交往获取良好的信息资源,二是引导青年通过网络人际交往提升个人精神品质。教育青年群体站在马克思主义立场上,运用马克思主义哲学观的方法论,以科学的立场、观点、方式对网络人际交往中的信息进行鉴别、分析、处理,不仅做网络信息的接受者和吸收者,更要做网络信息的加工者和创造者。教育青年群体在网络人际交往实践中,扬长避短,兼收并蓄,吸收来自其他领域、其他地域网络人群的优秀特质,吸收转化为自己的优秀品质,提高自己的精神品质。

(二)正视青年网络人际交往的对象

这个对象包括自己、其他网络成员和整个交往过程。"我是谁",是把哲学的反思具化到网络人际交往过程中的自我认知。自我认知会直接影响其对待事物和事件的态度、方式,部分青年对自己期待过高,只看到自己的长处,自尊心强,甚至显得有些傲慢,也有部分青年对自己期待过低,只看到自己的短处,自卑心作祟,这些都不利于网络人际交往的开展。只有正视自己,才能在交际中展现真我,实现现实我和网络我的统一。对于网络交际过程中的其他成员，也应当正确对待。在行为学中有这么一种克隆现象，在人际交往中，一方真诚地对待对方，对方也会真诚地对待自己，而一方如果欺骗对方，对方也会欺骗自己。正视对方在很多情况下会影响自己对待网络其他成员的方式，这也影响着网络其他成员对自己的态度，有助于构成网络人际交往的良性循环。正视网络交际，网络交际是现实交际的一种延伸，是集优缺点于一身的交际方式，正确认识其真实性和虚拟性于一体、规范性与自由性于一身的实际，有助于正确对待网络人际交往。

（三）培养青年网络人际交往的素养

其中最为重要的是把握网络自律和他律的统一。网络的开放性、自由性、匿名性等属性让网络人际交往具有很强的自主性，网络道德体系构建并不完整，网络相关法律也无法应对瞬息万变的网络形势，在这种缺乏足够铁血的规则下，对于青年自律的要求就更高了，青年接受过高等教育，对于现实社会中的道德准则其实可以沿用在网络环境中。同时，尊重他律。目前世界各国相关部门都陆续研究制定了符合其本国精神特质的道德规范，积极寻找方法有效地管理网络和网络生活方式，网络道德体系固然不健全，但是作为青年应该积极了解网络道德体系，以及网络的相关法律，自觉遵守相关的法律条文和道德准则。

第八章

青年网络文化建设

“没有高度的文化自信,就没有文化的繁荣昌盛,就没有中华民族伟大复兴。”文运与国运相牵,文脉同国脉相连。“我们必须以积极的态度、创新的精神,大力发展和传播积极向上的网络文化,切实把网络建设好、利用好、管理好。”[39]文化建设关乎整个国家和民族的兴旺发达,我国作为文化大国,已经成了图书出版、电视剧制播、银幕数等多个领域的世界第一,但是在网络文化领域的数据尚且存在空白区,如何进行青年网络文化建设是我国巩固网络主权地位必须建设的方向。

第一节　青年网络文化概述

“文化”一词经常可以在各种文字版面看到或是从人们的口头上听说,但是给人的感觉——空泛。如果要找出文化的表现形式有很多,比如文字、诗歌、符号,但是要把文化拿出来看看,不免有些犯难。它是人类创造的一切物质、精神财富的总和,可以说是在人产生以后的历史上,文化几乎可以说是无所不包。“有两种方法可以让文化精神枯萎,一种是奥威尔式的——文化成为一个监狱,另一个是赫胥黎式的——文化成为一场滑稽戏。”[40]网络文化正在最大限度地突破奥威尔式的枷锁,但是前进的同时也存在着赫胥黎陷阱,保证网络文化顺利引导青年社会化,需要德育工作者对网络文化有更深的了解。

一、网络文化的概念

在网络高度发展的今天,网络上不断出现文化现象,很多学者就网络上的文化现象,根据文化的固有定义,对网络文化这一词做出了定义:网络文化是通过网络信息技术,在网络领域中形成的各种文化相关物的集合,其中包括了网络文化活动、网络文化成品以及网络观念等。网络文化在成型和发展的过程中,会受到社会经济条件和政治环境因素的影响,很多时候一种网络经济形态的出现,通过网络硬件和平台的组合,直接促成了信息在网络领域的传递。信息传递的艺术表现和思想理念成为网络文化的组成部分,可以说,网络文化是一种高传播率、高技术化为主要特点的新式信息文化。

二、网络文化的特征

网络文化也是现实社会的文化在网络层面上的延伸,有着现实社会文化的多样化呈现,同时也逐渐形成了有其自身特色的文化行为、文化产品和价值理念。在网络空间,我国当代的青年群体及青年文化获得了改革开放以来最为宽松的生存和发展空间,与现实文化相比较,具有其独有的特征。[41]

(一)网络文化是数字堆砌的文化

不同于现实文化分为物质文化和精神文化,有以文字符号作为存储和表现形式的,也有其他载体作为表现形式,网络文化的所有内容都是以字节作为存在方式和传播单位。计算机编程是通过二进制存储各类信息的,这个过程中,所有的文字、图片、声音、影视都会被转化为数字,并按照二进制原则储存在网络领域。其形式有点像是物质世界的原子,所有的物质都是由原子组成,不同的原子组合方式会有不同的物质体现。

(二)网络文化是虚拟构建的文化

在各种文字资料中经常有“网络世界”的称呼,甚至有人认为在独立于我们生活的三维空间之外存在着一个平行空间,是网络的巢穴。实际上这种说法并没有科学依据,网络世界不过是为方便大家理解而构造的一个虚拟空间,网络行为也只是用技术手段进行的一种或抽象或具象的模拟。这也就决定了,依托于网络世界的网络文化,实际上也是一种构建在虚拟空间中的文化,这并不意味着网络文化就是假的,只是说网络文化的表现形式是通过模拟手段完成的。

(三)网络文化是多元平等的文化

依托网络技术,不同国家和地区的人民可以进行交流,充分打破时空阻隔,在这一过程中带来了文化大融合。不同国家和地区的不同民族都有其自身的民族特色,汇聚在一起,和谐共生共荣。同时,基于网络接入的散点结构,各个点之间可以通过转换器直接进行沟通,理论上所有的两点都能实现自我沟通,这就直接排除了层次和上下的可能。在此基础上形成的网络文化就带有天然的多元个性和平等共进的文化属性。

(四)网络文化是大众互动的文化

网络文化在当今时代有一个显著的特征——资源共享性。只要是在网络文化元素创造者同意的情况下,任何有需要的人群都可以读取和使用它,这使得人类的文明成果最大限度地集中起来,将所有乐于分享的文化产品、文化行为作为大众的文化组成部分。网络文化也可以说得上是互动文化,涉及网络文化的传播过程,必然涉及两个及两个以上的个体,无论是人机互动,或是人人经过机器进行互动,虽然和现实中的人与人直接互动有所区别,但是在实质上,这种互动形式最大限度地打破了现实中人的性格、地位等因素的限制。

网络文化的特征在网络文化体系的行程发展过程中逐渐成形的,随着时间的推移和网络媒介的更迭,网络文化特征的体系将越来越庞大,且可能呈现出一种"大体稳定,细节多变"的状态。网络文化在保持大体稳定状态的同时,其变化历程会有明确的阶段性和典型的继承性特点,网络的去中心化社交方式也使得网络文化创造人群必然是全体网民,开放式的网络构造体系会让网络文化更容易吸收网民们不同倾向的文化缘故,通讯技术升级会使网络文化图版成为现实文化的晴雨表。

三、网络文化的人群划分

约翰·B·汤普森认为:"现代文化的传媒化——现在社会的象征形式已越来越经过大众传播的机制和机构媒介,是现代社会生活的一个中心特征。"[42]网络作为最具代表性的传播信息途径已经为国人所接受,很多相关行业一旦脱离网络就会陷入瘫痪,其他传统行业也会受到不同程度的影响。在信息传播的过程中,网络传播方式也需要遵循传播学先驱拉斯韦尔在1948年提出的"5W"模式:Who、What、Which Channel、Whom、What Effect,即谁将什么内容通过什么途径传递给谁,造成了什么影响。通过这五个关键词的提炼,本书对网络文化的人群做出划分,在多数情况下,网络用户都是以下数种类型综合的个体。

(一)主体特征型人群

在网络文化使用呈现和创造过程中,存在一部分网络用户具有某一种典型主体身份,人们可以通过其所从事的网络文化活动了解到网络主体的职业信息,属于主体特征型的网络文化人群。在全球超过 30 亿的网民中,中国网民达 7.31 亿,总体而言都在世界人口和中国人口的一半上下。这一人群比较有代表性的是黑客、白客和红客等。在网络领域,“黑客”一词广为流传,“Hacker”在汉语中的音译,指的是通过网络技术,利用网络漏洞对网络整体、网络其他人群进行或有目的或无目的的攻击,带有很强的侵略性。

实际上,20 世纪 50 年代在麻省理工学院诞生的黑客原只是对网络知识和技术充满好奇和探索欲的人群集合,在计算机和网络技术发展的前期发挥着不可替代的作用。但是在信息化和技术化的发展逐渐成熟以后,黑客群体扩大,黑客文化统一程度不断下降,其中具有很强破坏性和侵略性的黑客继承了黑客的称呼,他们背弃了“Never Damage any System”的信条,甚至违反相关法律法规。为了有所区分,对于那些在网络文化活动中扮演维护网络信息安全的人群则被称为“白客”,这一类人有些是属于国家政府成员,有些则代表的是普通大众对于安全网络环境的坚持,努力扮演一个“网络秩序维护者”的身份。此外还有明显的政治立场定位的“红客”等,他们在网络中极力维护自己的政治立场。

(二)内容为王型人群

这一类型的网络文化人群普遍注重个人在网络文化活动中传播内容的创作和选择,认识到内容的吸引力程度直接影响网络信息传播效力,通常具有原创性、趣味性等特点。“内容为王”的理念是搜索引擎优化(SEO)的术语,在网络业界有一个共识:“内容为王,外链为皇”。其主要是指推广内容的创作和推广平台的选择在整个网络推广过程中占据着举足轻重的地位。在当前网络文化的发展过程中,忽略文化传播工具层面,内容为王成为一个网络文化发展和网络活动开展的重要元素。

(三)媒介体验型人群

青年网络用户具有追求新颖时尚、突出个性与自我的网络活动心理特征,所以在网络活动中,他们更愿意去尝试新潮的网络媒介和平台。在网络文化活动中具有一种网络用户群体的构成中，青年人占有很大的比例，特别是触网低龄化日益明显，这就使得媒介体验型的网络文化人群队伍不断壮大。网络直播平台的兴盛和这一类网络文化人群息息相关，网络直播原本只是进行现场信息的网络传播，用于产品的展示、会议的召开、节目的呈现、培训的开展等。

但是伴随着斗鱼、龙珠等网络直播平台的兴盛，网络文化活动个人都有机会成为网络主播，人们可以在这里获得一种短暂性的身份认同感，填补了现实生活因身份迷失、个体的原子化社群的瓦解导致的空虚。[43] 直接以在线的形式实时分享个人状态，同时与来自网络各个终端的其他人进行全面互动。短视频出现的时间不是很晚，但是随着网速的提升和网络费用的降低，网络短视频的受追捧程度越来越高，个人录制的门槛下降直接造就了一大批网络文化的媒介体验型人群。

（四）客体特征型人群

与主体特征型的网络文化人群相对应，这一类型的人群侧重于接受来自各方面的网络文化信息，“Whom”定位十分突出，其主要表现在网络文化活动的选择中倾向于信息的接收和浏览，并不作太多的反馈和互动，数量相对其他类型而言要小得多。这一类型的人群很多都认为网络只是一个获取信息的媒介，强调其工具的属性，或者本身对于人际交流、信息反馈并不存在过多的需求，所以其人群主要分布在老年网络使用障碍人群、80 岁及 80 岁以上的成熟人群、年轻孤僻人群和年幼浅交际人群。

老年人受到外界的影响，比如说报纸、电视、广播等传统媒介对网络的报道以及身边人对于网络的迷恋，使得其尝试接触网络，同时也希望通过网络寻求新的信息和只是促使自身跟上时代，受限于个人年龄导致的学习能力下降，所以网络使用多数只局限于新闻的阅读、知识电子刊物的浏览等。根据第十四次全国国民阅读调查报告显示，2016 年我国国民人均阅读量为 7.86 本，18 岁以下未成年人人均阅读量高达 8.34 本，完成了对国民人均阅读量的赶超。实际上，95 后群体中有接近 40% 的人一年时间会看 40 部以上的网络文学作品，其中甚至还存在着一批人将网络使用时间基本投入到网络阅读中。

（五）目的影响型人群

这一类型的人群在网络文化活动中一般会带有明确的目的，对于网络行为的评判主要以实际效果作为标准，不是通过网络发生某事，而是为了发生某事而去使用网络。在美国心理学家托尔曼的试验中，老鼠在挑战迷宫的过程中，会通过对周边环境的感知，对自己的行为有一个预期效果的评估，并在预期效果的指导下进行活动。用户在网络文化活动中也存在着类似的现象，根据用户自身对于网络环境、网络形态等方面的感官体验，对于自己即将开始的网络文化活动有一个目的性的模拟，进而指导其开展网络文化活动。

网络交易是一种比较常见的形式，在遵循"等价交换"理念下，网络用户通过互联网进行售购商品、售购服务、物品交换等活动，当前网购已经成为中国经济发展的一个新增长点，2017 年天猫双 11 总交易额达到了 1682 亿的惊人数据。网络求职也逐步受到了青年们的追捧，青年为实现优质就业，在求职方式比较中，发现了网络求职灵活性、大批量、信息全等特点，通过这种方式寻求自己心仪的企业和职业，这实际上也是目的影响型的网络文化行为。此外，网络招聘、网络征稿、信息推广等活动均为具有很强目的性，如果用户在使用网络进行文化活动过程中，大多数情况都是有明确目的的话，就可以算是目的影响型的网络文化人群。

第二节　网络文化环境中的青年德育

一、网络文化环境中的青年德育工作

青年德育通过网络文化建设手段解决青年和社会之间的矛盾，通过网络技术手段包装的实践活动，使"青年人"成为"特定社会需要的青年人"，对于青年人适应社会化发展而言具有重要意义。德育通过实践活动不断地促进人类和社会的进步，其实质上可以算是社会化的一种教育手段，在网络文化环境中，社会的实践载体发生巨大的变化，从身体力行的切身实践形式融入了间接的网络实践活动模块。网络文化的蓬勃氤氲，使得德育工作在青年社会化的进程中群体社会化的作用日益凸显。

一是青年德育能够引导青年进行符合社会的权衡。人的所有行为通过进制化简，直指行为的得失权衡，即参与某项行动所带来的得失判断，一旦所得大于所失，便会成为青年发起行动的动机。青年德育工作通过树立三观的方式使青年群

体建立起社会所需要的价值体系,偏正式的观念教育是平衡社会畸点观念的良方。国内经济社会的迅速发展,特别是网络文化的接轨,以盲目逐利为代表的社会畸点会成为社会体系崩溃的隐患,青年德育帮助青年群体认识到社会所需所求,有助于其在日常生活中有相对科学的价值衡量体系。

二是青年德育能够帮助青年沉降过于浮躁的心气。自古先代贤人都鼓励青年群体能静心潜力,做到"腹有诗书气自华",在任何历史时代,都需要青年群体在校期间能够做到踏实治学,学得一生本领,报予家国天下。网络突破了校园和社会的界限,青年群体的文化氛围在校园文化的缝隙里填满了网络文化元素。社会阅历有限的青年人在丰富多样的网络文化之前会缺失自制的心理防线,青年德育工作内容之一就是剥离网络文化中偏负面的元素,通过近似于他律的方式,外部干预青年的实践活动,让青年有社会实践体悟和静心思考的机会,沉降过于浮躁的心气。

三是青年德育能够提供青年融入现实发展的机会。德育工作的开展多通过切身实践的方式,让青年群体主动参与到社会服务、各类实践中去。实践是检验真理的唯一标准,也是衡量文化价值的主要手段。网络文化环境多是在线上互动过程中逐步营造出来的,部分网络文化和现实发展脱节,青年在参与社会实践的过程中,特别是将自身所学投入到社会服务中,会让他们触摸到网络文化和社会现状融合的结点。文化在上层建筑中占据很大的模块,应用于实践才能充分发挥其推动社会发展的作用。青年群体不只是天天沉浸在网络文化环境中,更应当抓住融入现实发展的机会。

教育应结合中华民族和世界历史上优秀的成果作为德育的素材。在现实的德育中已经或主动或被动地同网络文化有机结合在了一起,两个概念虽各有所指,但又互有交叉。目前的在校青年多为95后,这一群体的平均年龄低于25岁。而他们也正是受网络文化影响最深刻的一代。很多人认为因为网络的冲击,学生们的思想越来越开放,加之网络空间的巨大魅力,使得越来越多的年轻青年不愿意听原有的德育课程,其实,这不全面,网络文化在给德育带来冲击的同时,也给了德育发展的契机。

二、网络文化背景下青年次生文化现象

次生文化的概念最早是20世纪20年代由美国芝加哥学派提出,指的是主导

文化核心圈之外,存在的一切边缘化或者次一级的文化合称。这些文化和社会主流文化在风格、形式甚至是价值观导向上存在明显差异。在网络文化领域这一文化现象被无限放大,青年人自主创造次级的原生文化,并为青年群体所接受,这种次生文化现象被称为我们的研究内容。当社会的文化与结构之间存在冲突和紧张时,越轨行为就可能发生[44],而"次生文化"代表的文化元素集合就被认为是当前社会现状和青年观念冲突所产生的一种"越轨"的消极代名词,这和当前我们所研究的青年网络次生文化存在一些区别。青年网络次生文化除了性质与主流文化有所区别外,更多地表现为新颖性和强大的生命力。网络环境中,求新求异心理和青年群体扩散的创造力、勇于尝试的勇气交叉孕育了网络次生文化,这也是青年群体为彰显自我在文化领域的表达。

(一)高校层面对于网络次生文化的认知

高校在青年社会化的过程中扮演着相当特殊的地位,作为主战场一直是处于校园文化和社会文化的交锋之地,网络强势干预社会化进程在一个方面的表现就是次生文化依靠网络这块肥沃的土壤迅速滋长。高校在德育实践中,不难发现次生文化的存在,这直接影响德育的内容和方式,使得高校德育工作者越来越关注青年网络次生文化的动态。

网络次生文化与德育关系有待斟酌。在大多数情况下,高校德育工作者认为次生文化和学校所倡导的主流文化存在很多细节上面的出入,这就导致在进行青年德育工作的过程中,次生文化会给校园主流文化的传播增加困难。青年网络次生文化的构成方式更契合青年群体的性格特征,使得网络次生文化对于青年群体有比较大的吸引力的同时,还有着相对容易的接受度。网络次生文化虽然处于主流文化的边缘,但是在性质的界定上并非就是消极的,而是一种偏中性的文化。在青年社会化过程中,将其作为对抗式的存在确实会给德育的开展带来麻烦,但是如果能够利用青年次生文化的部分特质,将其由对抗位调整至合作位,也许能在青年德育战场另辟蹊径。

(二)网络文化背景下青年次生文化的特征

网络次生文化与青年身份捆绑,带有青年个性烙印。在各种文化交流过程中,文化传播者都会有无意识对文化载体进行加工和异化的行为,网络文化交流在青年群体的实践中转无意识为主动,使得其所传播的文化难免和青年群体特征有难以分割的联系。2016 年 7 月某年轻男子在失恋视频中带有方言语征的“难受,想哭”被异化为“蓝瘦,香菇”,原本只是一个孤立的网络事件,在网络的海量资源中完全不算什么,但是青年群体在各种网络行为中有意引用或者仿用,直接致使这两个词为大众所熟知。在各种因素的综合作用下让这个词的运用成为网络次生文化运用的表现,和主流的“难受,想哭”在形式上存在一定的区别,但是在网络空间中能够很好地表达出原词的含义,相对而言,学生们在日常表达中,他们更愿意用“蓝瘦,香菇”进行自己情绪的宣泄。对网络次生文化进行定量研究中发现,青年网络次生文化实际就是青年群体在网络中、在主流文化外创造有青年特征的文化形式,它不是单一的网络文化事件,而是一群年轻人甚至是整个青年群体在有意识刷屏行为背后引导网络次生文化成型和沟通。

网络次生文化与网络空间锁定,难离网络媒体形态。青年网络次生文化之所以在新的历史时期给人以更大的存在体验感,在于其最大程度上利用了网络在信息交流中的优势,主流文化的亚种现象在任何时代都确切地存在,但是在多数情况下缺少广泛交流平台的时候,呈现为零散的次生文化事件,难以形成有明显核心的次生文化现象。而网络文化的亚式表达很可能得到大量的追捧、仿效,致使亚表达的核心直接被提取出来进行传播,改变了次生文化现象的发生机制,即从原始的多个次生文化事件进行总结归纳转变为单个次生文化事件直接扩大化为次生文化现象。这在事物的产生链上极大地降低了难度,实质上就是增加了次生文化现象的体量,青年是其中最活跃的群体,这也是青年网络社会化在当前比以往任何时代提起来更有意义的缘由。在相对开放的网络空间里,迅捷的信息分享机制使青年群体有更多进行“非主流”表达的机会。

三、网络文化建设对青年德育的益弊

在物理学里有一个热传导的概念,说的是介质内无宏观运动时的传热现象,网络文化对高校德育也存在着相似的传导现象。1994 年,我国正式接入互联网以来,计算机和网络体系建设及相关应用的开发,使网络文化层面得到迅猛发展,从而给当今的德育带来了积极的意义。

一是网络文化丰富德育内容。在德育过程中,教师和学生的双主体特征得益于这个时代,网络信息平台上的双方可以站在平等位置上的。双方能够从网络文

化中,通过分辨汲取到大量的德育素材,一改之前的教学素材都是老掉牙的陈旧案例,使得相对固化的教学板块更具针对性、时效性和前瞻性,彰显时代特色。教师不再是只充当知识搬运工的角色,更是"授人以渔"的学习方法传授者。

二是网络文化强化德育主体。受到网络文化的影响,德育的双主体——教师、学生都得到了不同程度的强化。为了适应教学的新变化,教师在教学内容、手段方面都会寻求新出路;学生在自由自信地网络人际交往之后,其本身部分优秀特质会被放大,知识体系和认知水平得到优化,拥有一定的创造力,思维会更加敏捷发散,在思想政治学习中有所体现。

三是网络文化革新德育形式。德育的技术手段也得益于网络及网络附属品,教学视频、远程学习、网络直播、微信推送、H5 编程,都可以成为德育的舞台。在以往的德育中,教育过程只是教师—学生,这种单向的信息过渡,而以后因为交流的方便,也因为上述新形式的利用,教育过程会呈现教师—学生—教师—学生—教师……这种回环的互动模式。

网络文化给德育带来诸多机遇的同时,也向其提出挑战。

一是网络文化冲击青年思想体系。其主要表现在扭曲青年的价值取向、影响其正确世界观、人生观、价值观的树立上。网络领域相对而言缺少权威力量的威慑,加之网络的匿名性和自由性,致使处在自我意识觉醒中的青年如同脱缰的野马一样,个人主体膨胀,从而忽视集体主义。同时社会转型过程中拜金主义、奢靡主义、浮躁风气等不良思想通过网络发酵散发到青年群体中间,对其世界观、人生观、价值观的树立有一定的破坏作用。

二是网络文化冲击青年道德体系。网络的虚拟性为青年群体所共知,加上网络监督体系尚未完善,网络道德体系缺乏约束力,让一大批青年在网络上并不留意自己的言行,甚至有的清楚自己所为不符合道德标准,也不以为意,以为自己的个人行为对社会的影响可以忽略不计。同时,网络上偶尔有一些心怀叵测的人通过匿名方式发布一些反主流道德观念的信息,并通过信息的共享让更多的青年了解到,以此动摇心防薄弱的青年,达到破坏青年道德体系的目的。

三是网络文化挑战青年现实生活。网络世界可以说是丰富多彩,各种信息层出不穷,娱乐方式也极吸引年轻人群。而青年群体普遍缺乏必要的自制能力,都有潜在的或已患有的不同程度、不同类型的网络成瘾。占用了其大量的时间,对其现实生活产生了很多负面影响。其主要表现在身体素质下降、学习热情不高、人际关系恶化，甚至是走上违法犯罪的道路。

第三节 青年德育与网络文化共建

一、青年网络文化建设的目标

在网络文化的框架内，用户可以通过其获取大量的信息，进行各种娱乐休闲，提高个人的综合素质，也常因为网络文化的双面性，不乏受到内容平庸、形式恶俗的网络文化素材的干扰。网络文化的发展，从本质上提高着人、升华着人，局限于物质生活的人的精神是不发达的、是不全面的。[46]青年群体在进行网络文化消费过程中，需要形成健康积极的网络文化生态观，必须学会如何趋利避害，正确接触网络文化。

（一）培育网络政治文化

培养网络政治文化是我国社会主义初级阶段国情的客观要求。站在国家的立场上看，为了增强综合国力，必须凝聚国人的向心力，在青年群体中，加强网络思想政治文化是非常有必要的。政治和经济决定文化，实际上，不仅是我国，全世界范围内的政治和经济都处于相互交融的状态，这股力量在综合国力的较量中显得尤为重要，所以任何一个国家想要提高本国的综合国力，不仅仅是依靠经济发展的强势劲头，还要关注政治文化在内的文化资源。

网络领域提高青年的网络思想政治文化修养，也是尊重青年群体的网络主体地位和国家主人翁地位。网络思想政治文化作为网络时代下的产物，与青年群体的网络生活息息相关，与现实的思想政治文化教育相比较而言，他们更倾向于这种新的方式、新的途径和相对新的内容。

培养网络政治文化是促进青年成长成才的需要。青年群体在未来党和国家的建设中，会逐步投身到社会的各个领域。在对青年成长成才的教育中，不仅要求其掌握有过硬的专业技能和创新思维，稳固的思想政治根基也不可或缺。当代青年平均每天在网络上倾注的时间不低于4小时，和网络文化保持着相当紧密的联系,要对其进行德育离不开网络引导。在这一过程中,不仅要引导青年树立社会主义信仰,还让青年对国家的网络发展战略产生高度的政治认同。

我国正处于实现中华民族伟大复兴这一中国梦的决胜期,面临着社会转型过程中经济、文化的深刻变革,这一点在网络文化方面体现得尤为明显,这也是网络文化之所以磨砺出反面锋锐的主要原因之一。培养立场坚定的网络思想政治文化需要结合当前国家和国际环境,着重引导青年树立网络契约意识、网络政治参与意识、网络信息理性鉴别意识以及时代倡导的创新意识等。在青年群体中开展马克思主义相关理论的宣传,需要高度重视传播手段的建设和创新,提高校园媒介的传播力、引导力、影响力和公信力。加强互联网的文化建设,不仅是机制建设,也是内容建设,坚定青年的文化自信,使得青年网络文化建设具有鲜明的时代性及在这个时代顽强的生命力。

(二)培育积极向上的网络精神文化

培育积极向上的网络精神文化,有助于青年远离网络成瘾和现实交际障碍。《中国青少年网瘾数据报告》中指出我国有超过200万的青少年网络成瘾患者,还有很大一批人热衷于网络人际交往而出现了现实交际障碍。青年缺乏足够的自制能力情况下会提高网络成瘾的可能性,网络特有属性会致使其产生网络人群比社会人群更值得交际的错误认知。对青年开展有效的网络精神培养,可以提高其抵御网络成瘾和现实交际障碍的能力。

培育积极向上的网络精神文化,有助于提升青年群体的综合素质。网络精神文化和现实精神文化并不冲突,两者应该只是侧重点不同而已。将现实精神文化进行提炼后,结合网络实际,转化为积极向上的网络精神文化,对于青年综合素质的提高有着相当大的促进作用。网络的自由性和匿名性导致了青年网络生活习惯和网络行为的随意性,这是在不自觉地过程中对现实的精神文明做出的腐蚀,通过网络精神文化的培育,对青年的自律能力提高有所帮助。

培育积极向上的网络精神文化,促使青年树立坚定的理想信念。青年群体在网络领域里,受到了拜金主义、功利主义、享乐主义的影响,对传统的思想道德产生了怀疑,导致其心态表现为信念模糊、目标不明确,这是德育的难题之一。网络精神文化与现实精神文化相区分,是精神文化的一个组成部分。根据其内容的性质可以分为人文类网络精神文化和技术类网络精神文化。前者主要是网络生活方式过程中逐步养成的网络观、网络自身定位观和网络价值观及其组成要素，包括网络道德观念、网络评价标准等，偏向于意识形态领域；后者则是和网络技术相关的文化元素，比如网络技术理论、网络信息和知识等。在进行青年网络文化建设中，对网络精神文化领域引导和塑造的过程，是以人类社会公认的高尚精神品质为主导，通过网络教育手段，培育出具有中国特色、时代特征和全球视野的网络精神文化。

（三）培育与时俱进的网络法制文化

培育与时俱进的网络法制文化是当前网络文化实际发展状况的要求。网络的用户数量趋于饱和，网络生活方式成为青年校园生活的重要组成部分，网络人际交往呈现出一个扩大和纵深的趋势。与此同时，网络行为的不道德现象和网络犯罪屡见不鲜，网络中经常出现不负责任的信息传播、扰乱网络秩序的行为以及前文提到的各种网络犯罪行为。无论是网络文化建设还是网络德育建设都是在一定引导下的自觉活动，两个角度都有其内在的要求和预定目标。网络文化和网络德育的共建，需要对其上两个主体的要求进行整合，并结合当前实际制定合乎青年网络文化建设时代需求的目标。该目标对于青年网络文化建设过程中的预定任务、指标和效果是相统一的，对于整个青年网络文化建设具有指导作用。

面对当前网络环境的现实情况，国家正加快形成相对完备的网络法律法规体系的步伐。我国从 1997 年到 2015 年先后出台了四十多部与互联网相关的法律法规，大致将网络的法律体系划分为网络管理、域名管理和网络安全三大块。但是目前尚未形成“网络法”这种纲领性的网络文件，加之网络问题日新月异，很难预测可能存在的法律漏洞，所以在网络法律体系层面应当尽快完善，以形成网络行为的“安全网”。

相对的自由才是“自由”的应有之意，不受约束的自由只能导致社会秩序的崩坏，需要不断加强对青年群体的网络自由和网络权力进行制约。对网络行为的实名化，网络言论、网络行为的限定以及网络行为的处理方式都是值得考虑的方向。这两方面的工作一同构成了网法制文化，促进网络德育和网络文化的共建。

网络体制文化应当具备一些特质。与时俱进是马克思主义中国化理论成果的重要精神内核，在当前日新月异的网络环境中，网络文化和网络德育都应当主动去适应新形势，认识网络新元素，提高应对各种新情况新问题的能力。迅速发展的网络技术要求体制文化必须紧跟其脚步甚至能预测发展。

二、青年网络文化建设的内容

中国接入互联网二十多年来,我国的网络形态和网络环境发生了翻天覆地的变革。在这场变革中不仅仅是与网络技术相关的内容、观念得到了更替,在网络层次上的经济、政治、文化及网络生活方式等诸多方面都有十分显著的变化,进而影响青年的网络观念和网络行为。在这种近乎是整个网络领域全身动的变革面前,必须发挥德育领域的积极引导作用。在继续加强爱国主义、集体主义、社会主义教育的同时,还应引导学生树立建设社会主义理想信念,社会主义公共道德,学法、懂法、用法的法制观念和民族统一等内容。在坚守住固有的不变质的教育内容的同时也应该做出相应的调整和改革,以适应新形势下的社会需要,更好地为青年网络文化建设服务。

一是网络法制的教育。法制之于国家长治久安而言,发挥着不可替代的作用。网络文化的迅猛发展对各个领域均产生了或深或浅的影响,而且这种强加的影响还会不断深入。这就迫切要求青年网络文化建设必须把法制教育纳入教育内容之中。网络法制教育是作为社会主义法治教育的一个组成部分,不能只是单单负责网络相关的法制教育,将其置于整个社会主义法制体系中,进行法律普及的教育,将网络法制观念融入青年原有的法律观念以内。

二是网络伦理的教育。当前网络言论高度自由的情况下,克隆技术、人工智能等相对火热的科技发展状况,在网络领域引起了巨大的反响。同时,因为网络的匿名性,在网络人际交往过程中,很多青年甚至还给自己认了“亲人”,即网络领域的“恋人”“父母”和“子女”。虽然有些时候只是出于玩笑,但是目前网络领域确实存在伦理道德缺陷。通过网络传播媒介,结合国际史、生物发展史、文学作品进行有目的的现代网络伦理教育是很有必要的。

三是网络心理的教育。所谓网络心理教育,是在网络心理学的基础上,运用网络心理疏导的相关知识,对青年群体进行网络心理状态的介绍和分析,就因网络生活方式引发的网络成瘾及网络亚健康状态进行正确的引导。通过这种方式,将网络健康的标准作为施教的重要内容传达给青年,使其对自己的网络心理状态有及时、科学的了解。从而培养青年良好的网络生活方式和网络心理素质。此外还包括适量的网络心理辅导、训练、和咨询等。党的十八大明确提出创新驱动发展战略，在大方向上，所有的领域都应寻求新的出路，“没有很好的知识积累，创新无法凭空产生，很多重大成果与发现，都是对以前人类文明的继承。”[47]

教育者和受教育者存在年龄代沟。德育工作者在教育工作者当中属于平均年龄偏大的教育工种，和当代青年存在相当大的代沟。[49]德育工作者在丧失传统的信息和经验优势地位之后，对于心态转年轻化存在一定的障碍；同时受教育者性格特征多元化和个性化明显，德育现实作用提升也成为社会发展的要求。教育过程和学习过程可能会分离。在网络文化视角下，以后德育的主体阵地必定会在网络上，教育者提前录好教学视频上传至网络，学生学习的过程与其断开，不利于教育者对受教育者思想教育状态的了解，也不利于教育者及时解决受教育者的心理困惑。

三、青年网络文化建设的对策

就目前的青年网络文化建设而言，德育与网络文化并不能够相匹配，网络文化并不是简单的“互联网 + 文化”，更重要的是网络使得文化本身具备了技术性的特征，也让网络本身内蕴文化的精神通过两者的融合提升适应现代化发展潮流。当前形势下的网络发展在某些领域已经逐渐走在世界前列，而我们的德育仍然存在着因循守旧的嫌疑。德育者进行思想教育过程中，通常和网络结合的方式是通过上传视频和长短篇博文的形式在网络媒体发布，对于网络时代青年群体的诉求存在不足，正因为两者在一定程度上未能完全匹配，使得青年网络文化建设成为当前相关研究的重要方向。

（一）拓宽青年网络文化建设的理念思路

及时转变教育者的施教观念，适应网络文化的发展特征是寻求青年网络文化建设的第一出路，教育者不改变当前的教育观念，无法适应网络文化的要求，就难以使青年群体对德育内容产生了解的冲动。教育者需要不断尝试着从全新的视角研究青年网络德育工作的开展，现代化的青年德育必须将网络文化普及的情境结合起来，必须将网络文化建设作为青年德育研究的理性思维基准点。

教育者应当树立传播者观念。在传统的知识传递过程中，教师掌握着知识和信息的来源，受到传统尊师重教观念的影响，在社会上处于十分超然的地位，和学生之间有明显的指导和服从关系。但是在网络时代,网络的典型特征是平等性,用户的散点分布弱化了上下级关系,加上匿名性和青年个人意识觉醒,在网络上对教师的尊敬程度有所下降;同时,网络从信息源上向所有的用户敞开,这就意味着在此前有教育者拥有并把控知识和信息的格局就此打破。在这种情况下,教育者还以旧的观点揣度学生是不合适的,学生已经未必会将教师的话奉为圭臬,教育者应当主动适应网络文化中,教育者和受教育者处于同一网络地位的现实,教育者存在的意义是将网络思想政治信息传播给受教育者,树立平等的传播者观念。

教育者应当树立引导者观念。得益于国家教育事业的发展,全国人民的知识水平普遍提高,特别是在校青年,属于人人皆知识分子的一个群体。他们在接受科学文化知识和人文文化知识灌输下,有一定的知识储备,更重要的是有自己的判断标准,当前的大学教育主张学生有独立思考的能力,在进行网络德育过程中也应当沿用这一理念。除了已然定性的社会性质等相关内容,其他的教学素材应当尽量避免对一个案例或者现象作定性的言论。如果网络德育还是停留在告诉青年们对与错、美与丑、善与恶的话,会使青年产生一定的逆反心理,这种教育理念是缺乏生命力的。教育者树立引导者观念,擅长用引导的方式,让青年通过自己的思辨,一步步地得出相应结论,才是网络德育的新方式。

教育者应当树立学习者观念。目前德育者总体年龄构成偏高的实际情况确实存在,和青年学生确实存在一定的代沟,但是本着学习的态度,是可以尽可能缩小此间的心理差距的。尼葛洛庞迪在《数字化生存》中就提道:“最大的鸿沟将横亘于两代人之间。当孩子们霸占了全球信息资源时,需要努力学习、迎头赶上的是成年人。”而且网络文化日新月异的现实和“活到老,学到老”的观念都要求教育者不能故步自封,应当积极主动地去适应去学习网络文化的相关内容。

(二)搭建青年网络文化建设的实践平台

当前,我国的现代教育发展和改革一直在深入进行。在教育部的要求下,教师必须跟上时代,要熟练地掌握现代教育的手段。在青年网络文化建设中,硬件领域是需要花大工夫的。德育工作必须关注青年的关注点和兴奋点,主动回应青年的关切,以腾讯微博、微信公众平台、新浪微博、人人网主页等平台为载体,推进“双网”互动,搭建共青团组织服务青年的新平台。改变传统的组织动员方式,通过微博派票、微信抢票等的方式,组织学生参与校园文化活动、高雅艺术进校园等活动,扩大活动的宣传效应和覆盖面。线上线下活动齐发,努力扩大共青团的影响力,密切与广大青年学生的联系,开辟师生沟通交流的新渠道。

一是建立好网络德育网站。当前网络的硬件设施十分完备,建设网站并不是一个非常困难的命题,而真正的难度在于如何建设一个具有吸引力和权威性的德育网站。网站的创建包括五个步骤:注册域名、开通主机、设置网站域名解析和网站主机绑定、安装建站程序、完善内容。网站建设初期在域名选择、网页设计、内容完善三块显得尤为重要,必须能凸显作为网络德育的权威网站,同时培养出网站性质细分的特质,可以作为新闻网站、学术网站或者是综合性质网站,并开辟专栏和国内各大高校的校园网、新闻网完成友情链接的对接。此后进行相关的网站宣传,邀请合适的人才入驻,都是亟待解决的问题。

二是发挥网络信息交互平台的优势。注册微博、微信公众号等 App 平台账号,甚至是开发专门用途的 App 软件,和相关的网络德育工作者实现频繁高效的互动。当前手机 App 的井喷式发展,使阅读成为一个专门化的活动。App Store 推出于 2008 年,当时里面的 App 不到 500 个,但在随后的三年时间里,翻了上千番。青年群体里的 App 软件类型多样,但是其中鲜少有同类软件并存的情况,而 QQ、微信和微博是其中的特例,这在某种程度上说明,这三个软件都有其不可替代性,可能是功能使然,可能是网络人际交往需要,也可能是其他原因。不过不管是哪一种原因,都说明在这些青年 App 聚集高地,都有网络德育的发挥空间。积极构建"五微"工作载体,利用微课堂、微座谈、微组织、微采访、微电影等形式,积极探索利用新媒体开展青年思想引领的手段和形式,开辟青年与团组织沟通交流的新渠道,开展社会组织、高校、青年团体之间趣味座谈会和网络微课堂等活动,积极宣传德育工作的特色和亮点,扩大共青团等德育平台的影响力。基于"90 后"青年特有的心理特点和基本价值倾向,以大咖"晒"分享、青年先进事迹宣传等,利用微博、微信做好宣传普及与典型引领工作。

三是运用临时性载体进行事件营销。很多人觉得将网络德育做得类似于广告营销,是一种极破坏网络德育工作的行为。其实不然,广告和新媒体运营是当前网络环境中与网络文化结合程度最高的行业之二,其适应性强大必有其原因。快节奏的生活方式让青年人陷入"欣赏转消遣困洞"之中,人的注意力在节奏相对较慢的情况下会在一定程度上高度集中，一旦节奏加快，青年人无法在迅速变化的运动中捕捉到充分有效的信息。网络德育是和时事热点高度结合的行为，进行事件营销有天然优势。H5、动图、微视频之类无门槛且能迅速传播的形式都可以作为临时性载体，此外传播的内容可以通过有奖征集或青年相关的广告赛事赞助，最新一次的青年广告艺术节就有政府参与的公益广告征集。通过这种适时性的方法，对于青年网络文化建设或有长足助益，可以直接帮青年人略过信息过滤的环节，提高他们对工作开展的熟知度和亲切度，是工作后期开展的必要保证。

（三）创新青年网络文化建设和载体形式

青年德育和网络文化共建方式的创新方向众多。德育组织单位要充分利用新媒体，认真开展“让网络空间清朗起来”学习讨论实践活动，社会团体、高校和相关负责人带头实名开通微博，积极传播网络正能量，教育引导青年学生牢固树立规则意识、责任意识和诚信意识，提高青年学生的网络素养。注重弘扬和谐理念、全面发展为核心的生态文化，通过新媒体平台在青年中形成关爱生态环境、主动参与生态建设的良好氛围，积极引导青年争做网络生态文明建设的先锋。

立足国际化视野。立足国际化视野包括三个层次：吸收各国网络文化的精粹、培养国际反网络文化入侵意识、寻找创新点占领世界高地。网络文化带来的信息全球化在把我国文化送出去的同时，也把世界各国的文化送达我们的门前，供我们采撷，创新需要兼收并蓄，吸收其他国家和民族优秀的网络文化，很可能就会创造一个德育的新领域；在我们将自己的优秀网络文化推出去，扩大我国的国际影响力的同时，需要时刻关注西方霸权主义和西式民主等思想渗透；思想教育工作者的目光不能只看到国内，也要时刻关注国际动态。网络文化因为边际线的模糊很容易让社会成员特别是青年群体错误地认为网络文化摒除了民族、国籍和制度差异，成为一种近乎“同质化”的文化区块。在错误认知的引导下，容易使其放松警惕、深陷其中，在潜移默化下致使其思维方式、表达方式和行为方式异化。这种形式的文化传播有其丰富性在，但更是一种不安全的文化圈层，网络文化的交锋不只是技术博弈，更是世界话语权的争夺。

学会自媒体发声。在当前网络文化中有一个典型的趋势就是主流媒体声势减弱，自媒体声音渐起，德育的创新发展有必要尝试自媒体发声，或可探索出一条高效德育新路子。除了创建常见的网站、官微和微信公众号之外，德育不应该排斥通过 H5、App、短视频、动图制作等形式，将德育融入网络文化之中，通过比较新的网络形式表现出来，使德育附带有网络文化的特殊魅力。不断拓宽德育宣传渠道，构建共青团新媒体工作格局，主动占领新兴媒体阵地。在原有的新媒体宣传、团属网站建设、新媒体活动、文化活动等项目，团属网站建设、各类新媒体主题活动等基础性、常态性工作取得新进展。2017 年 11 月 19 日，财新传媒联合共青团上海市委员会、E STARTUP、全球创业周中国站等合作伙伴共同举办“文化新生代——青春新主张”上海青年网络文化产品创新论坛。论坛搭建起青年网络文化创新平台，将 B 站、二更等平台及团队参加了讨论和对话，如何运用自媒体平台发声的形式，促使青年网络文化创新成为一个共识。

寻求艺术性表达。将德育融入艺术形式中比如说主题歌剧、主题小品不是一个新的命题，只不过很多情况下效果并没有如设想中的那么完美，大多数情况成了思想政治素养比较高的人群的自娱自乐。和网络文化相结合德育艺术性才能得到青年群体的追捧，或许在艺术性表达中比较浅显，但只要是通过这种网络文化艺术化创的方式将德育的内容传达给青年群体，且他们并没有产生抵触心理，那么就是成功的。《人民的名义》《战狼》等影视剧的走红，诗词大会、汉字书写大赛的成功举办，《我在故宫修文物》等一系列的栏目都通过艺术性的加工，抓住青年群体的视觉高地，用带有艺术表达色彩的方式，成为近年来比较典型的青年网络文化引导案例。

青年德育在网络文化迅速发展的同时也应该继承和发扬优秀传统的基础上，在方向、内容、手段、机制等方面进行有目的的改进。要依托新媒体广泛开展青年网络文化活动，提升新媒体的育人质量和水平，认真推进新媒体的内容建设。积极开展各类主题鲜明、特色突出、青年乐于参与的文化活动，开设“我的中国梦”“雷锋精神大家谈”“网上迎新”等专题，与青年进行交流和互动，激发青年的文化创造活力，让青年在丰富多彩的新媒体活动中愉悦身心、启迪思想。

(四)提升青年网络文化建设的文化自觉

费孝通的《江村经济》突破了文坛和草野的界限，开本土人研究本土、本族人研究民族的先河，凸显出的是一个学者可贵的文化自觉思想。正如马凌诺斯基在其序言里所说“人贵有自知之明”，这个序言就是对他文化自觉的充分肯定，学术应当饱含有对人类和其命运的关怀，青年网络文化建设也应当真正担负起青年培养的重担。引导青年群体自发、自觉地参与到社会文化的建设中,尊重其自主创造的青年次生文化,是青年网络文化建设新篇章的序言。

以平等认知青年网络次生文化的内涵。正确引导网络次生文化助力高校的青年德育工作,前提是必须正确认知青年网络次生文化,只有清楚地看到其积极成分和消极因素,才能趋利避害,引导青年学生成长成才,促进其平稳进行社会化的过程。要想达到这一目的,高校德育工作者不仅要加大对网络次生文化的研究力度,更重要的是如何摆脱以文化主导者的高视位去俯视网络青年次生文化的思维方式,改用一个相对客观平等的方式看待网络次生文化的优弊,这样才能够给予青年网络次生文化以科学的定位。

以包容应对网络次生文化的挑战。其实在中国近现代的文化发展史中,对于多种不同性质或者地位的文化形态的共同发展,有值得借鉴的经验——在统一指导下实现多元共同发展。如在共和国早期,为促进文化的大繁荣大发展,中央提出了“百花齐放,百家争鸣”的方针。所以笔者认为把握好中国特色社会主义理论体系的指导,将校园主流文化和网络次生文化整合统一,一同作为青年德育宣传阵地的武器储备,引导网络青年次生文化与社会主义核心价值观同向而行,是包容应对青年网络次生文化的必由之路。

以关怀引导网络次生文化的发展。高校网络青年次生文化的成因较为复杂,它是社会、家庭、高校以及个体因素交互作用的结果。对于网络青年次生文化族群而言,青年在社会中具体的身份将随自身的价值判断和对外部世界认知程度的改变而变化,也就是说,高校可以通过自身的努力去改造或引导网络青年次生文化族群成员,而最直接的办法就是加强对青年的人文关怀。通过人文关怀可以为学生提供宣泄情感、释放压力的通道,修复破损的人际关系,破除人际交往障碍。所以,高校要努力通过改进自身来实现对网络次生文化的有效引导,切实加强对学生的人文关怀,避免学生因缺乏心灵慰藉而沉溺于网络虚拟空间,避免学生成为网络青年次生文化消极内容的生产者和扩散者。

以分类联系网络次生文化的实际。对校园内出现的各种网络次生文化现象进行科学的分类,弄清楚校园内各青年网络族群所代表的次生文化实质内涵,甄别出哪些是“对抗”性的,哪些是“反叛”性的。对于“对抗”性的次生文化要积极引导,了解此青年族群的价值主张和文化理想,更多地给予他们价值认同和理解,努力消除其对主流文化的抗拒心理，对其开展的文化活动给予适当的物质支持，避免其滑向“反叛”，实现其与主流校园文化的和谐共处与同向构建。对于“反叛”性的次生文化，要分析其成因，掌握发展规律，找到此类青年族群真正的诉求，分析其诉求与现实世界的分歧所在，从而找到破解的路径和方法。高校要在“线下”加强对此类青年族群的教育和关爱，在“线上”坚决对错误言论和污损社会公德的言论进行有理、有据的理性批驳，努力引导他们重新回归到理性的价值判断，回归到现实的学习和生活之中。

德育工作开展要及时关注青年思想动态和心理状况，尤其要对心理偏激、人际交往障碍以及贫困青年群体给予重点关注和关怀，通过帮助青年解决学习生活中的实际困难来赢得他们的信任，从而建立起良性沟通互动的渠道。为青年搭建更多的展示和锻炼自己的网络文化活动平台，如网络论坛、网络咨询平台、线上文体活动、科技竞赛、网络创业实践以及各类能够体现学生个性的网络社团活动，充实他们的业余文化生活。同时，还要借助网络为学生创造更多接触社会的实践机会，提升学生的社会阅历。当青年身处于强烈人文关怀环境之中时，其价值主张和文化理想会被更多的关照，也将感受到群体归属感，其主动向次生文化寻求精神慰藉的可能性将大大降低，进而压缩了滋生网络青年次生文化中消极内容的场域。

参考文献

[1]赵向明.2001.探索德育的新途径——网络德育.思想政治教育,2001(8)

[2]吴玉军.2009.共同体的式微与现代人的生存.浙江社会科学,2009(11):54

[3]韦吉峰.2003.对网络思想政治教育界定的立体考察.扬州大学学报,2003(7)

[4]苏霍姆林斯基.1981.给教师的一百条建议.天津:天津人民出版社,129

[5]梅荣政.2008.用马克思主义引领社会思潮.武汉:武汉大学出版社,53—57

[6]冯刚.2006.关于做好高校网上宣传和舆论引导工作的思考.思想政治教育导刊,2006(5)

[7]吉登斯.2000.现代性的后果.南京:译林出版社,92

[8]埃瑟·戴森.1998.2.0版数字化时代的生活设计.海口:海南出版社,80

[9]兰德华.2014—12—07谁在导演少年微博直播自杀事件.工人日报,20141207(002)

[10]邓小平.1993.邓小平文选.北京:人民出版社,45

[11]林秉贤.1986.社会心理学.北京:群众出版社,367

[12]刘仁钊.2007.共青团组织在高校德育中的功能实现研究.武汉:华中师范大学

[13]冯刚.2006.关于做好高校网上宣传和舆论引导工作的思考.思想政治教育导刊,2006(5)

[14]邱林川,陈韬文.2011.新媒体事件研究.北京:中国人民大学出版社,45

[15]李美霞.2010.话语类型理论的延伸与实践.北京:光明日报出版社,153

[16]王清杰.2011.网络流行语的文化生态与社会心理分析.河南师范大学学报(哲学社会科学版),2011(7):44

[17]古斯塔夫·勒庞.2007.乌合之众:大众心理研究.桂林:广西师范大学出版社,49~50

[18]托马斯·库恩.2003. 科学革命的结构. 金吾伦,胡新和译. 北京:北京大学出版社,168

[19]黄徐平.2011. 论马克思主义哲学视域下的福柯现代社会权力观. 求索,2011(6):111

[20]张耀灿,项久雨.2000. 关于思想政治教育学科建设几个理论问题的探索. 上海交通大学学报(哲学社会科学版),2000(1):2332

[21]仲启泉,黄志成.1998. 西方德育原理. 西安:陕西人民教育出版社,50

[22]陈伟,胡德平.2015. 网络语境下大学生思想政治教育话语体系的转变. 思想理论教育,2015(10):90

[23]黄明伟.2007. 大学生网络思想政治教育实施要素. 北京:新华出版社,166

[24]宋林飞.1997. 西方社会学理论. 南京:南京大学出版社,125~128

[25]方益波.2001. 网络之音:信息世界疆域的终结者. 北京:世界图书出版社,34

[26]金宜久.2014. 宗教极端主义的产生和特点. 中国宗教,2014(6):20~22

[27]邓天颖.2010. 想象的共同体:网络游戏虚拟社区与高校亚文化群体的建构. 湖北社会科学,2010(2):175

[28]刘仁钊.2007. 共青团组织在高校德育中的功能实现研究. 武汉:华中师范大学

[29]郑伟.2002. 网络道德:非真实的规范体系——兼论网德. 社会科学,2002:9

[30]马克思,恩格斯,列宁,斯大林,等.2009. 马克思恩格斯文集,第2卷. 北京:人民出版社,591

[31]奥格本.1989. 社会变迁——关于文化和先天的本质. 杭州:浙江人民出版社,227

[32]陈万柏,张耀灿.2015. 思想政治教育学原理. 北京:高等教育出版社,117

[33]许良英,李宝恒,赵中立.1979. 爱因斯坦论文集第3卷. 北京:商务印书馆,56

[34]邓小平.1993. 邓小平文选. 北京:人民出版社,45

[35]林秉贤.1986. 社会心理学. 北京:群众出版社,367

[36]谢新洲,周锡生.2004. 网络传播理论与实践. 北京:北京大学出版社,144

[37]苏霍姆林斯基.1983. 帕夫雷什中学. 北京:教育科学出版社,7

[38]黄华新,朱法贞.2002. 现代人际关系学. 杭州:浙江大学出版社,16

[39]王喆.2007—01—25. 以创新的精神加强网络文化建设和管理,满足人民群众日益增长的精神文化需要. http://politics. people. com. cn/GB/1024/5324701. html

[40]尼尔·波兹曼.2015. 娱乐至死,章艳译,北京:中信出版社,185

[41]马中红,杨长征,等.2016. 新媒介·新青年·新文化. 北京:清华大学出版社,1~5

[42]约翰·B·汤姆森.2005. 意识形态与现代文化. 南京:译林出版社,83

[43]戴斯敏,曲天谣,杜子程.2017. 全民直播的隐喻:后现代视角下青年重建社群的尝试. 青年探索,2017(3):13

[44]宋林飞.1997. 西方社会学理论. 南京:南京大学出版社,125—128

[46]黄楠森.2000. 人学原理. 南宁:广西人民出版社,205

[47]李裴.2010. 领导干部提高修养要潜心处理的五个关系. 领导科学,2010(27)

[48]齐格蒙特·鲍曼.2002. 个体化社会. 范祥涛译. 上海:三联书店,45

[49]辛格尔顿.1984. 应用人类学. 武汉:湖北人民出版社,84